I0759023

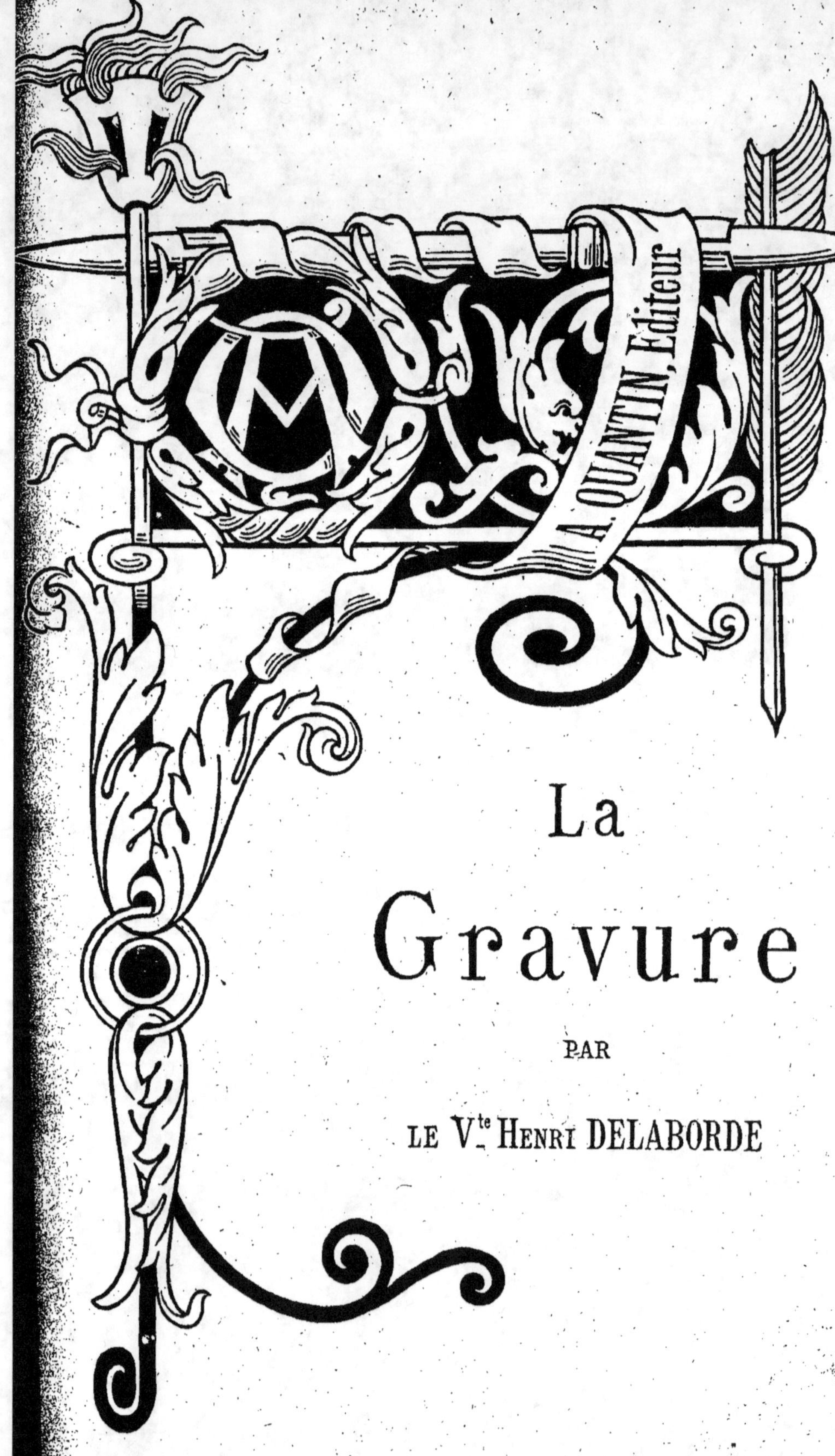

La Gravure

PAR

LE Vte HENRI DELABORDE

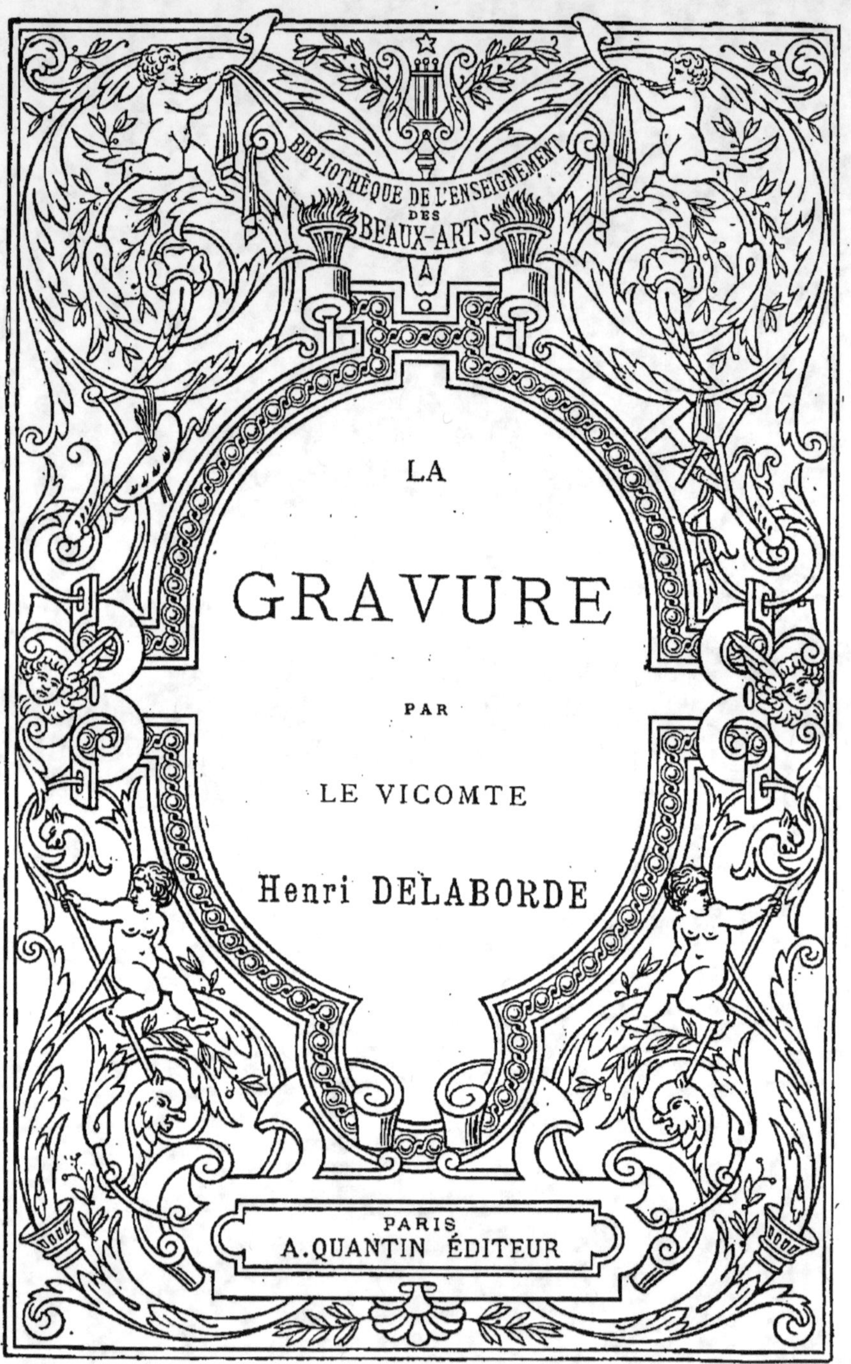

LA
GRAVURE

PAR

LE VICOMTE

Henri DELABORDE

PARIS
A. QUANTIN ÉDITEUR

LA GRAVURE

PRÉCIS ÉLÉMENTAIRE

DE SES ORIGINES, DE SES PROCÉDÉS ET DE SON HISTOIRE

PAR

Le Vte Henri DELABORDE

SECRÉTAIRE PERPÉTUEL
DE L'ACADÉMIE DES BEAUX-ARTS, CONSERVATEUR DU DÉPARTEMENT
DES ESTAMPES A LA BIBLIOTHÈQUE NATIONALE

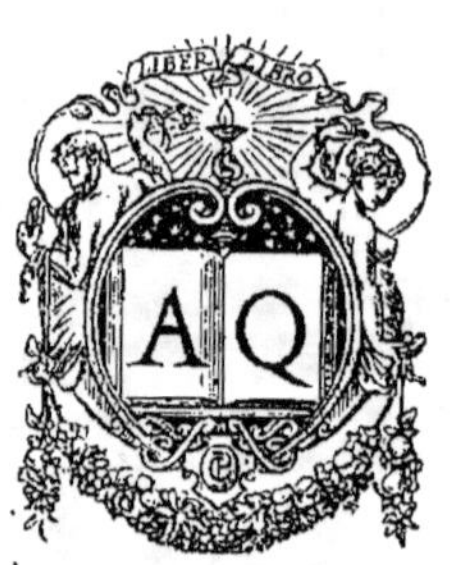

PARIS

A. QUANTIN, IMPRIMEUR-ÉDITEUR

7, RUE SAINT-BENOIT

A GEORGES DUPLESSIS

Conservateur adjoint à la Bibliothèque Nationale

EN SOUVENIR DE NOS OCCUPATIONS COMMUNES

ET DE NOTRE LONGUE AMITIÉ

H. D.

LA GRAVURE

CHAPITRE PREMIER

Procédés de gravure primitifs. — Commencements de la gravure en relief. — La xylographie et l'imprimerie en caractères mobiles.

Les peuples de l'antiquité ont connu et pratiqué la gravure, c'est-à-dire l'art de représenter les objets sur le métal, sur la pierre ou sur tout autre corps inflexible, par des contours dessinés en creux. Sans parler même de certains monuments en os d'animaux ou en silex qui conservent encore les vestiges de figures indiquées avec un instrument aigu, on trouve dans la Bible et dans les poëmes d'Homère la description de plusieurs ouvrages exécutés à l'aide de procédés analogues, et l'on pourrait citer parmi les plus anciens exemples de gravure les caractères tracés sur les pierres précieuses qui ornaient le pectoral de jugement du grand prêtre Aaron ou les scènes représentées sur les armes d'Achille. Les Égyptiens, les Grecs, les Étrusques nous ont laissé des pièces d'orfèvrerie et des fragments de toute espèce qui prou-

vent de reste la pratique de la gravure dans leurs pays.
Enfin personne n'ignore que l'usage des sceaux en métal
et des cachets gravés sur pierres fines était général chez
les Romains.

La gravure, dans le sens absolu du mot, n'est donc
pas une invention due à la civilisation moderne ; mais
il a fallu que bien des siècles s'écoulassent avant que
l'on arrivât à multiplier par l'impression les travaux
exécutés sur un exemplaire unique. L'art, fruit de cette
découverte, a reçu par extension le nom de gravure, et
ce mot désigne aujourd'hui l'opération qui produit une
estampe.

La gravure, dans cette acception, peut se diviser en
deux genres principaux. L'un comprend les procédés
au moyen desquels chaque trait, dessiné sur une surface
plane, se trouve ensuite mis en relief par le travail du
graveur, et, une fois enduit d'encre, s'imprime sur le
papier en vertu même de cette saillie ; l'autre comprend
les procédés tout opposés, ceux qui consistent à figurer
les contours, les ombres et les demi-teintes par des
tailles creuses que remplira la matière colorante, et à
laisser intactes les parties qui devront apparaître en
blanc sur le papier. La gravure en bois ou en taille
d'épargne représente le premier de ces deux genres : la
gravure sur métal ou chalcographie, ce que l'on appelle
de notre temps la gravure au burin ou en taille-douce,
appartient au second.

Pour graver *en taille d'épargne,* on choisit une
planche ou plutôt un bloc de bois dur et lisse, tel que
le buis ou le poirier. Sur ce bloc, dont l'épaisseur
est de quelques centimètres, on dessine au crayon ou

à la plume tous les détails de la future gravure ; puis on creuse avec un instrument tranchant les parties qui devront rester blanches dans l'estampe. Les parties que le crayon ou la plume avait préalablement couvertes se trouvent ainsi subsister seules à la surface du bloc, et, une fois soumises à l'action de la presse, elles déposent sur l'épreuve l'encre d'impression qu'elles ont reçue.

Ce mode de gravure, antérieur à l'impression des planches gravées en creux, donna naissance à la gravure en camaïeu, habilement pratiquée au XVIe siècle en Allemagne et en Italie. Pour graver en camaïeu ou, suivant l'expression italienne, en *clair-obscur*, on emploie les procédés ordinaires de la gravure en taille d'épargne, puisqu'on circonscrit par un travail en creux les parties qui déterminent les contours et le modelé. Seulement, comme il s'agit d'obtenir sur le papier des teintes plates plus ou moins intenses, c'est-à-dire une certaine variété de tons analogue à l'effet que produiraient des dessins lavés à l'encre de Chine ou au bistre et rehaussés de blanc, il faut, pour établir cette sorte de progression chromatique, procéder par travaux isolés. Au lieu d'opérer sur une surface unique, on a des planches séparées pour les contours, les ombres et les lumières, et l'on tire une épreuve en l'appliquant successivement sur ces planches qui, au moyen de points de repère, correspondent exactement entre elles.

Un troisième mode de gravure en relief, la gravure *criblée* ou *en criblé*, a été quelque temps en usage à l'époque des *incunables*, c'est-à-dire, comme l'étymologie latine du mot l'indique, à l'époque où l'art était encore « au berceau ». Ici, le travail s'accomplissait non plus dans le bois, mais dans le métal, et le graveur, au lieu de creuser complètement les parties qui devaient figurer les clairs, se contentait, pour en aviver tant soit peu l'aspect, de les parsemer de points blancs, de les *cribler* de petits trous, tout en laissant en somme ces parties en relief, par conséquent tout en se résignant à les voir, sauf là où se trouvaient les trous, s'imprimer en noir sur le papier.

Quant au procédé dont les spécimens, très rares d'ailleurs et tous antérieurs au xvi⁶ siècle, ont reçu le nom d'*empreintes en pâte*, nous n'avons guère à les mentionner que pour mémoire, ce genre de travail relevant en réalité de la fabrication industrielle plus directement que de l'art et n'aboutissant à produire sur le papier que des images en relief d'un aspect analogue à celui que présentent des ornements en broderie ou en tapisserie. Pour obtenir ces images, inévitablement grossières, on introduisait, avant l'impression, dans toutes les parties évidées de la planche, une sorte de colle ou de pâte noirâtre, à demi liquide. Sur la planche mise en cet état, on appliquait une feuille de papier teinté à l'avance en jaune clair, en orangé ou en rouge, et la pâte contenue dans ces parties creuses venant à se déposer sur le papier, il en résultait un simulacre de dessin en saillie, quelque chose comme un estampage ou une gaufrure de couleur foncée, que l'on saupoudrait parfois d'une poussière laineuse ou métallique, avant que la pâte eût eu le temps de se durcir.

La gravure *en taille-douce*, fort simple quant au procédé même, exige néanmoins dans la pratique une singulière dextérité. Lorsque les contours du dessin qui sert de modèle ont été décalqués et transportés sur une planche le plus ordinairement en cuivre rouge[1], on entame le métal avec un outil acéré qu'on nomme la pointe sèche. Ensuite, on creuse plus profondément les tailles ainsi indiquées ou bien on en pratique de nouvelles avec le burin qui, en vertu de sa forme, agit par incisions angulaires. Pour reproduire l'aspect de tous les objets figurés dans l'original, on est obligé de s'en tenir à ces tailles plus ou moins serrées ou dirigées en divers sens, à des points et à des hachures. La gravure en taille-douce ne dispose pas d'autres ressources. Encore, aux difficultés que présente l'emploi d'un instrument rebelle faut-il ajouter la lenteur forcée des opérations et, bien souvent, l'impossibilité de réparer les erreurs sans recourir à certains remèdes héroïques, tels que l'aplanissement à nouveau, le *replanage* de la planche là où ces erreurs ont été commises.

La gravure à l'*eau-forte*, employée d'abord par les armuriers dans leurs travaux de damasquinure, fut, dit-on, appliquée pour la première fois à l'exécution des planches, en Allemagne, vers la fin du xvᵉ siècle. Depuis lors, elle a séduit un grand nombre de dessinateurs et

---

1. De notre temps, les graveurs en taille-douce opèrent quelquefois sur des planches d'acier, parce que celles-ci peuvent, sans se détériorer, fournir une quantité d'épreuves beaucoup plus grande que la série d'épreuves tirées de planches en cuivre. Il arrive plus souvent que, pour préserver une planche en cuivre et en multiplier le tirage sans en émousser les travaux, on l'*acière* avant de la soumettre à l'action de la presse, c'est-à-dire qu'on y ajoute, au moyen de la galvanoplastie, une légère couche métallique qui, en augmentant sensiblement la force de résistance, augmente aussi la fécondité du type et le nombre des épreuves qu'il est possible de tirer.

de peintres, parce qu’elle n’exige qu’un assez court apprentissage et qu’elle est, de tous les genres de gravure, le plus expéditif. Les graveurs en taille-douce, qui très souvent se sont servis de la gravure à l’eau-forte pour la préparation de leurs planches, l’ont souvent aussi employée, non plus comme un simple moyen d’ébauche, mais comme un moyen auxiliaire ouvertement associé aux travaux du burin. C’est au mélange des deux procédés qu’on doit beaucoup d’œuvres importantes, les beaux *portraits* de Jean Morin entre autres, et les admirables *Batailles d’Alexandre* gravées par Gérard Audran d’après Lebrun ; mais il ne peut être question en ce moment que de la gravure à l’eau-forte pratiquée isolément et dans la mesure de ses ressources particulières.

L’artiste qui use de ce procédé n’a pas à creuser des tailles laborieuses. Il trace avec la pointe, sur une planche de cuivre enduite d’une couche de vernis, des indications de formes aussi libres que les traits de la plume ou du crayon, et ces traits qui n’existaient d’abord qu’à la surface du cuivre mis à découvert et retrouvé sous le vernis, deviennent suffisamment profonds lorsqu’on a versé sur la planche, entourée d’une sorte de digue en cire, une certaine quantité d’eau-forte. On laisse le corrosif mordre plus ou moins longtemps les parties nues du métal, en proportion de l’effet à obtenir, et la planche remise à sec se trouve en état de fournir des épreuves.

A quelques modifications près, — comme celles qui distinguent par exemple les estampes *en manière éraillée* ou *sgraffio* et les estampes pointillées dites *au maillet,* — les procédés de gravure qui viennent d’être mentionnés sont les seuls dont on ait fait usage en Europe depuis la fin du moyen âge jusqu'à la seconde moitié environ du xviie siècle. Nous ne devons donc pas nous occuper encore d'autres procédés plus récents, tels que la gravure *en manière noire,* la gravure *à l'aquatinte,* etc.; nous en dirons quelques mots à mesure que le moment où chacun d'eux a été inventé viendra dans l'histoire de l'art. Essayons, avant de résumer cette histoire, de recueillir les faits qui en composent, pour ainsi parler, la préface, et, comme le prescrit l'ordre chronologique, de discerner et de mettre à leur rang les premiers produits de la gravure en relief.

Si formelles qu'aient pu être entre les écrivains techniques les divergences d'opinion sur les points de détail, un fait général demeure pour eux à l'état de renseignement acquis et de vérité incontestable : tous s'accordent à reconnaître que les procédés de la gravure en relief étaient employés, en vue de l'impression, antérieurement à ceux de la gravure en creux. Quel intervalle toutefois sépare les deux découvertes? A quelle époque appartient l'invention de la gravure en bois, ou si ce procédé, comme on l'a dit souvent, est d'origine asiatique, quand a-t-il été importé en Europe? C'est ce qu'il serait au moins imprudent de prétendre déterminer. Les conjectures de toute sorte, les décisions les plus impératives même, ne manquent pas à ce sujet; mais les érudits ont eu beau invoquer des témoignages, interpréter des textes, tirer des inductions, le problème n'en est pas plus sûrement résolu pour cela, ou plutôt le nombre et la diversité des opinions émises n'ont guère jusqu'à présent réussi qu'à rendre la conviction plus difficile et le doute plus excusable. A force de remonter aux causes premières et d'interroger même l'antiquité la plus reculée sur les origines de la gravure et de l'impression, on a singulièrement élargi parfois le sens des traditions et confondu trop volontiers de simples accidents matériels avec les symptômes de l'art proprement dit.

Était-on, par exemple, dûment autorisé à rattacher la série des graveurs modernes aux hommes qui, « même avant le déluge, gravaient sur les arbres l'histoire des temps, des sciences et de la religion[1]? » Suffisait-il, d'autre part, que Plutarque eût mentionné certaine ruse à peu près typographique du roi de Sparte Agésilas pour qu'on dût ranger celui-ci parmi les ancêtres de Gutenberg? Il est possible que, dans un sacrifice offert aux dieux à la veille d'une bataille décisive, Agésilas ait eu l'adresse de tromper ses soldats en imprimant sur le foie de la victime le mot « victoire » préalablement écrit à rebours dans la paume de sa main. En tout cas, une pareille supercherie n'intéresse l'art que d'assez loin, et, s'il fallait considérer le héros grec comme l'inventeur de l'imprimerie, il faudrait aussi convenir que l'on a bien tardé à profiter de ses exemples, puisque la découverte n'est devenue féconde qu'au bout de dix-huit siècles.

On nous permettra donc de laisser de côté les hypothèses sur le principe même de cette découverte, pour tenir compte seulement des faits qui semblent accuser, non plus un vague pressentiment des ressources de l'art dans l'avenir, mais une pratique raisonnée et continue

---

1. Papillon, *Traité de la gravure en bois,* 1766, t. Ier, ch. 1.

de ses procédés une fois définis. Vers quel moment les travaux de la gravure multipliés par l'impression ajoutèrent-ils aux autres moyens de dessin un moyen nouveau et destiné à une popularité prochaine? Voilà ce qu'il suffira de rechercher. Tel est le point de départ qu'il convient de choisir ici, sans remonter à des informations équivoques ou trop lointaines, à des spéculations archéologiques qu'excuseraient plus ou moins certains passages de Cicéron, de Quintilien, de Pétrone, et une phrase de Pline, bien souvent citée, sur les livres ornés de figures que possédait Marcus Varron [1].

En se proposant, au surplus, de n'examiner la question historique qu'à partir d'une époque relativement moderne, on n'est pas sûr pour cela de trouver, encore moins de fournir à autrui, des explications pleinement satisfaisantes. Même réduite à ces termes, une pareille question est assez compliquée encore pour alimenter la controverse, assez vaste pour donner place à la légende aussi bien qu'à l'aperçu critique. Que la xylographie, c'est-à-dire l'art d'imprimer sur le papier des figures et des caractères fixes taillés dans un bloc de bois, ait précédé l'invention de l'imprimerie en caractères métalliques et mobiles, — cela, il est vrai, ne saurait être mis en doute. Des pièces à date authentique, telles que le *Saint Christophe de 1423* et quelques estampes publiées dans le cours des années suivantes, prouvent avec une autorité irrécusable la priorité du procédé xylographique. Reste à savoir si ces pièces sont, abso-

1. Pline, *Hist. nat.*, l. XXXV, c. 2.

lument parlant, les premières que l'on ait gravées en Europe. Marquent-elles le début de l'art ou seulement un de ses progrès? Sont-elles, en un mot, des types sans précédents, ou bien n'ont-elles eu que la fortune de survivre à d'autres monuments plus anciens de la gravure en bois?

Suivant Papillon, qui rapporte à ce propos je ne sais quelle anecdote au moins suspecte, les premiers essais auraient eu lieu à Ravenne, avant la fin du XIIIe siècle. Deux enfants de seize ans, un chevalier Albéric Cunio et sa sœur jumelle Isabelle, se seraient avisés en 1284 de tailler dans le bois, « à l'aide d'un petit couteau », et d'imprimer, — par quelque procédé aussi simple apparemment, — une suite de compositions sur « les chevaleureux faits du grand Alexandre ». Les parents et les amis des deux jeunes graveurs, le pape Honorius IV entre autres, reçurent chacun un exemplaire de leur ouvrage : puis, tout fut dit sur la découverte jusqu'au jour où Papillon en retrouva miraculeusement les témoignages dans la bibliothèque « d'un officier suisse, retiré à Bagneux ». Malheureusement, sa trouvaille une fois faite, Papillon se contenta de la mentionner. Il ne songea ni à lui assurer une publicité plus concluante ni même à s'enquérir des destinées ultérieures de ces estampes que lui seul avait vues. Le recueil des « chevaleureux faits du grand Alexandre » disparut de nouveau, et, cette fois, pour ne plus reparaître. Faute de tout moyen de contrôle, le plus prudent est donc de n'accorder qu'un médiocre crédit à l'habileté précoce des jumeaux de Ravenne, à leurs essais xylographiques et aux assertions de leurs panégyristes, bien que

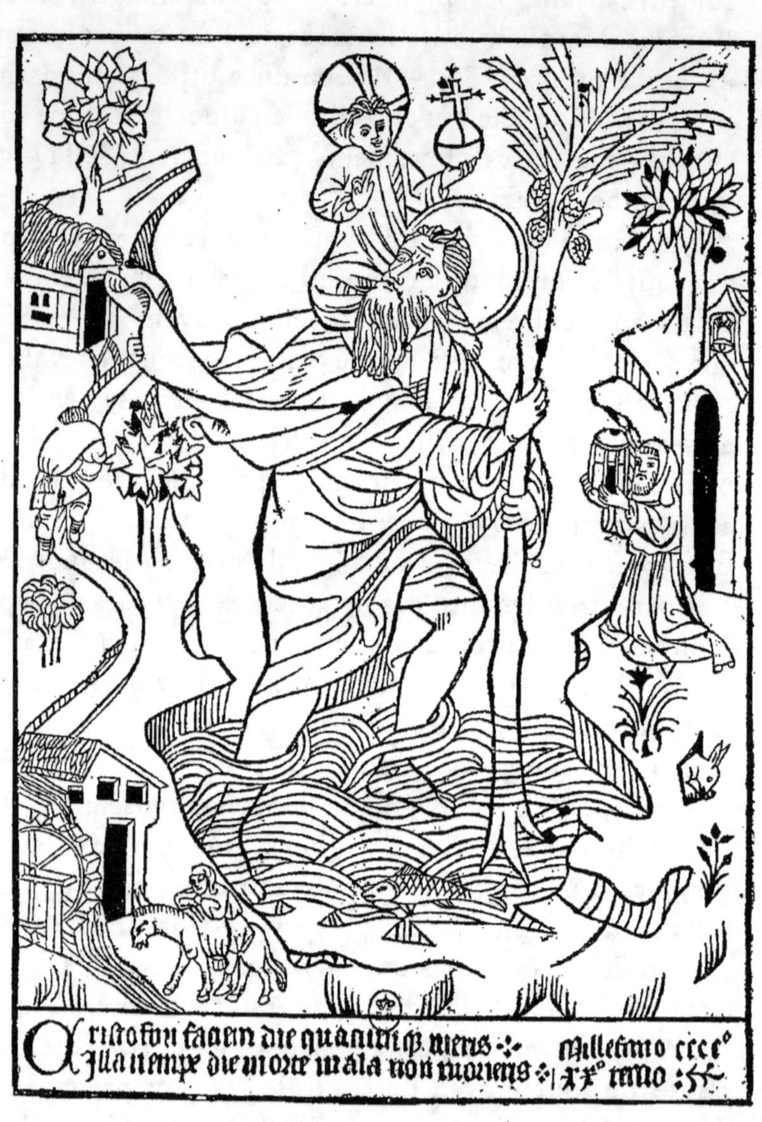

FIG. I. — LE SAINT CHRISTOPHE DE 1423.

des juges très compétents, l'abbé Zani[1] et Émeric David, n'aient pas hésité à admettre le tout comme suffisamment authentique.

Le savant Zani avait, à la vérité, ses raisons pour croire à ce sujet Papillon sur parole. S'il se fût agi d'un fait tendant à établir la préexistence de la gravure en Allemagne, il l'eût probablement examiné de plus près et avec une confiance moins empressée; mais la gloire de l'Italie se trouvait ici directenent en cause, et Zani, si honnête homme qu'il fût, ne se sentait pas d'humeur à accueillir froidement, encore moins à rejeter un témoignage qui pouvait, faute de mieux, consoler son amour-propre national et, jusqu'à un certain point, le venger de ce que les Italiens appelaient « la vanité germaque ». Orgueil eût été mieux dit, car, en ce qui concerne les premiers essais de la gravure en bois, les prétentions de l'Allemagne se fondent sur des titres plus sérieux, sur des documents beaucoup plus positifs que le document signalé par Papillon et recommandé, à tout hasard, par Zani. Heineken et les autres écrivains spéciaux de son pays apportent sans doute dans la critique des habitudes un peu hautaines, un zèle patriotique parfois excessif : il n'en est pas moins vrai que, le plus souvent, ils citent à l'appui de leurs opinions non pas des traditions, mais des pièces, et que la plupart de ces pièces sont visiblement allemandes. Si quelques-unes d'entre elles ne paraissent pas justifier tout à fait l'origine qu'on leur attribue, ce ne serait pas en tout cas à l'Italie, ce

---

1. *Materiali per servire alla storia dell' incisione,* etc., p. 83 et suiv.

serait à la Flandre ou à la Hollande qu'il conviendrait
de les restituer.

Dans ce conflit de rivalités et de revendications nationales, les écolés des Pays-Bas, en effet, auraient, elles
aussi, des droits à faire valoir et leur part d'honneur à
réclamer. Qui sait même? Ces droits, assez généralement
méconnus vers la fin du siècle dernier, peut-être devrait-on aujourd'hui les admettre de préférence à tous
les autres; peut-être, dans cette obscure question de
priorité, les présomptions sont-elles favorables surtout
au pays qui fournit à un art en parenté avec la gravure
ses premiers éléments et ses premiers modèles. Je
m'explique : il messiérait à tous égards de prétendre
donner ici un historique détaillé des débuts de l'imprimerie; après tant de travaux approfondis sur ce sujet,
après les éclaircissements fournis par M. Léon de Laborde, par M. Auguste Bernard, plus récemment encore
par M. Paeile, ce serait de gaieté de cœur tomber dans
les redites ou se parer d'érudition à peu de frais. Toutefois la découverte de l'imprimerie tient de si près à celle
de l'impression des estampes, les moyens matériels ont
entre eux une telle analogie, qu'il est nécessaire de rappeler au moins quelques faits et de rapprocher quelques
dates, sauf à réduire aux proportions d'une esquisse le
tableau tracé par d'autres mains.

Si l'on entend par le mot « imprimerie » la typographie proprement dite, en d'autres termes l'art qui consiste à transporter sur le papier un texte composé au
moyen de types en relief métalliques et mobiles, nul
doute que l'invention de l'imprimerie ne doive dater du
jour où eut lieu à Mayence l'invention de la fonte des

caractères dans un moule au fond duquel le type à reproduire avait été frappé avec un coin d'acier. Gutenberg, à qui appartient l'idée de ce perfectionnement
décisif, est par conséquent le plus ancien des imprimeurs ; les *Lettres d'indulgence de 1454* et la *Bible* sont
les plus anciens monuments de l'art qui se personnifie
en lui. Il est permis de dire pourtant d'une manière
générale et en élargissant le sens du mot, que l'imprimerie était connue avant Gutenberg, du moins avant
l'époque où il publiait ces chefs-d'œuvre typographiques ; car on n'ignorait dès lors ni le secret de tirer les
épreuves d'un texte xylographique, c'est-à-dire d'un
texte en caractères fixes taillés dans un bloc unique, ni
même le secret de varier la composition de ce texte en
employant, non plus un ensemble immuable de lettres
une fois alignées, mais bien des lettres à l'état de types
isolés et se prêtant à des combinaisons diverses. Il faut
s'en rapporter sur ce point au témoignage d'un des ouvriers de Gutenberg, du premier imprimeur établi à
Cologne, Ulrich Zell, qui, loin d'attribuer à son maître
l'invention absolue des types mobiles, ne fait qu'opposer
au procédé connu et pratiqué dans les Pays-Bas avant
la seconde moitié du xve siècle « le procédé bien autrement subtil » — la fonte des caractères — « que l'on
trouva plus tard ». Et Ulrich Zell ajoute : « La première idée de cette invention a été prise en 1440 dans
les *Donats*[1] qu'on imprimait avant ce temps en Hollande (*ab illis atque ex illis*) ».

1. C'est-à-dire les *Traités* sur la syntaxe latine d'Ælius Dona-
tus, grammairien du ive siècle. Ces traités étaient, au moyen âge,
fort répandus dans les écoles.

Or, si ces *Donats* n'avaient pas été imprimés au moyen de types mobiles, pourquoi les citer de préférence à tant d'autres pièces qui auraient pu tout aussi bien servir d'exemples à Gutenberg? Pourquoi l'élève de celui-ci, en remontant aux origines de la découverte, ne dit-il rien de ces images avec légendes taillées suivant les procédés xylographiques, qui se vendaient dans toutes les villes sur les bords du Rhin, et que le futur inventeur de l'imprimerie avait eu cent fois l'occasion de voir? Pour que l'attention de Gutenberg se fût ainsi concentrée sur un seul objet, il fallait qu'un mérite tout particulier, l'empreinte d'un progrès véritable dans le mode d'exécution, distinguât des autres produits les *Donats* imprimés à Harlem; il fallait que Laurent Coster, — c'est le nom que l'on donne à l'inventeur du procédé amélioré par Gutenberg, — eût déjà mis en pratique une méthode plus proche qu'aucune autre des perfectionnements qui allaient suivre et marquer le terme de tous les essais.

Que l'on suppose le contraire, on ne comprend plus les paroles d'Ulrich Zell ni le genre d'influence qu'elles attribuent à ces *Donats* hollandais où Gutenberg puisa « la première idée de son invention ». On comprendra plus difficilement encore, si l'impression des *Donats* provient de planches fixes, comment, dans les fragments d'exemplaires qui subsistent, il se trouve parfois des lettres renversées. Rien de moins extraordinaire qu'une pareille faute là où elle peut s'expliquer par la distraction d'un compositeur d'imprimerie, mais la méprise eût été vraiment trop forte de la part d'un ouvrier xylographe. Sous l'empire de quel caprice celui-ci se serait-il

avisé de graver çà et là des lettres la tête en bas, c’est-
à-dire aurait-il péché non par inadvertance, non par
erreur involontaire, mais par une sorte d’infidélité pré-
conçue et d’injure calculée au bon sens ?

Non, ce qu’il faut voir, ce qu’il est juste d’admirer
dans la découverte qui a immortalisé le nom de Gutenberg, c’est la conclusion et le couronnement d’une série
d’efforts antérieurs à ses propres recherches. Toute proportion gardée entre l’insuffisance des types mobiles,
soit en bois, soit en quelque autre matière, employés
d’abord par les Hollandais et la perfection des premiers
spécimens de l’imprimerie allemande, on peut, on doit
admettre qu’avant l’époque où parurent les *Lettres d’indulgence*, la *Bible* et les autres ouvrages sortis de l’atelier de Gutenberg et de ses associés, des essais de véritable typographie avaient été déjà poursuivis, et, jusqu’à
un certain point, récompensés par le succès ; que, de
l’aveu même d’Ulrich Zell, aveu reproduit par l’auteur anonyme d’une *Chronique de Cologne* imprimée
en 1499 [1], on vit dans la ville de Harlem « la première
ébauche de l’art (*præfiguratio*) » ; enfin, que l’idée d’associer aux figures gravées dans le bois des textes composés à part et formés de types mobiles appartient, selon
toute apparence, à la Hollande.

Un des plus anciens recueils de gravures avec texte
imprimés suivant ce procédé est le *Speculum humanæ
salvationis* qu’Adrien Junius a signalé dans l’ouvrage
intitulé *Batavia* qu’il écrivait, à ce que l’on croit, de

----

1. Chez Jean Koelhoff, sous ce titre : *Cronica van der hilliger
stat van Coellen*, p. 311 et suiv.

1560 à 1570, mais qui ne fut publié qu'en 1588, plusieurs années après la mort de l'auteur. Il y est dit formellement que le *Speculum* fut imprimé avant 1442 par Lourens Janszoon Coster. Junius, il est vrai, parle là de faits antérieurs de plus d'un siècle à l'époque où il les rapporte « sur la foi, dit-il, d'hommes fort âgés qui avaient recueilli cette tradition, comme un flambeau ardent qu'on se passe de main en main ». Aussi ce récit tardif a-t-il paru, et peut-être paraîtra-t-il encore suspect. Bien qu'il y ait, à notre avis, quelque excès dans la défiance qu'il inspire, nous n'insisterons pas. A côté des légendes et des commentaires auxquels elles ont donné lieu, les pièces subsistent : ce sont elles qu'il convient surtout d'interroger.

On connaît quatre éditions du *Speculum,* deux en langue hollandaise, deux en langue latine. Il est bien entendu que nous parlons seulement des éditions qui ne portent ni date, ni nom d'imprimeur, ni désignation du lieu où elles ont été publiées, — le *Speculum,* sorte de manuel chrétien fort en usage dans les Pays-Bas, en Allemagne et en France, ayant été réimprimé nombre de fois, avec des indications de noms propres et de localités, à partir des vingt dernières années du xve siècle. Disons pourtant que la plus ancienne édition hollandaise datée, celle de 1483 imprimée par Jean Veldenaer, reproduit les gravures qui avaient orné d'abord les quatre éditions anonymes, avec cette différence qu'ici les planches ont été sciées en deux pour s'ajuster aux dimensions d'un format plus petit. Voilà donc un fait positif, quelles que puissent être d'ailleurs les conjectures sur la date de la première publication. Puisque les planches originales n'apparaissent plus que coupées dans les exemplaires imprimés en 1483, il est clair que les quatre éditions où ces planches se trouvent entières sont antérieures à cette date. Sont-elles antérieures aussi à la seconde moitié du xv᷎ siècle, c'est-à-dire à l'époque où Gutenberg mettait en lumière les résultats de ses travaux, et sont-elles, comme les *Donats*, sorties d'un atelier hollandais ?

Sur ce dernier point le doute ne paraît guère possible. Est-il vraisemblable, en effet, que ces quatre éditions imprimées avec les mêmes figures, sur le même papier de fabrique brabançonne et dans les mêmes conditions typographiques (sauf quelque différence entre les caractères des deux éditions hollandaises, et l'intercalation dans l'une des deux éditions latines de vingt feuillets imprimés suivant le procédé xylographique), est-il possible que ces livres appartiennent à l'Allemagne comme on l'a prétendu ?

Passe encore s'il ne s'agissait que des exemplaires en langue latine; mais les exemplaires en langue hollandaises, on ne saurait supposer qu'ils aient été publiés ailleurs qu'en Hollande, et, l'origine de ceux-ci une fois reconnue, comment expliquer l'imperfection typographique de l'ouvrage, sinon par l'ignorance des procédés qu'allait populariser Gutenberg ? Suivant M. Paeile, juge très compétent en pareille matière[1], le texte du *Speculum* hollandais est « écrit dans le pur dialecte de la Nord-Hollande, tel qu'il se parlait dans ces contrées vers

---

1. *Essai historique et critique sur l'invention de l'imprimerie.* Lille, 1859.

la fin du xivᵉ siècle et au commencement du xvᵉ siècle ». Ainsi, en s'autorisant seulement des particularités de l'impression et de l'idiome, on peut sans s'aventurer beaucoup placer la date de la publication entre le premier et le second quart du xvᵉ siècle. Ajoutons que les costumes des figures sont ceux de l'époque de Philippe le Bon; que le goût du dessin et le style rappellent l'influence exercée par les Van Eyck, et que le contraste est sensible entre l'imperfection typographique du livre et le mérite des planches dont il est enrichi. L'art, et un art assez avancé déjà, assez sûr de lui-même, se montre en regard d'une industrie bien inexpérimentée encore : témoignage remarquable des progrès réalisés dans la pratique de la gravure en bois, avant même que la typographie eût dépassé la période des tentatives rudimentaires. C'est là, dans la question qui nous occupe, le point capital, le fait essentiel à constater.

La découverte de l'imprimerie procède donc sans doute des exemples fournis par la gravure en relief, et, sans doute aussi, les premiers essais typographiques s'accomplirent en Hollande; mais quand Coster ou tout autre précurseur de Gutenberg frayait tant bien que mal la voie à celui-ci, la peinture et, en général, les arts du dessin avaient acquis dans les Pays-Bas un développement que, l'Italie exceptée, ils n'avaient nulle part ailleurs pris encore. Parmi les allemands contemporains de Hubert et de Jean Van Eyck, quel rival trouverait-on à opposer à ces deux maîtres? quel chef d'école dont l'influence ait été aussi notoire et l'enseignement aussi fécond? Tandis que, sur les bords du Rhin, des artistes peu dignes de ce nom, des peintres sans talent continuaient

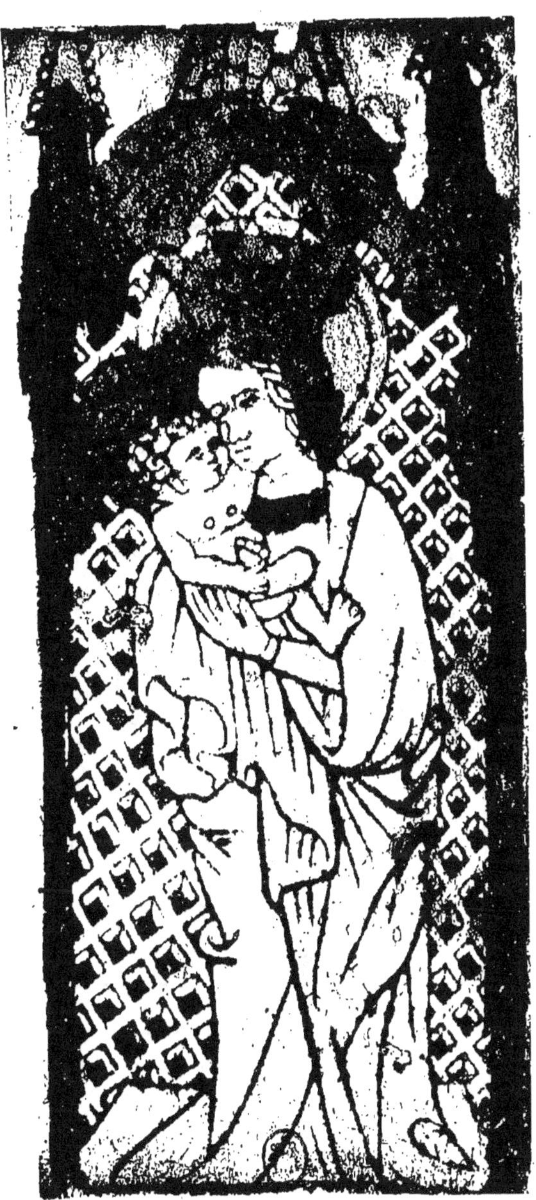

FIG. 2. — LA SAINTE VIERGE ET L'ENFANT JÉSUS.
Gravure en bois allemande (xvᵉ siècle).

les traditions et les formules gothiques transmises par
leurs devanciers, l'école de Bruges renouvelait ou plutôt constituait l'art national. Dès le commencement du

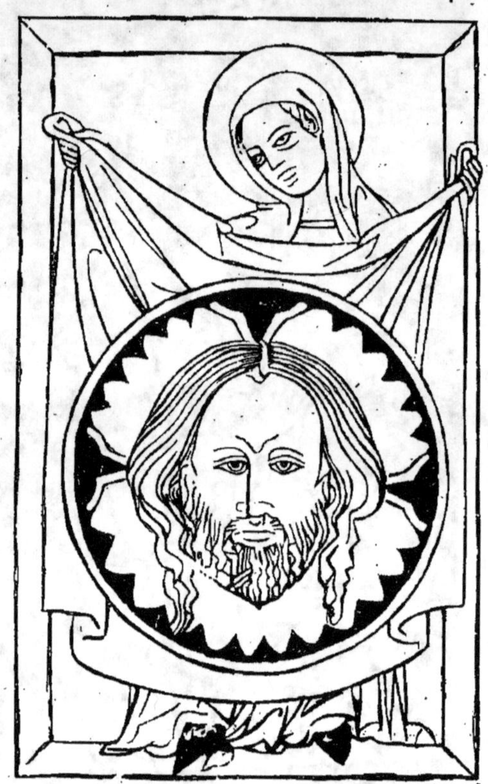

FIG. 3. — SAINTE VÉRONIQUE.
Gravure en bois allemande (xvᵉ siècle).

xvᵉ siècle, la révolution était accomplie dans cette école
qu'honoraient alors les Van Eyck, que Memling allait
achever d'illustrer. Quelques années encore, et l'Allemagne, il est vrai, pourra se glorifier d'un succès à peu

près pareil ; mais le mouvement ne se détermine qu'après la seconde moitié du siècle. Tout reste inerte jusque-là, tout accuse une méthode et des doctrines indigentes. Si l'on juge, par exemple, de l'art allemand à cette époque sur des œuvres comme le *Saint Christophe* gravé en 1423, nul doute que de tels spécimens rapprochés des productions de l'école flamande contemporaine ne démontrent à première vue la supériorité de celle-ci. Quoi de plus naturel dès lors que là où l'habileté des peintres, des orfèvres, de tous les artistes, l'emportait si évidemment sur le mince savoir-faire des hommes nés dans un pays voisin, les graveurs, eux aussi, aient devancé les progrès qui devaient s'accomplir ailleurs et qu'ils aient pris rang les premiers dans l'histoire de l'art ?

Les preuves manquent, dira-t-on : soit, nous ne les chercherons ni dans la *Vierge* gravée en bois appartenant à la Bibliothèque de Bruxelles et portant le millésime 1418, puisque l'authenticité de cette date, sans équivoque pourtant à nos yeux, a été contestée, ni dans quelques pièces anonymes qu'il semblerait assez juste de restituer à la vieille école des Pays-Bas[1]. Jusqu'à

---

1. Tel est du moins le parti qu'on pourrait être tenté de prendre en ce qui concerne la *Bible des pauvres*, livre à figures xylographiques dont les origines ont été diversement appréciées et que nous inclinerions à croire antérieur même à la première édition du *Speculum*. Suivant sa coutume, Heineken réclame pour l'Allemagne l'honneur d'avoir produit ce précieux recueil qu'Ottley, avec plus de raison à ce qu'il semble, regarde comme l'œuvre d'un artiste des Pays-Bas qui aurait travaillé vers l'an 1420. L'Allemagne serait en droit de revendiquer seulement les planches ajoutées dans les éditions allemandes que l'on publia quarante ans plus

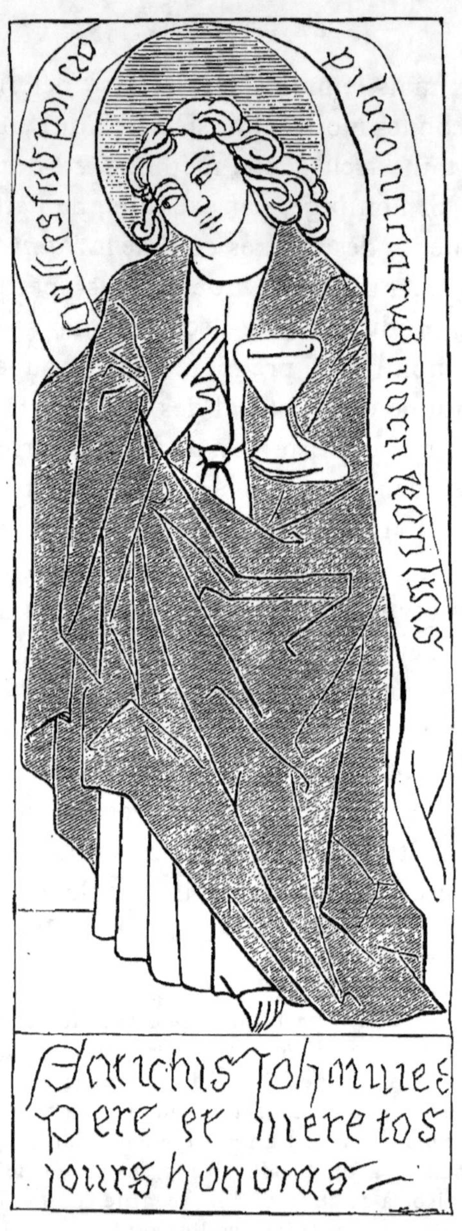

FIG. 4. — SAINT JEAN.

Gravure en bois flamande (xvᵉ siècle).

présent, je le veux bien, l'Allemagne est seule en mesure
de produire un titre au-dessus du soupçon. Avec son
imposante date de 1423, ses droits consacrés et sa renommée officielle, le *Saint Christophe,* aujourd'hui dans
la bibliothèque de lord Spencer, garde des privilèges
devant lesquels il n'y a qu'à s'incliner. Suit-il de là que
les gravures en bois du *Speculum,* de la *Bible des pauvres,* de l'*Ars moriendi,* ou telles autres pièces non
datées soient nécessairement plus récentes, et parce
qu'une estampe allemande pourvue de son millésime a
survécu, faut-il en conclure que rien ne s'était produit
en dehors de l'Allemagne à cette date? Ne faut-il pas
reconnaître surtout que les planches du *Speculum* semblent presque des prodiges de science pittoresque et
d'habileté auprès du *Saint Christophe ;* que l'artiste qui
les a exécutées avait dû s'exercer de longue main à
bonne école ; qu'en un mot, un art ne débute pas ainsi et
que, à supposer même que ces pièces n'aient paru qu'a-
près l'estampe allemande, un certain temps s'était écoulé
sans doute durant lequel les progrès qu'elles résument
avaient été préparés et poursuivis?

On peut donc raisonnablement penser que dès les
premières années du xve siècle les graveurs des Pays-
Bas commencèrent, sous l'influence des Van Eyck, à
s'initier aux conditions de l'art et que, comme les imprimeurs leurs compatriotes, ils tracèrent la route que d'autres allaient achever de débarrasser et d'aplanir. Il est à
remarquer toutefois que la gravure en bois et l'imprime-

tard, planches beaucoup plus défectueuses d'ailleurs, au point de
vue de l'ordonnance et du style, que celles dont se composent
les exemplaires primitifs.

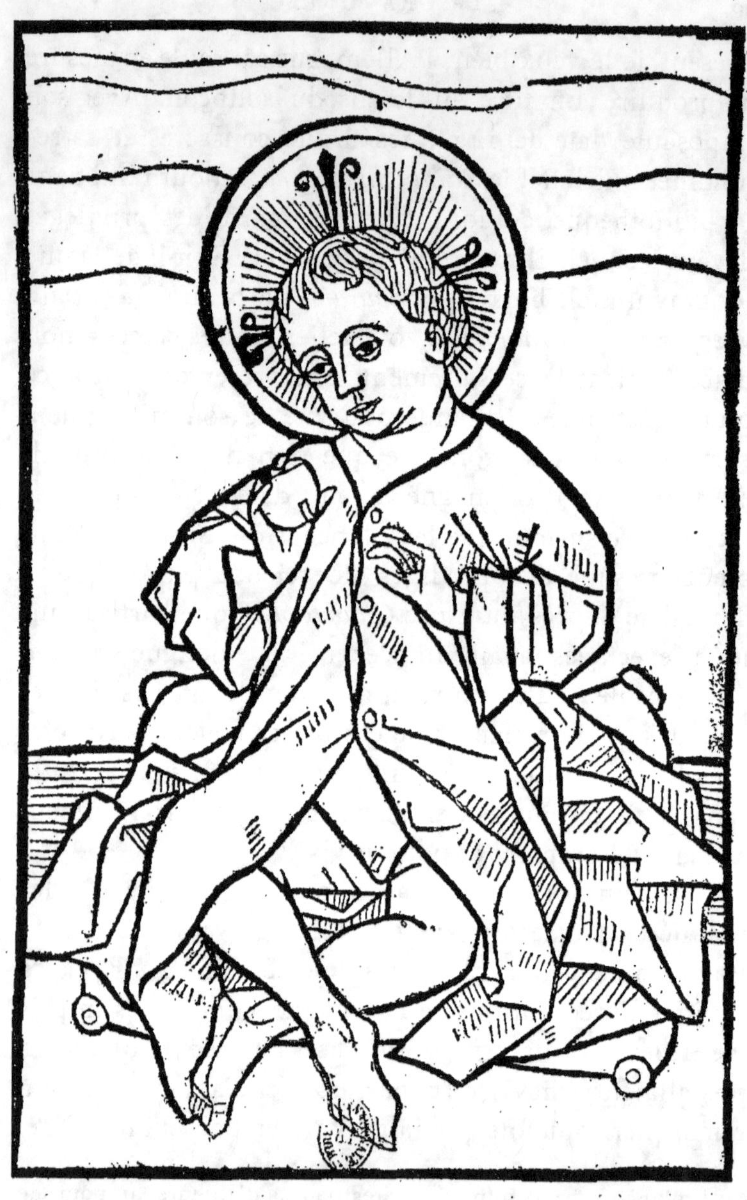

FIG. 5. — JÉSUS ENFANT.

Gravure en bois flamande (XVe siècle).

rie ne suivent pas partout à leurs débuts une marche parallèle, qu'elles sont loin de traverser dans le même

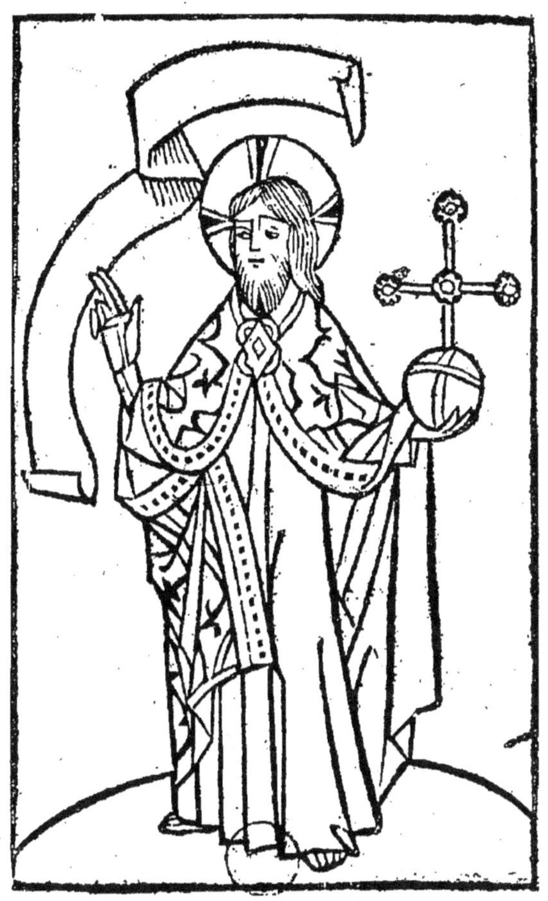

FIG. 6. — JÉSUS SAUVEUR DU MONDE.

Gravure en bois allemande (xve siècle).

ordre la série des épreuves et des perfectionnements. En Allemagne, tant que Gutenberg n'a pas trouvé le dernier

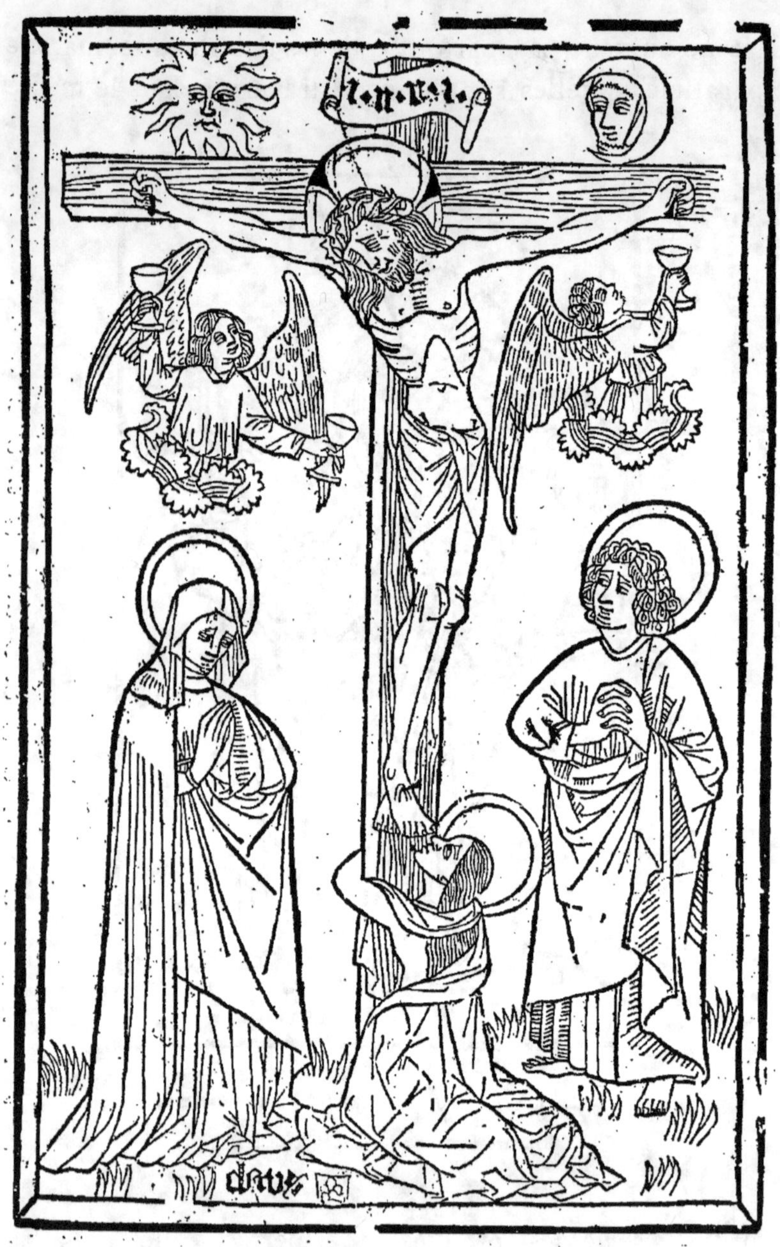

FIG. 7. — JÉSUS-CHRIST EN CROIX.

Gravure en bois allemande (xve siècle).

3

mot et popularisé les derniers secrets du procédé typographique, peintres, dessinateurs, graveurs, tous s'immobilisent dans la routine ; tous, depuis l'auteur du *Saint Christophe* jusqu'aux graveurs qui travaillent trente ans après lui, n'ont que des intentions et une pratique invariablement grossières. Heineken lui-même, le défenseur à outrance de la cause allemande contre les partisans de Coster qu'il appelle dédaigneusement « ce marguillier[1] », Heineken, en parlant des « premiers livres allemands gravés en tables de bois », est obligé de convenir « que, lorsqu'on examine le dessin avec des yeux connaisseurs, on découvre qu'il y règne un goût lourd et gothique[2] ». L'art allemand semble attendre pour prendre son essor que l'industrie lui ait donné l'exemple. Encore s'obstinera-t-il quelque temps dans sa barbarie première, après la révolution opérée à côté de lui. Les graveurs « tailleurs de bois » n'acquerront pas tout d'abord, tant s'en faut, la même habileté que les ouvriers typographes employés par Gutenberg et par Füst.

Dans les Pays-Bas, au contraire, c'est la régénération de l'art qui précède les perfectionnements mécaniques. Lorsque ceux-ci sont en voie de s'accomplir, et même lorsqu'une découverte suprême a eu pour effet de divulguer toutes les ressources, de fixer toutes les conditions de l'imprimerie, la gravure, au lieu de se subordonner comme en Allemagne aux progrès du nouveau

---

1. Le mot *coster* en langue hollandaise signifie *gardien d'église, bedeau.*

2. *Idée générale d'une collection d'estampes,* 1771, p. 305.

procédé, a depuis longtemps une netteté et une sûreté

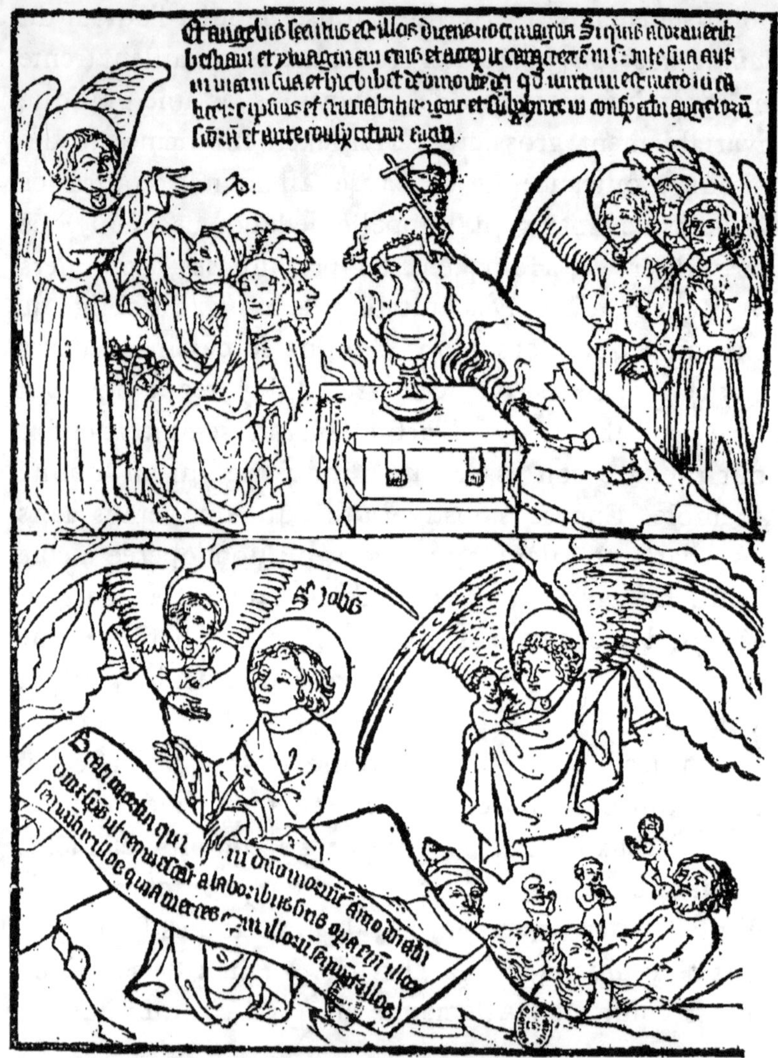

FIG. 8. — APOCALYPSE DE SAINT JEAN

Gravure en bois hollandaise (xve siècle).

d'exécution qui manquent encore aux œuvres typogra-

phiques. Le *Speculum,* nous l'avons dit, atteste cette
espèce d'anomalie entre l'imperfection matérielle des
textes que l'on imprimait en Hollande au xve siècle et le
mérite des planches dont ils étaient accompagnés. On
pourrait proposer d'autres exemples; à quoi bon cependant multiplier les témoignages et s'appesantir sur les
détails? Nous aurons assez fait si nous avons réussi à
mettre en relief quelques traits principaux et à résumer,
dans ce qu'ils ont d'essentiel, les caractères de l'art à
l'époque dite des incunables.

CHAPITRE II

En cherchant dans les pages qui précèdent à constater l'ancienneté relative de la gravure en bois dans les Pays-Bas, nous avons entendu réserver jusqu'à un certain point la question purement archéologique, et ne surprendre d'autres origines que les premiers indices du talent. On ne saurait dire que la gravure en bois, en tant que moyen matériel, ait eu pour point de départ unique le temps et le pays où travaillaient les élèves des Van Eyck. Ce fut sous leurs mains qu'elle commença de faire ses preuves d'art véritable et de donner ses gages; mais qui sait depuis combien d'années on la pratiquait en Europe, et quelles phases elle avait traversées déjà, à quels usages elle avait été appliquée, avant de recevoir cette destination nouvelle et cette sorte de consécration?

Il faut le répéter, ne fût-ce que pour excuser sur ce point la sobriété de nos aperçus, les savants ont poussé leurs recherches si loin et dans des sens si opposés, on a cru retrouver dans les récits des voyageurs, dans les vieux monuments de la législation et de l'histoire, tant de preuves ou d'arguments à l'appui de chaque système, qu'il serait aussi difficile de récuser tous ces témoignages divers que d'en accepter résolument aucun. L'opinion qui semble avoir prévalu cependant est celle qui attribue aux fabricants de cartes à jouer, sinon la découverte, au moins la première application en Europe de la gravure en bois. Bon nombre d'écrivains sont d'accord sur le principe général ; mais qu'il s'agisse de déterminer l'époque des plus anciens essais et de nous dire où ils ont eu lieu, l'entente cesse. Les uns se prononcent en faveur du xive siècle et de l'Allemagne ; d'autres plaident pour la France où les cartes, disent-ils, étaient en usage dès le commencement du règne de Philippe de Valois ; d'autres enfin, pour faire valoir les droits de l'Italie, s'arment d'un passage, cité par Tiraboschi, du *Trattato del governo della famiglia,* ouvrage écrit, suivant eux, en 1299, et ils supposent par surcroît que les relations commerciales du Japon et de la Chine avec Venise auraient introduit dans cette ville, avant toute autre, l'usage des cartes et l'art de les fabriquer.

Quant à Émeric David, intervenu l'un des derniers dans le débat, il prend les choses de plus haut encore et commence par mettre hors de cause l'Allemagne et les Pays-Bas, aussi bien que l'Italie et la France [1]. Que l'on ait joué aux cartes d'abord ici ou là, que même tel ou tel recueil xylographique appartienne ou non aux premières années du xve siècle, le tout n'a qu'une fort

---

1. *Discours historique sur la gravure.* Paris, 1808.

médiocre importance à ses yeux. On ne saurait, selon lui, voir dans les pièces proposées par les experts comme les plus anciens monuments de la gravure en bois, rien de plus qu'un témoignage de la perpétuité de cet art en Europe. Pour rétablir les vraies origines, l'auteur du *Discours sur la gravure* n'hésite pas à remonter intrépidement fort au delà de l'ère chrétienne. Encore, même à cette époque, même en Grèce sous les successeurs d'Alexandre, n'aurait-on fait que continuer les traditions des peuples de l'Asie qui, depuis un temps immémorial, imprimaient des tissus au moyen de moules en bois.

Nous n'aurons garde de discuter les faits rapportés par Émeric David ni les conclusions qu'il en tire. Trop de textes empruntés aux poètes et aux historiens de l'antiquité, aux prophètes et aux docteurs d'Église, semblent prêter secours à sa théorie, d'ailleurs un peu vaste. Le mieux comme le plus court sera de l'accepter de confiance, et d'admettre, sur la foi d'Homère et d'Hérodote, d'Ézéchiel et de saint Clément d'Alexandrie, que depuis les âges héroïques jusqu'aux premiers temps du christianisme, on n'a pas cessé d'imprimer sur diverses étoffes des ornements taillés dans des blocs de bois. A plus forte raison, nous ne marchanderons pas au moyen âge la possession d'un secret popularisé depuis tant de siècles.

Qu'il nous soit permis seulement d'objecter que de tels faits n'impliquent pas nécessairement, là où ils se sont produits, la connaissance et la pratique de la gravure proprement dite ; que plusieurs siècles ont pu se succéder durant lesquels on imprimait des toiles, sans que pour cela on essayât de donner une application plus délicate à ce procédé industriel, sans qu'on songeât à le faire tourner au profit de l'art. Longtemps avant l'invention de l'imprimerie, on se servait de cachets dont les lettres taillées en relief et enduites de couleur déposaient par la pression leur empreinte sur le vélin ou sur le papier ; les estampilles ou les patrons, au moyen desquels les scribes et les miniaturistes esquissaient les contours des lettres majuscules dans les manuscrits, n'auraient-ils pas dû aussi, à ce qu'il semble, hâter les derniers progrès et faire naître l'idée d'un perfectionnement décisif? On sait pourtant ce qu'il a fallu d'années et de recherches pour amener ce perfectionnement final. Pourquoi l'art de la gravure n'aurait-il pas, comme l'art typographique, attendu son heure bien au delà de l'époque où des découvertes analogues auraient pu, si l'on veut, le faire pressentir? Pourquoi, l'impression tabellaire une fois importée d'Asie en Europe, ne serait-il pas advenu d'elle ce qui est advenu d'autres procédés aussi ingénieux dans leur principe, aussi bornés dans le premier emploi qu'on en fit? Le verre, par exemple, était bien connu des peuples de l'antiquité; combien de temps néanmoins s'est écoulé, avant qu'on s'avisât d'en fabriquer des vitres!

Nous avons dit que, suivant une opinion généralement accréditée, il faudrait voir dans les cartes à jouer les plus anciens monuments de la xylographie. Les documents sur lesquels se fonde cette opinion n'ont toutefois qu'une autorité négative. De ce que les vieux livres où les cartes sont mentionnées ne disent rien des autres produits de la gravure en bois, on a inféré que ces produits n'existaient pas encore ; mais n'est-il pas permis de se demander si le silence des écrivains en pareil cas prouve absolument l'absence du fait? Ce silence, ne saurait-on l'expliquer par la nature de l'écrit et du sujet traité, sujet ordinairement littéraire ou philosophique, et fort indépendant des questions d'art? En parlant des cartes, soit pour les proscrire formellement, soit pour en restreindre l'usage, les chroniqueurs et les moralistes du xivᵉ siècle ou du commencement du xvᵉ songeaient vraisemblablement assez peu au mode de fabrication. Ils entendaient signaler un vice bien plutôt qu'un procédé industriel. A quel propos dès lors se seraient-ils occupés d'autres œuvres où ce procédé était employé non seulement sans danger pour la religion et pour la morale, mais en vue de les honorer l'une et l'autre? Les images pieuses taillées dans le bois par la main des moines ou des artisans pouvaient être répandues à cette époque, bien que les auteurs contemporains aient mentionné les cartes de préférence, et, sans pousser trop loin la liberté des conjectures, on a bien le droit de supposer que les graveurs puisèrent d'abord leurs inspirations à la même source que les miniaturistes, les peintres verriers et les sculpteurs. L'art, on le sait de reste, n'était alors que l'expression naïve de la foi, l'effigie de la pensée chrétienne. Comment les tailleurs d'images xylographiques se seraient-ils affranchis de la loi générale, et par quelle étrange exception auraient-ils choisi pour objet de leurs premiers efforts un ordre de travaux si contraire aux mœurs et aux traditions de toutes les écoles?

Si l'on veut d'ailleurs laisser de côté les témoignages

écrits pour consulter les œuvres mêmes de la gravure
que les siècles nous ont transmises, on sera fondé à
dire que les plus anciennes cartes à jouer sont tout au
plus contemporaines du *Saint Christophe* de 1423 et
des plus vieilles estampes en bois connues, puisque la
gravure de ces cartes ne remonte certainement pas au
delà du règne de Charles VII. Que les tarots italiens,
allemands ou français aient eu cours avant cette époque,
cela est possible; mais aucun de ces tarots primitifs
n'ayant survécu, comment savoir jusqu'à quel point ils
représentaient les progrès de l'art, et dans quelle mesure
ils pouvaient servir d'exemples aux autres œuvres xylographiques, — si tant est même que la gravure en
relief, et non le dessin à la plume tout simplement, ait
été le moyen employé d'abord pour la fabrication des
tarots mentionnés çà et là dans les chroniques?

Les cartes gravées en France qui sont parvenues
jusqu'à nous feraient croire, en tout cas, que le progrès
fut assez lent, car elles trahissent encore une singulière
inexpérience de la forme et de l'effet; elles ont toutes
les timidités d'un art à son enfance. C'est ce qu'il faut
dire aussi des œuvres de même espèce exécutées au
xve siècle en Allemagne, à l'exception des cartes attribuées à un contemporain du maître de 1466, et d'ailleurs gravées sur métal. En Italie seulement, les cartes
ou plutôt les pièces emblématiques connues, à tort ou à
raison, sous le nom de *tarocchi,* acquerront, au point de
vue de l'art, une importance véritable lorsque la gravure en taille-douce aura commencé de remplacer la gravure en bois. Les artistes initiés par Finiguerra aux secrets
du nouveau procédé feront preuve de goût, de savoir et de

finesse, et, dans ces travaux secondaires comme dans les travaux d'un ordre plus élevé, leur talent ouvrira enfin l'ère des progrès sérieux et des entreprises fécondes.

Que la gravure en bois, au surplus, ait été d'abord appliquée à l'exécution des images de sainteté ou à la fabrication des cartes, le procédé n'en demeure pas moins, il faut le redire, celui que l'on s'accorde généralement à regarder comme le plus ancien, comme le premier mode de gravure qui ait fourni à l'impression des types à multiplier et à convertir en épreuves.

Contrairement à cette opinion pourtant, un des plus sagaces et des mieux informés parmi les écrivains qui ont traité des origines de la gravure et de la typographie, M. Léon de Laborde, estime que la gravure en relief sur métal a provoqué la découverte de l'impression plus sûrement que n'auraient pu le faire le procédé xylographique. Dans un travail publié en 1839, mais qui, malheureusement, n'a pas reçu depuis lors les développements que l'auteur se promettait de lui donner [1], M. de Laborde déclare que les premières gravures imprimées ont dû être des gravures criblées, c'est-à-dire ces estampes dont nous avons indiqué en commençant le mode de fabrication bizarre, et dans lesquelles les formes teintées en noir apparaissent parsemées de points blancs. Suivant lui, la gravure ou, pour parler plus exactement, l'impression de la gravure, aurait été inventée par des orfèvres plutôt que par des dessinateurs

---

1. Voyez dans l'*Artiste*, année 1839, l'article intitulé: *La plus ancienne gravure du Cabinet des Estampes de la Bibliothèque royale est-elle ancienne?*

ou des miniaturistes, parce que les orfèvres pourvus, en raison de leur métier, des outils et du matériel nécessaires, se trouvaient en meilleure situation que personne pour arriver sinon à la conquête préméditée, au moins à la découverte fortuite du procédé. Parmi ceux qui travaillaient dans les Pays-Bas ou dans les provinces rhénanes, plusieurs auraient, dès les premières années du xve siècle, imprimé des pièces criblées, en d'autres termes des pièces gravées en relief sur métal, et les spécimens xylographiques où l'on veut d'ordinaire voir les plus anciens monuments de la gravure ne seraient en réalité que les résultats d'une réforme, les produits d'un art déjà modifié.

L'opinion qu'exprimait autrefois M. Léon de Laborde s'est trouvée assez récemment ou du moins a pu paraître justifiée par la découverte de deux estampes criblées appartenant, nous le croyons, à l'année 1406 et sur lesquelles nous avons nous-même publié quelques observations [1]. Toutefois, la démonstration que nous avions entreprise à ce sujet n'étant fondée que sur le rapprochement de certains faits extérieurs, pour ainsi dire, et sur la probabilité de certains calculs, on ne saurait en réalité attribuer aux pièces dont il s'agit une autorité aussi sûre qu'à celles dont l'âge, matériellement incontestable, est établi par la date même qu'elles portent.

Or la plus ancienne des gravures en relief sur métal datées est le *Saint Bernardin de Sienne,* improprement

1. *Notice sur deux estampes de 1406 et sur les commencements de la gravure en criblé.* — Gazette des Beaux-Arts. T. Ier, 2e période. 1869.

Sz illa duob3 modis hêtur. dū et nos p̄ dr̄wõ n̄rēdūng ī altoƥ
et alteiq eſt viciſſim. nobis recipim̄ aſſem̄ Et hō ī duob3 modis
impedit². Obſtinacōē ꝗ ſuſpicōē. Obſtinaco nō p̄mittit nos ꝗad
alteiq cor ingredi. nc̄ ſuſpico patit̃ tredē nos ab alijs amari
Cont̄ ꝗ habeat obſtāt3 caritate ꝗ nc̄ q̄retemꝗ ſua ſut et alco b
diligat. habeat ſuſpicōſꝗ caritate ená n̄redēm̄ et ab aliis ſe
diligi ſine
dubio credat

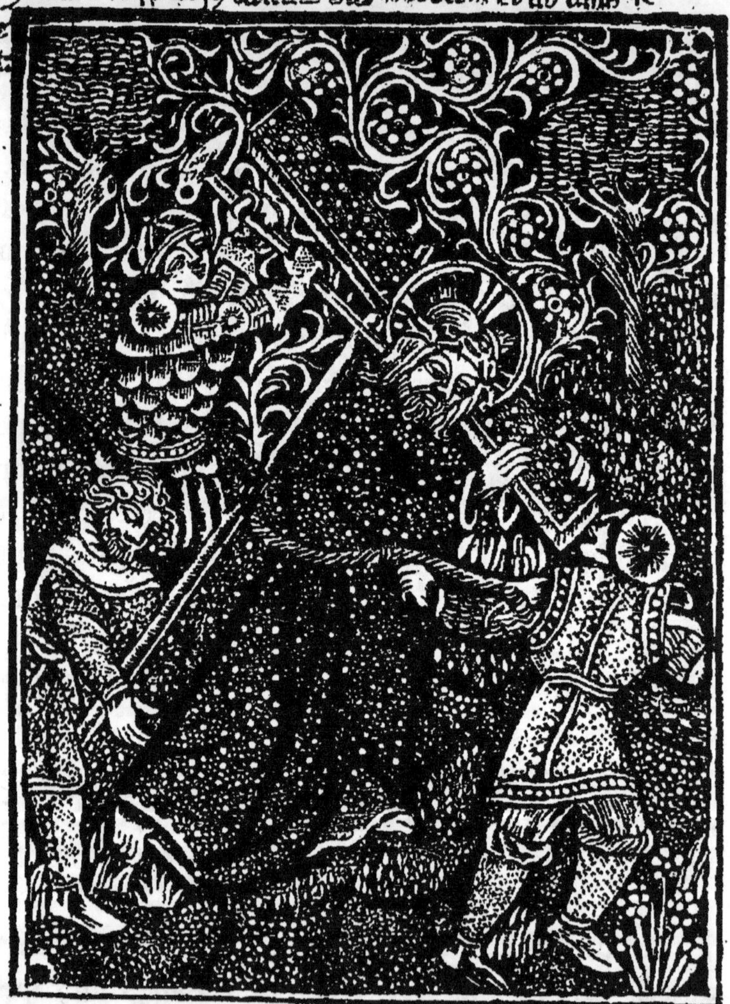

FIG. 9. — JÉSUS-CHRIST PORTANT SA CROIX.

Gravure en criblé de 1406.

dit *le Saint Bernard,* que possède notre Bibliothèque
nationale. Cette estampe criblée porte le millésime 1454.
Elle est par conséquent postérieure au *Saint Christophe*
gravé en bois, et même, nous le verrons tout à l'heure,
à la première gravure en creux dont l'impression
remonte à une date certaine, — *la Paix* de Finiguerra.
En tenant compte de ces faits on n'a donc strictement
le droit d'isoler les plus anciennes estampes criblées
des monuments primitifs de la gravure qu'à titre d'œuvres exécutées par un procédé spécial. S'il fallait les
envisager au point de vue de l'art, elles n'offriraient
qu'un bien médiocre intérêt. Le dessin, plus barbare
encore que dans les pièces allemandes gravées en bois,
y affecte une invraisemblance hiéroglyphique. L'effet
absolument conventionnel, le modelé nul, — puisque,
en raison de l'intensité monotone des noirs, il n'exprime
ni la saillie ni la dépression relative des formes, —
en un mot, toutes les infidélités à la nature, tous les
mensonges que peut entraîner l'infirmité du goût ou
un puéril esprit de système, voilà ce que les estampes
criblées accusent, à l'exclusion du reste.

D'où vient pourtant que ces tristes enfantillages
aient paru de notre temps mériter une attention qu'on
n'accorde pas toujours à des œuvres beaucoup plus
sérieuses? Passe encore si l'on s'était contenté de
retrouver là et de nous montrer les éléments de la méthode suivie plus tard par les graveurs de vignettes pour
les livres. Les jolis encadrements de page, par exemple,
qui ornent les *Heures* imprimées en France à la fin du
xve siècle et au commencement du xvie, auraient pu
prêter à des rapprochements entre la manière dont plu-

…o fragrancia vnguentis optimis qᵢ nõ mõ etñc dulcedis leciᷓ sꝛutes aliᷓ
ss bone qᵢ odorꝰ optiwis gratis odoꝛ vespᷓ absentes. bonu hñs testi-
moꝛm ᷓab hñs qᵢ mtᷓ ᷓ ab hᷓs q forꝰ sũt̄ habeo maᷓ lac meᷓ et forᷤ
vngentᷓ quõ quidē nõ essct quos lacte reficᷓs. si nõ ꝑꝰ hꝰ odoꝛ
adtraheres.   Hꝰ triplico vnguentũ s. cõtriᷓꝑ. deuocõꝑ. ᷓ et
pietatᷤ

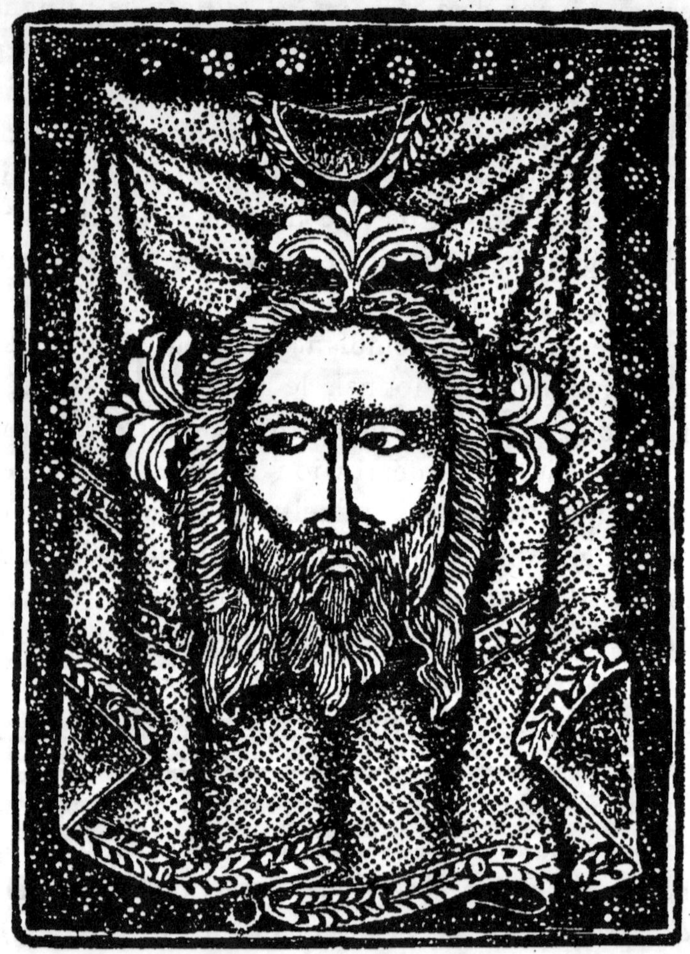

FIG. 10. — LA SAINTE FACE.

Gravure en criblé de 1406.

sieurs parties sont pointillées et les procédés de la gra-

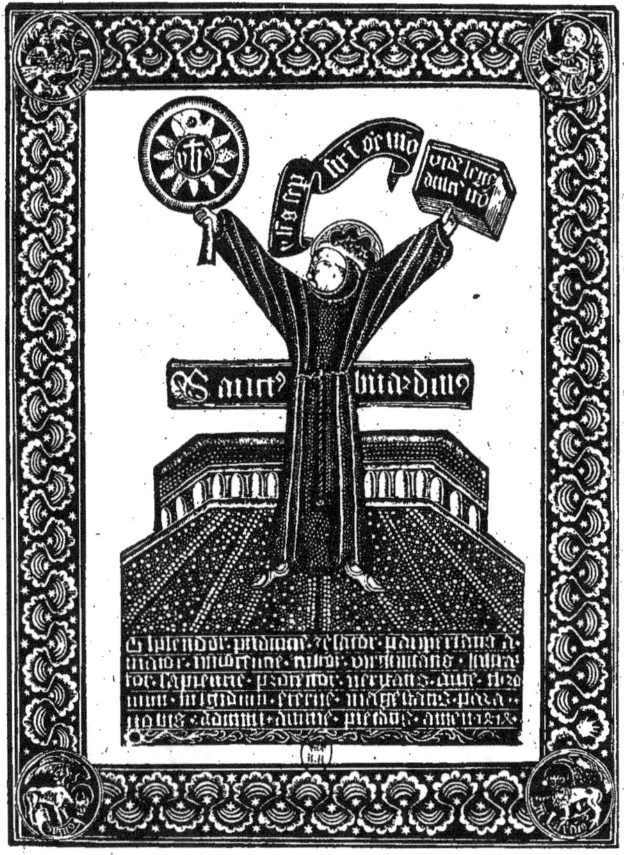

FIG. II. — SAINT BERNARDIN.
Gravure en criblé de 1454.

vure criblée primitive; mais n'y avait-il pas quelque

excès de zèle dans les efforts tentés par certains érudits

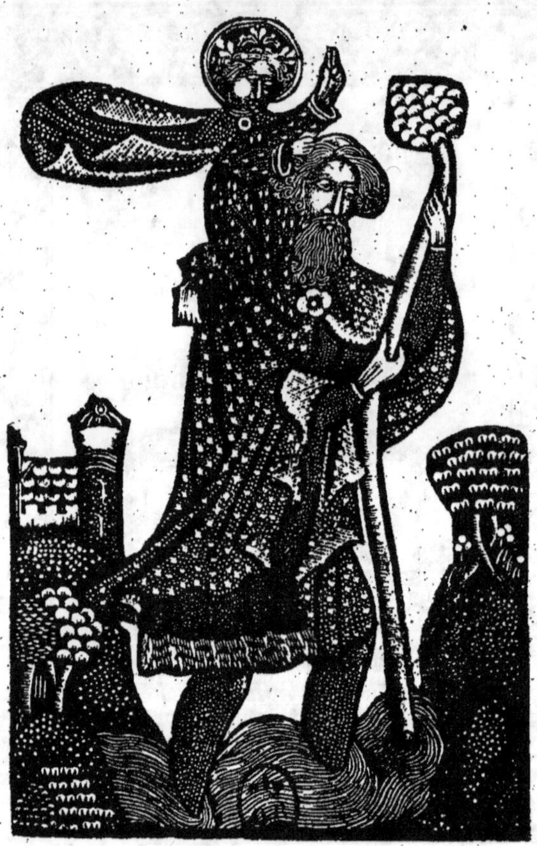

FIG. 12. — SAINT CHRISTOPHE.
Gravure en criblé (xvᵉ siècle).

pour concentrer sur ces types mêmes, sur ces défectueux

essais, les regards d'un public plus naturellement attiré
ailleurs? C'est que, ici comme dans les questions rela-
tives aux commencements de la gravure en bois et de
l'imprimerie, il s'agissait de plaider une cause intéressant l'amour-propre national, et d'avoir raison, dans le
champ clos de l'archéologie, de rivalités et de prétentions qu'on aurait plus difficilement combattues sur un
autre terrain.

Entre les écrivains des Pays-Bas et de l'Allemagne,
habitués de longue main à des rencontres de cette sorte,
la nouvelle guerre aurait pu s'engager sans surprendre
personne, et se continuer sans beaucoup d'émotion au
dehors; mais, contre l'ordinaire, les revendications ne
s'étaient produites ni en Allemagne, ni dans les Pays-
Bas. Pour la première fois, le nom de la France se
trouvait mêlé aux débats sur les origines de la gravure,
et, bien qu'il n'y eût au fond de celui-ci qu'un assez
mince honneur à conquérir, cette concurrence imprévue ne laissait pas d'ajouter un surcroît d'intérêt à la
lutte et, dans notre pays au moins, de rencontrer une
certaine faveur.

En lisant ou en croyant lire les mots *Bernhardinus
Milnet* au bas d'une vieille estampe criblée représentant
la Vierge et l'enfant Jésus, on avait prétendu non seulement retrouver la signature d'un graveur français,
mais encore profiter de la découverte pour mettre au
compte de ce « Bernard ou Bernardin Milnet » toutes
les pièces du même genre, toutes ces estampes qui, lors
même qu'elles appartiendraient à une seule école, ne
peuvent, — cela est bien évident, — appartenir à une
seule époque. L'invention et le monopole de la gravure

criblée une fois attribués à un pays ou plutôt à un homme, ces assertions firent fortune pendant quelque

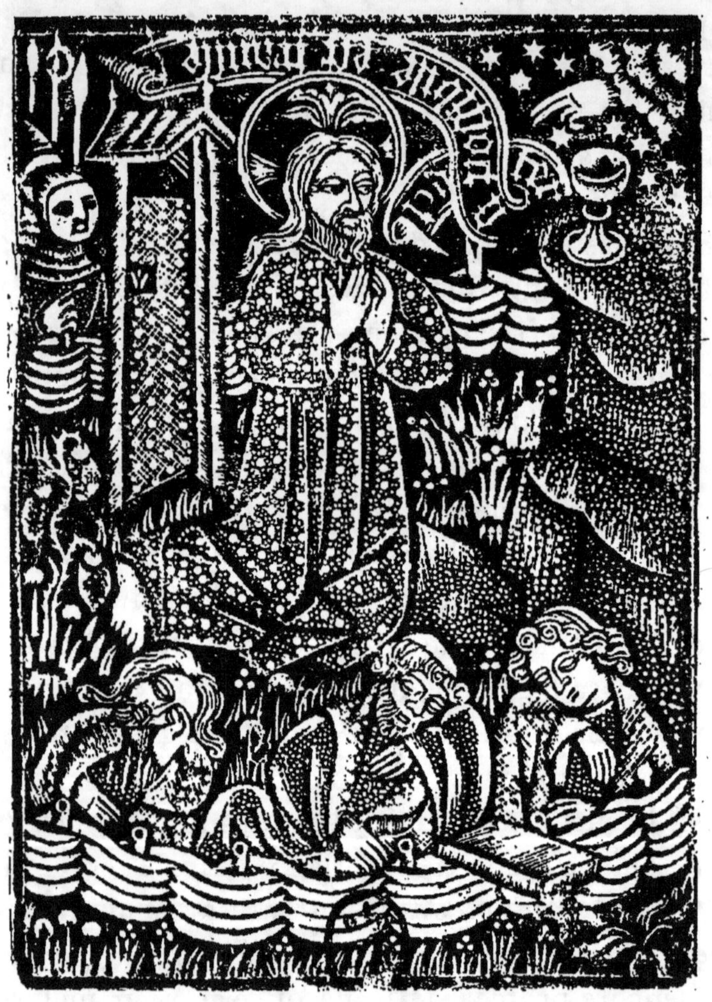

FIG. 13. — JÉSUS AU JARDIN DES OLIVIERS.
Gravure en criblé (xve siècle).

temps et furent reproduites même dans les livres de littérature ou d'histoire. Un jour vint cependant où elles commencèrent à perdre de leur crédit, et le doute ayant fini par gagner jusqu'aux compatriotes du prétendu Bernard Milnet, celui-ci se trouve aujourd'hui aussi bien dépossédé de son nom que de ses titres et réduit, très légitimement, suivant nous, à l'état de personnage imaginaire.

Suit-il de là qu'il faille, comme l'exige M. Passavant[1], restituer à l'Allemagne toutes ces estampes un moment naturalisées françaises? La perte pour notre pays ne serait pas grande, à ne considérer que la valeur intrinsèque des pièces ; mais les caractères équivoques qu'elles présentent, quant au travail même et au style, nous permettent, sans mauvais vouloir, d'hésiter.

Rien de moins significatif, en effet, que de pareilles œuvres, en dehors des conditions particulières du procédé. On ne reconnaîtra ni dans les contours des figures ce dessin ferme jusqu'à la raideur, ni dans le jet des draperies ce goût pour les formes saccadées, qui distinguent dès le début les productions de l'école allemande. A peine les moins faibles de ces pièces, — la *Sainte Barbe* entre autres que possède la Bibliothèque de Bruxelles ou le *Saint Georges* à cheval conservé dans le département des Estampes de la Bibliothèque nationale, à Paris, — trahiraient-elles parfois chez ceux qui les ont faites quelque conformité d'origine ou de manière avec l'école des Van Eyck. Est-il bien nécessaire, après tout, de pousser loin les investigations à ce sujet? Qu'elles aient été fabriquées en France, dans les Pays-Bas ou en Allemagne, les gravures criblées du xv⁰ siècle font trop

1. *Le Peintre-Graveur.* Leipzig, 1860. T. I⁰ʳ, p. 84.

peu d'honneur au pays qui les aura vues naître pour
que le scepticisme, en ce qui concerne leur provenance,

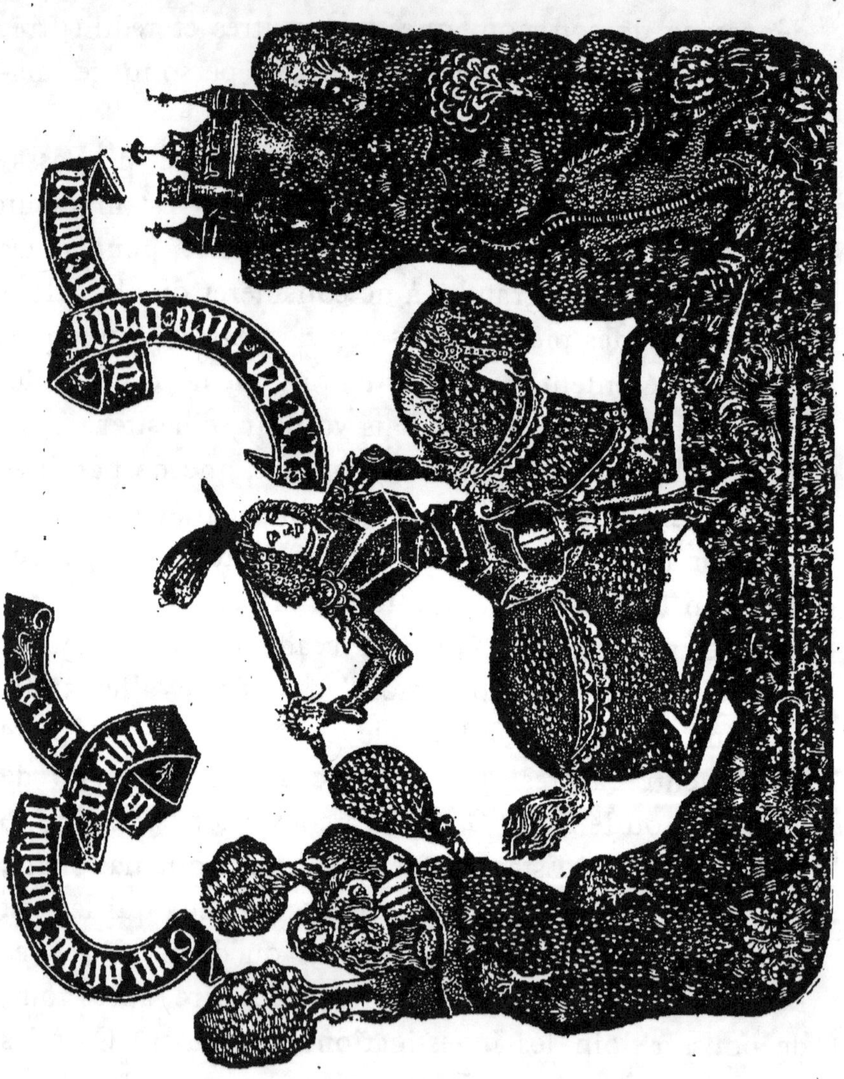

FIG. 14. — SAINT GEORGES.

Gravure en criblé (XVe siècle.)

doive peser d'un poids fort lourd sur la conscience de
personne. Les estampes criblées forment dans l'ensemble
des documents sur les origines de la gravure une série

toute différente, quant au mode d'exécution, des spécimens antérieurs ou contemporains; la date de 1454
que porte l'une d'entre elles nous fournit une donnée
authentique sur l'époque à laquelle se rattachent ces
essais particuliers, ces curiosités du métier plutôt que de l'art.

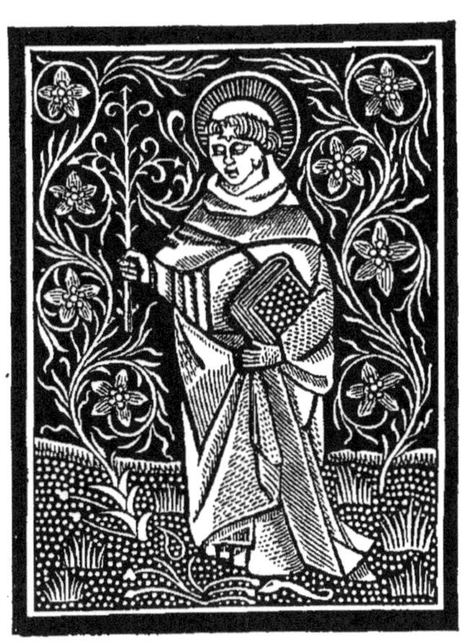

Cela suffit pour les souvenirs qu'il convient d'en garder, et pour la part à faire
au tout dans l'histoire des tentatives rudimentaires qui précè-dent ou qui déjà dépassent de quelques années les commencements en Italie de la gravure en creux.

Nous voici parve-nus à ce moment dé-cisif où la gravure,
riche de nouvelles ressources, est pratiquée pour la
première fois par des maîtres. Jusqu'ici la maigre habileté de quelques graveurs en bois ou les procédés
bizarres de la gravure criblée ont pu seuls donner la
mesure des efforts provoqués par la recherche ou par la
possession des secrets techniques. Plus de progrès dou-
teux maintenant, plus d'efforts interrompus ni d'hési-
tations d'aucune sorte. A peine l'art de reproduire au
moyen de l'impression une planche gravée en creux

vient-il d'être sinon inventé, au moins consacré par un orfèvre florentin, que partout les talents surgissent. En Italie et en Allemagne, c'est à qui profitera le mieux et le plus tôt de la découverte. La rivalité s'établit presque immédiatement entre les deux écoles, et quinze ans ne se seront pas écoulés encore que l'on verra déjà l'art allemand se définir aussi nettement dans les œuvres du maître de 1466 que l'art italien lui-même dans les œuvres des orfèvres-graveurs instruits par Finiguerra.

Cependant, avant de constater cette simultanéité des progrès, il est nécessaire de faire en quelques mots la part de la question historique et de remonter aux origines du procédé de gravure en creux, comme nous avons recherché tout à l'heure les origines de la gravure en relief. Hâtons-nous donc de régler ce dernier compte avec certaines exigences de notre sujet, après quoi nous abandonnerons, pour n'y plus revenir, le domaine des faits incertains et des hypothèses archéologiques.

CHAPITRE III

On a vu que les procédés d'imprimerie irrévocablement améliorés par Gutenberg eurent pour résultat de substituer, en ce qui concerne la parole écrite, un mode de reproduction fécond à l'infini et relativement rapide aux lenteurs et aux ressources limitées du procédé xylographique. La typographie devait anéantir l'usage de l'impression tabellaire et, à plus forte raison, la calligraphie, qui jusqu'alors avait occupé dans les monastères et dans les écoles tant de mains pieuses ou patientes. L'art d'imprimer les estampes fit à l'art des miniaturistes un tort à peu près semblable. Telles furent bientôt les conséquences naturelles des progrès accomplis, et nous croyons pouvoir ajouter : tel avait été dès le principe l'objet principal des innovations.

Peut-être cette double révolution, immense à coup sûr, si l'on en considère les effets généraux et l'action sur la civilisation moderne, n'avait-elle d'abord, aux yeux de ceux-là mêmes qui la tentèrent, que les propor-tions d'un simple perfectionnement industriel. Est-ce faire, par exemple, injure à Gutenberg que de ne pas accepter sans réserve les vastes idées politiques ou phi-losophiques, les intentions d'affranchissement universel qu'on lui a prêtées quelquefois? Les visées de l'inventeur de la typographie n'allaient probablement ni si haut ni si loin. Il ne s'attribuait pas d'avance et de parti pris ce rôle apostolique ou, comme on dirait aujourd'hui, cette mission humanitaire; il croyait n'être qu'un arti-san bien inspiré lorsqu'il se proposait de remplacer par des œuvres moins coûteuses et exécutées en vertu d'un procédé plus expéditif les manuscrits que l'on ne pou-vait forcément se procurer qu'à grands frais et à de longs intervalles.

Déjà, les imprimeurs xylographes avaient eu une pen-sée analogue. Le titre même d'un des premiers livres pu-bliés par eux, la *Bible des pauvres*, atteste ce désir de mettre à la portée du plus grand nombre une sorte d'équi-valent aux exemplaires manuscrits et enluminés que les riches seuls étaient en mesure d'acquérir. Il suffit de jeter les yeux sur les anciens recueils xylographiques pour comprendre la raison d'être de l'entreprise et les fins qu'on prétendait lui assigner. Partout se révèle une intention de rivalité avec les œuvres sorties de la plume des scribes ou du pinceau des miniaturistes. Qui sait même? Peut-être en conservant à ces produits de l'in-dustrie nouvelle une apparence conforme à celle des travaux antérieurs, ne voulait-on que spéculer sur le peu de clairvoyance des acheteurs et songeait-on beaucoup moins à divulguer un secret qu'à propager une illusion.

Dans la plupart des livres xylographiques, en effet, la première page est entièremenr dépourvue d'ornements. Point de têtes de chapitre ni de grandes lettres ; l'espace laissé en blanc semble attendre la main du miniaturiste, comme s'il appartenait à celui-ci d'achever l'œuvre de l'imprimeur et de compléter la physionomie de ces livres par un travail permettant au regard de les confondre avec les manuscrits. Survint Gutenberg qui, sans se renfermer aussi étroitement dans les limites de l'imitation calligraphique, ne dédaigna pas cependant au début de donner le change sur la nature des procédés qu'il employait. La *Bible* imprimée par lui à Mayence se vendait, dit-on, comme manuscrit ; aussi le texte n'est-il accompagné d'aucune explication technique, d'aucune note indiquant, soit le nom de l'imprimeur, soit le mode de fabrication. Ce n'est qu'un peu plus tard, lorsqu'il publie le *Catholicon,* que Gutenberg déclare qu'il a imprimé ce livre « sans le secours du roseau, du style ou de la plume, mais au moyen d'un merveilleux ensemble de poinçons et de matrices ». Encore, dans ce spécimen d'un procédé déjà bien défini et révélé désormais à la foule, les initiales laissées en blanc au tirage ont-elles été ajoutées, à la plume ou au pinceau, après l'impression du reste : dernier hommage aux anciennes coutumes, dernier souvenir d'exemples qu'on allait bientôt répudier pour faire la part entière aux œuvres de l'art nouveau, aux produits exclusivement typographiques.

L'inventeur de l'art d'imprimer les planches gravées

en creux ne voulut-il d'abord, comme l'inventeur de la typographie, que mettre plus largement en circulation ce qui avait été réservé jusqu'alors à certaines classes favorisées? La gravure ne fut-elle, à l'origine, qu'un moyen de déposséder la miniature de ses privilèges? On le croirait, à voir le nombre des manuscrits appartenant à la seconde moitié du xve siècle dans lesquels des estampes enluminées et entourées d'encadrements également coloriés semblent avoir été mises pour contrefaire tant bien que mal, en regard du texte, l'aspect accoutumé des miniatures. Puis, vient le tour des livres imprimés à vignettes et des pièces volantes publiées isolément, sans autre destination qu'un emploi tout familier et tout usuel. Avant même que les graveurs italiens enrichissent des œuvres de leur burin les écrits le plus habituellement commentés par le pinceau, — les manuels religieux, par exemple, ou le poème de Dante, — c'est au nouveau procédé qu'on a recours dès l'année 1465 pour assurer une publicité plus vaste aux calendriers. — Mais revenons au moment où la gravure en est encore à ses premiers essais, alors que soit hasard, soit génie, soit enfin simple perfectionnement d'une opération tentée par d'autres mains, un orfèvre de Florence, Maso Finiguerra, vient de réussir à fixer sur le papier l'empreinte d'une plaque d'argent dont les tailles, gravées en creux, avaient été préalablement remplies de noir.

L'honneur principal de Finiguerra n'est pas d'avoir trouvé la solution matérielle du problème. Sans doute, parmi les Italiens, personne avant lui ne s'était avisé d'imprimer un ouvrage gravé en creux sur métal et, dans son pays au moins, il eut le mérite de l'initiative. Toute-

fois, l'invention du procédé, dans le sens littéral et absolu
du mot, l'idée de multiplier au moyen de l'impression
les travaux creusés par le burin n'appartient pas à lui
seul. Si, peut-être en ignorant ce qui se passait ailleurs,
il tenta le premier à Florence cette révolution dans
l'art, d'autres, en dehors de l'Italie, s'étaient déjà, pour
les besoins de leur métier, servis du moyen dont il allait
faire, lui, un puissant auxiliaire pour le talent. La vraie
gloire de Finiguerra consiste dans l'autorité imprévue
avec laquelle il décida ce progrès; la vraie date des
commencements de la gravure n'est pas celle qu'on lit
ou qu'on devine sur telles feuilles de papier plus vieilles
de quelques années que les nielles florentins, sur des
estampes allemandes de 1446, par exemple, retrouvées il
y a quelques années par M. Renouvier [1] ou sur la *Vierge*
de 1451 décrite par M. Passavant [2] : elle est et elle doit
rester là où le talent l'a inscrite, là où la main d'un
artiste digne de ce nom se signale pour la première fois.

Il faut donc le dire bien haut, même au risque de
scandaliser plus d'une docte conscience, Finiguerra est
en réalité l'inventeur de la gravure, puisque, en se servant du nouveau procédé, il a su le consacrer par une
habileté insigne et prouver sa force là où ses devanciers
ou ses contemporains n'avaient laissé entrevoir qu'une
débile adresse. Il mérite sa renommée au même titre
que Gutenberg qui ne fit, lui aussi, que trouver le secret
d'un perfectionnement décisif; au même titre que Nicolas de Pise et Giotto, les vrais fondateurs de la dynastie

---

1. Une *Passion de 1446, suite de gravures au burin, les premières avec date.* Montpellier, 1857.

2. *Archiv für die Zeichnenden Kunste.* Année 1858.

des maîtres, le premier sculpteur et le premier peintre, à proprement parler, qui aient paru en Italie, bien que la sculpture et la peinture ne fussent rien moins que des nouveautés à l'époque où ils naquirent. Que la *Paix* de Florence, à ne consulter que la chronologie, ne soit pas le premier monument de la gravure, je le veux bien ; toujours est-il qu'aucun des essais antérieurs, aucune des pièces dont on s'arme comme d'arguments irréfutables pour ruiner la tradition accréditée ne permettrait de soupçonner ce que nous montre cette estampe si justement célèbre. Donc, celui qui l'a faite, loin de rien usurper, a légitimement tout conquis.

Par une coïncidence singulière, la découverte de l'imprimerie et celle de l'art de tirer sur papier les épreuves d'une planche gravée en creux, ou, pour parler plus exactement, les perfectionnements suprêmes des deux procédés furent à peu près simultanés en Italie et en Allemagne. Un intervalle de deux années seulement sépare le moment où Finiguerra imprime sa première estampe (1452) de celui où Gutenberg fait paraître ses premiers essais typographiques (1454). Jusque-là, les copies dessinées, peintes ou manuscrites avaient été les seuls moyens pratiques de multiplier les chefs-d'œuvre. Personne, même parmi les plus capables de penser et d'agir pour leur propre compte, ne dédaignait de descendre à ce rôle d'éditeur de la pensée d'autrui, et tandis que Boccace et Pétrarque s'adressaient réciproquement des ouvrages entiers de Tite-Live ou de Cicéron qu'ils avaient patiemment transcrits, des artistes de profession ou des moines retraçaient sur le vélin des missels les peintures que l'on admirait sur les murs des églises ou les tableaux qui décoraient les autels. Quant aux pièces gravées en bois, elles n'avaient d'autre objet que de stimuler tant bien que mal la dévotion des fidèles. Par l'insuffisance de l'exécution, comme par l'usage spécial auquel on les destinait, elles s'isolaient en réalité des œuvres de l'art et ne relevaient guère que de l'industrie.

En dehors de la miniature et de la gravure en bois, il existait cependant un procédé dont on se servait quelquefois pour reproduire certains modèles, des portraits ou des sujets de fantaisie, mais que les orfèvres employaient le plus habituellement dans la décoration des vases sacrés, des reliquaires ou des canons d'autel. La chalcographie, c'est-à-dire la simple gravure sur métal et l'émaillerie étant dès longtemps connues, il n'y avait, dans le procédé dont il s'agit, qu'un mode d'application particulier, une combinaison des ressources propres à l'une et à l'autre. On remplissait les tailles creusées par le burin dans une plaque d'argent ou d'argent et d'or, d'un mélange de plomb, d'argent et de cuivre, dont la fusion avait été facilitée par une certaine quantité de borax et de soufre. Ce mélange, de couleur noirâtre (*nigellum,* d'où *niello, niellare*), laissait à découvert les parties non gravées et s'incrustait, en se refroidissant, dans les tailles où on l'avait introduit; après quoi, la plaque soigneusement polie présentait à l'œil un dessin en émail noir découpé dans le champ métallique et, par conséquent, l'opposition sur une même surface de parties ternes et de parties brillantes.

Vers le milieu du xve siècle, ce mode de gravure était fort usité en Italie, surtout à Florence, où se trouvaient les plus habiles *niellatori*. L'un d'eux, Tommaso ou,

par abréviation, Maso Finiguerra était, comme beaucoup
d'orfèvres de son temps, à la fois graveur, dessinateur
et sculpteur; mais ni les dessins qu'on lui attribue, ni
les bas-reliefs en argent ciselés, dit-on, par lui de moitié
avec Antonio Pollaiuolo, ni ses nielles n'auraient suffi
peut-être pour faire vivre son nom : l'invention, — dans
la mesure que nous avons dite, — de l'art d'imprimer
les gravures en creux, ou plutôt l'invention de l'art même
de la gravure l'a immortalisé.

Quoi de plus simple, cependant, en apparence que
cette découverte? Comment n'avait-elle pas été faite
plus tôt? On a peine à le comprendre, non seulement
lorsqu'on songe que l'impression des planches gravées
en relief était pratiquée dès le commencement du
xvᵉ siècle, mais aussi lorsqu'on se rappelle que les
niellatori avaient coutume de prendre avec de la terre,
puis avec du soufre, une empreinte et une contre-em-
preinte de leur travail avant de l'émailler. Il semble que
l'idée aurait dû se présenter tout naturellement à l'esprit d'obtenir, sur un corps souple et mince comme le
papier, une épreuve directe, avant le moment où la
planche serait niellée; mais il est aisé de critiquer ainsi
après coup et d'indiquer la marche à suivre quand le
but a été atteint. Qui sait si nous-mêmes aujourd'hui
nous ne sommes pas à proximité de quelque secret dont
nous ne songeons nullement à nous emparer, et si notre
aveuglement actuel ne sera pas un sujet d'étonnement
pour ceux qui viendront après nous !

Quoi qu'il en soit, Finiguerra, dès 1452, avait trouvé
la solution du problème. C'est ce qui reste hors de doute
depuis le jour où l'abbé Zani visitant, vers la fin du

siècle dernier (1797), le Cabinet des Estampes à la Bibliothèque de Paris, y reconnut imprimé sur papier à une date incontestable un *nielle* de Finiguerra.

Cette petite estampe ou plutôt cette épreuve, tirée avant que la plaque fût niellée, d'une *paix*[1] gravée par l'orfèvre florentin pour le baptistère de Saint-Jean, représente *le Couronnement de la Vierge*. Elle ne mesure pas plus de 130 millimètres en hauteur, sur une largeur de 87 millimètres. Par ses dimensions, *le Couronnement de la Vierge* n'est donc en réalité qu'une vignette; mais cette vignette est traitée avec un goût et une science si amples, avec un sentiment si profond du beau, qu'elle supporterait impunément l'épreuve de telle opération matérielle qui en centuplerait les proportions et en transporterait les lignes sur une toile ou sur une muraille. Et quant à son caractère de monument archéologique, quant au prix que donnent à cette frêle petite feuille de papier les quatre siècles qu'elle a traversés pour arriver jusqu'à nous, sans doute il n'est permis à personne d'oublier ou de méconnaître des titres aussi particulièrement considérables; pourtant bien malavisé serait celui qui s'en souviendrait à l'exclusion du reste, et qui ne saurait voir qu'une curiosité historique dans un pareil chef-d'œuvre de l'art.

1. L'usage est de désigner ainsi une plaque en métal que, dans les messes solennelles, le célébrant, pendant qu'on chante l'*Agnus Dei*, donne à baiser aux membres du clergé et aux fidèles en adressant à chacun d'eux ces paroles : *pax tecum*. La *paix* faite par Finiguerra pour le baptistère de Saint-Jean a passé de cette église dans le musée des Offices, où elle se trouve encore aujourd'hui.

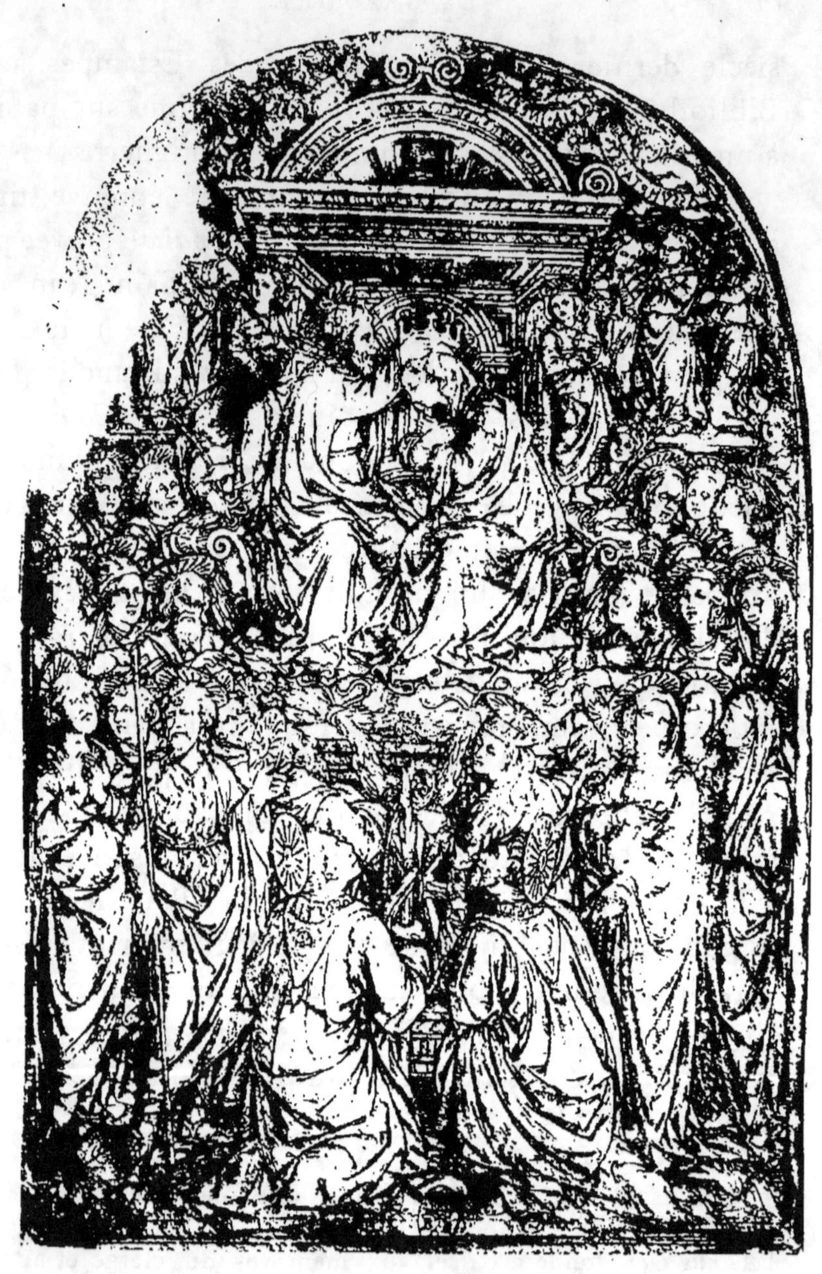

La Paix du baptistère de Saint-Jean, à Florence.

Les rares mérites qui distinguent *le Couronnement de la Vierge,* gravé par Finiguerra, se retrouvent, bien

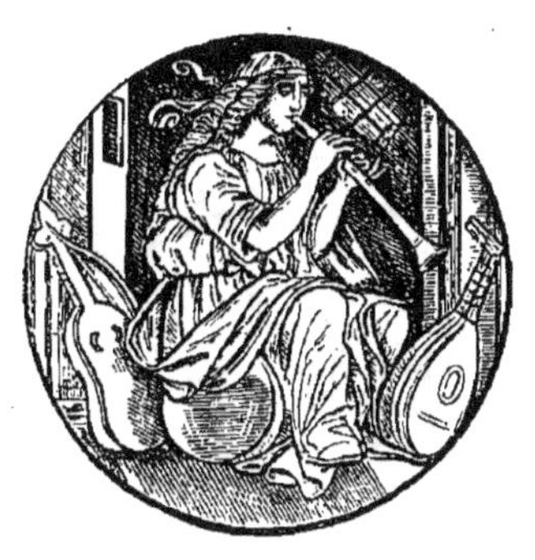

FIG. 17. — NIELLE ITALIEN.

(xv⁰ siècle).

qu'avec moins d'évidence, dans un certain nombre de piéces auxquelles on a cru pouvoir assigner la même origine. D'autres pièces gravées à la même époque et imprimées dans les mêmes conditions par des orfèvres florentins anonymes prouvent que l'exemple donné en 1452 avait aussitôt trouvé des imitateurs. Il est à remarquer toutefois que parmi ces œuvres attribuées soit à Finiguerra, soit aux orfèvres du même pays et du même

temps, aucune n'appartient à la classe des estampes proprement dites. En d'autres termes, il n'y a là encore que ce que l'on est convenu d'appeler des *nielles,* c'est-à-dire des épreuves sur papier de planches destinées à être émaillées plus tard, et non de planches gravées à titre de types fixes et définitifs. Est-ce donc que le maître et ses premiers imitateurs n'auraient pas su pressentir toutes les conséquences, tous les bienfaits

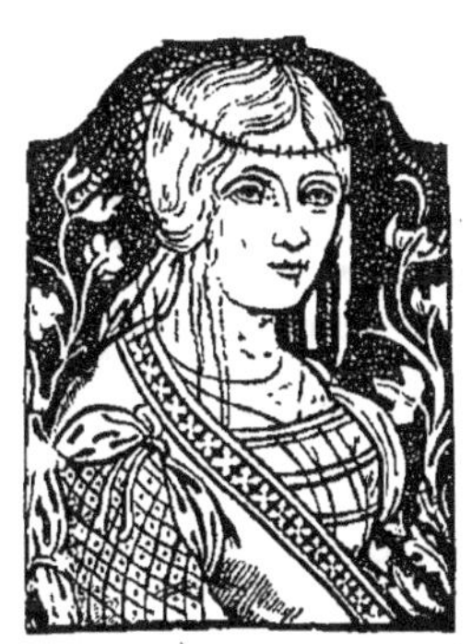

FIG. 18.

NIELLE ITALIEN.

(xv⁰ siècle).

de la découverte? Est-ce qu'ils n'y auraient vu qu'un moyen de se renseigner plus sûr que le moulage en terre

et en soufre, un procédé d'essai favorable seulement au
travail des orfèvres et à l'achèvement des pièces d'orfèvrerie? En un mot, depuis le jour où il eut obtenu un
premier succès jusqu'à la fin de sa vie, Finiguerra ne
renouvela-t-il l'opération de
l'impression qu'au profit de
son habileté de *niellatore,*
sans songer qu'il lui appartenait aussi d'user autrement
de son talent et de faire strictement acte de graveur?

On serait presque autorisé
à le croire. Les estampes flo-
rentines du xve siècle, autres
que les nielles, celles du
moins dont on connaît avec
certitude les origines et les
dates, sont d'une époque postérieure non seulement à l'é-
poque où travaillait Finiguerra, mais même à l'année
de sa mort (1470). Tandis
qu'en Allemagne, dès les pre-

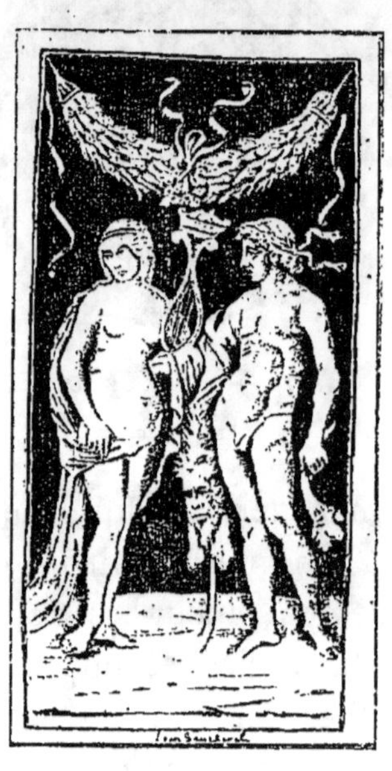

FIG. 19.

NIELLE ITALIEN.

(xve siècle).

miers jours pour ainsi dire de la période d'initiation,
le maître de 1466 et les siens multiplient à l'envi leurs
œuvres et réussissent à tirer du procédé de la gravure
en creux tous les éléments de progrès, toutes les ressources qu'il comporte, à Florence vingt années environ
s'écoulent durant lesquelles l'art semble s'immobiliser
dans la pratique des conditions qui lui avaient été faites
au début. Visitez les collections publiques ou particu-

lières les plus riches, vous n'y rencontrerez, en dehors
des nielles, aucun spécimen authentique, aucun monument officiel en quelque sorte de la gravure florentine au
moment précis dont nous parlons[1]. Ouvrez les livres et
les catalogues, vous n'y trouverez ni la mention d'une
pièce gravée, à titre d'estampe, avant celles que l'on
attribue à Baccio Baldini ou à Botticelli, et qui ne
parurent guère que dans le dernier quart du siècle, ni
une explication quelconque de cette apparente stérilité,
de cette absence surprenante d'une école de graveurs
dans l'acception exacte du mot, à côté du groupe des
niellatori.

Cependant, quelques années se sont écoulées dans le
cours desquelles les tentatives d'émancipation et les
progrès ont achevé de s'accomplir. Au lieu de demeurer
dans une sorte de vasselage industriel et de continuer,
à certaines modifications près, les traditions de l'émaillerie ou de la ciselure, l'art de la gravure désormais
affranchi prend possession de son domaine et de lui-
même. Sans doute quelque inexpérience quant au ma-
maniement de l'outil, quelque hésitation se trahira
encore; il y aura dans les procédés de l'exécution
quelque chose de sommaire et, en même temps, de
curieusement recherché, un mélange d'intentions naïves
et de modes d'expression conventionnels; mais si le

---

1. On ne saurait objecter contre la pénurie que nous prétendons
constater le beau *profil de femme* découvert, il y a peu d'années,
à Bologne, et appartenant aujourd'hui au musée de Berlin. Non
seulement cette très importante pièce est d'une date incertaine,
mais — nous avons eu l'occasion de le faire remarquer ailleurs
— les caractères de l'exécution et du style ne permettent pas d'y
reconnaître l'œuvre d'un artiste florentin.

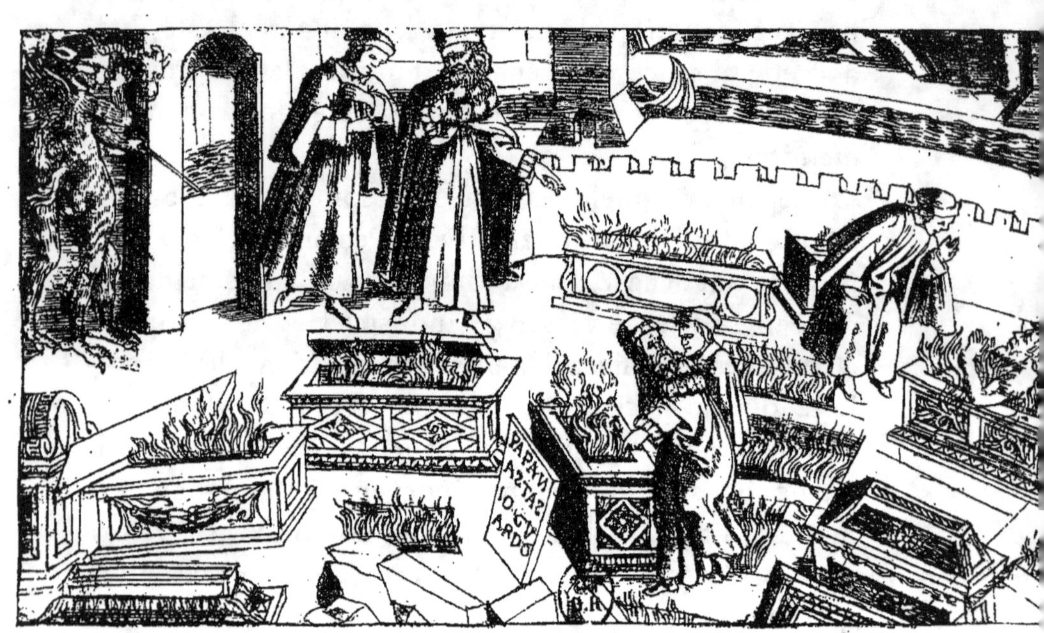

FIG. 20. — BACCIO BALDINI.

Vignette tirée du *Dante* de 1481.

burin ne sait que très imparfaitement encore masser des tailles et diversifier la valeur des ombres, il possède déjà, il pratique à souhait le secret de figurer la vie par la précision et l'élégance des contours, par la fine animation des physionomies, quels que soient d'ailleurs les modèles donnés. Personnages sacrés ou mythologiques, prophètes ou sibylles, madones ou dieux de l'Olympe, tous, — aussi bien que les hommes ou les femmes du xve siècle représentés à côté de ces images idéales, — tous révèlent au premier coup d'œil leur étroite parenté pittoresque, comme ils confirment, en les continuant sous une forme nouvelle, les inclinations générales et les coutumes de l'art *quattrocentista* florentin. Cette délicatesse qui nous charme dans les bas-reliefs et dans les tableaux de l'époque, ce besoin commun aux sculpteurs et aux peintres contemporains de raffiner sur le vrai et d'en aiguiser les termes, cette prédilection enfin pour l'expression rare, exquise, un peu subtile, — voilà ce qu'on retrouve chez les peintres-graveurs successeurs immédiats de Finiguerra et dans les œuvres qu'ils nous ont léguées ; voilà ce que les planches gravées alors à Florence démontrent aussi clairement que les sujets peints ou sculptés sur les murs des églises et des palais.

Quel que soit dans ces travaux le lot à faire à Baccio Baldini, à Botticelli, à Pollaiuolo ou à tel autre, avec quelque sagacité que l'on y discerne ou que l'on croie y discerner les inégalités de la pratique et les habitudes particulières de chaque main, les tendances ont au fond un caractère d'unité dont il importe surtout de tenir compte parce qu'il détermine la physionomie de l'école.

Lors donc qu'on réussirait à étiqueter d'un nom propre

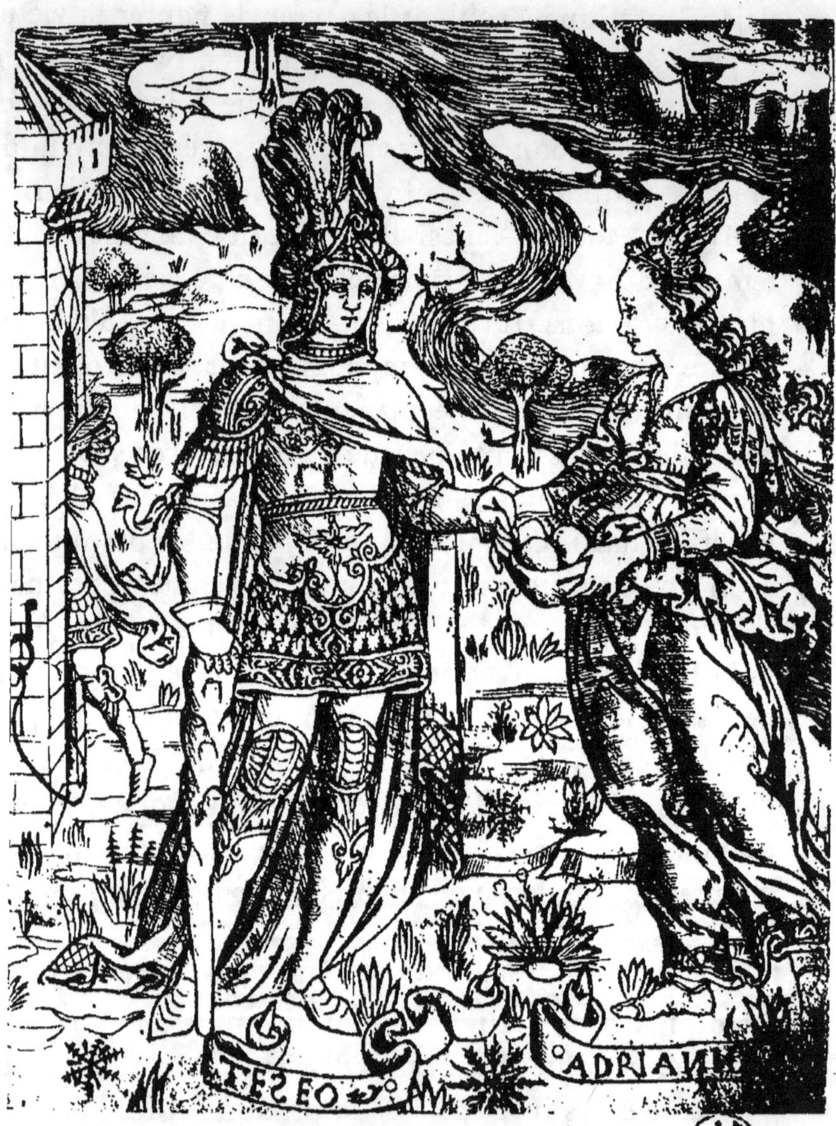

FIG. 21. — BACCIO BALDINI.
Thésée et Ariane.

chacun des ouvrages et des talents qui participent à ce

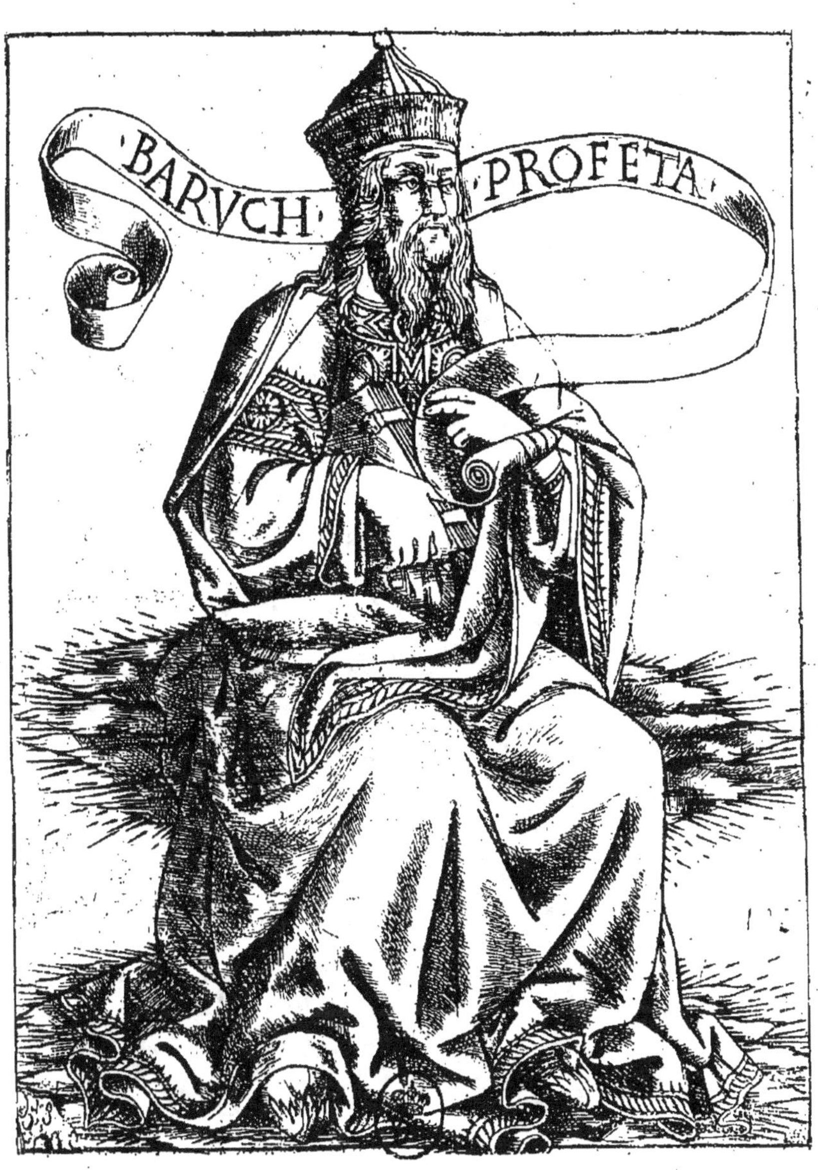

FIG. 22. — BACCIO BALDINI.

Le prophète Baruch.

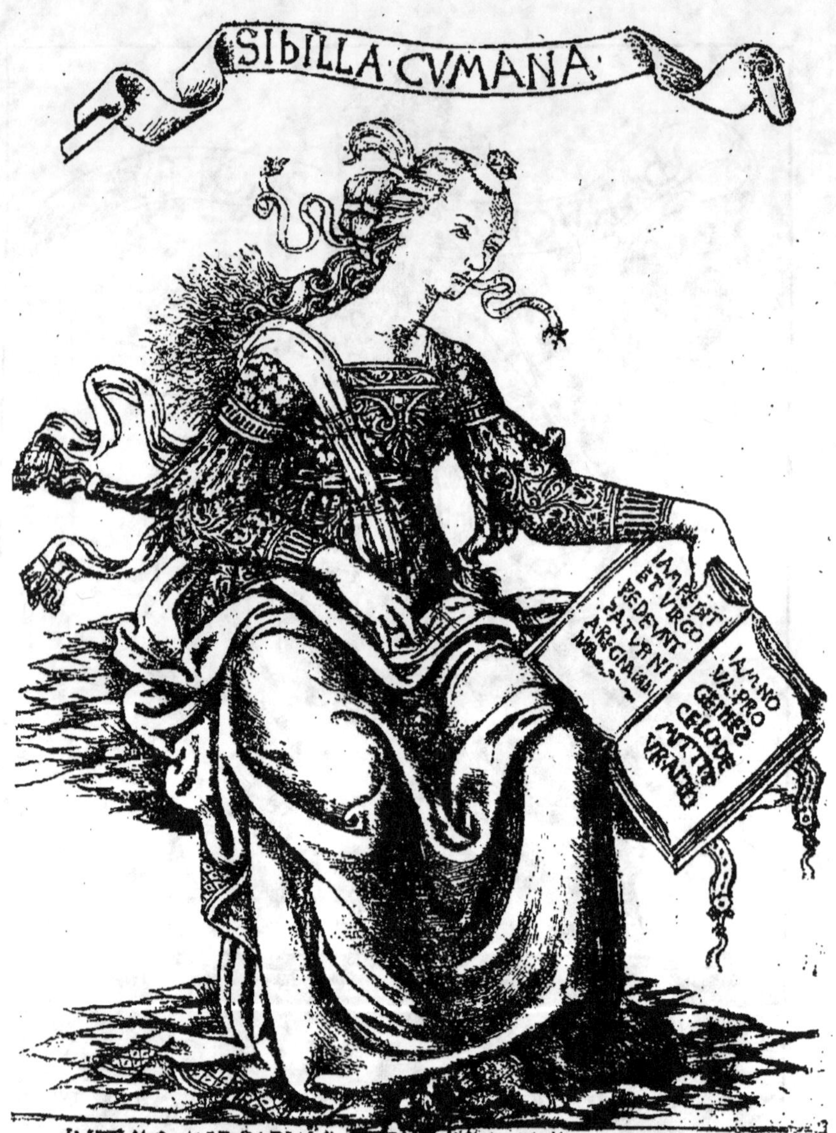

FIG. 23. — BACCIO BALDINI.

La Sibylle de Cumes.

point les uns des autres, le profit ne serait-il pas en réalité assez mince ? Pourvu qu'on ne méconnaisse ni les qualités ni la signification de l'ensemble, on pourra, quant aux attributions de détail, se résigner à l'incertitude, à l'ignorance même, et se consoler d'autant mieux du mystère qui enveloppe ces talents anonymes qu'on en appréciera plus ingénument les mérites, en dehors des hypothèses biographiques ou des commentaires de l'érudition.

Les estampes dues aux peintres-graveurs florentins venus après Finiguerra marquent une époque de transition entre le premier âge de la gravure italienne et le moment où l'art entré dans sa période virile n'hésite plus à user de ses forces et se montre à la hauteur de toutes les entreprises. Ce n'est plus à Florence, il est vrai, qu'appartiendra dans cette seconde phase le privilège de la fécondité et des succès. Il semble qu'après avoir coup sur coup donné naissance à tant de talents, l'art florentin se repose épuisé par cette production rapide et qu'il laisse volontairement les écoles voisines prendre sa place. Même avant l'apparition de Marc-Antoine, les preuves principales d'habileté sont faites en dehors de la Toscane, et si, aux approches ou au commencement du XVI$_e$ siècle, les nombreuses planches gravées par Robetta ne laissent pas de continuer et de soutenir la bonne renommée de l'école florentine, un pareil résultat est dû bien moins au talent personnel du graveur qu'au charme même et à la valeur intrinsèque des modèles.

De tous les graveurs italiens qui, vers la fin du XVe siècle, achèvent de populariser dans leur pays l'art dont Florence avait révélé les premiers secrets et fourni les premiers exemples, le plus fortement inspiré comme le plus habile est sans contredit Andrea Mantegna. Nous

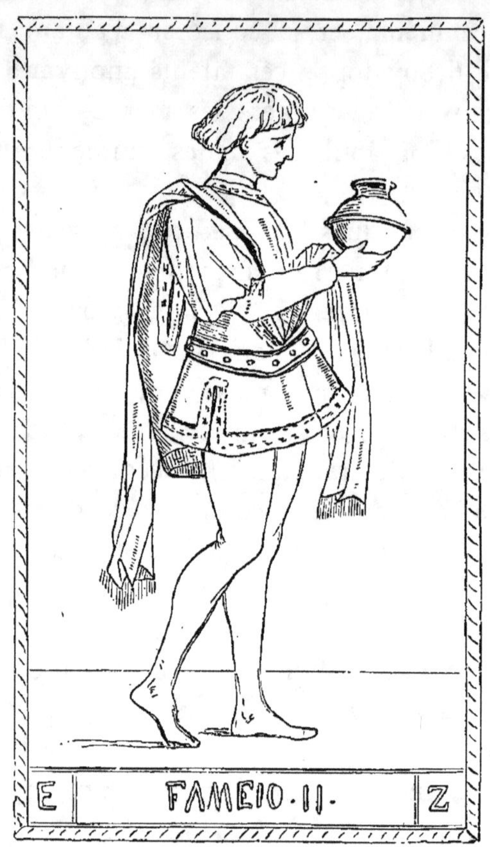

FIG. 24. — PIÈCE TIRÉE DE LA SUITE DITE
Le Jeu de cartes d'Italie.

n'avons pas ici à rappeler les titres de ce grand artiste dans l'ordre pittoresque proprement dit. Les peintures décoratives et les tableaux de sa main qui subsistent ont une célébrité universelle ; moins généralement connues peut-être, les estampes qu'il a laissées mérite-

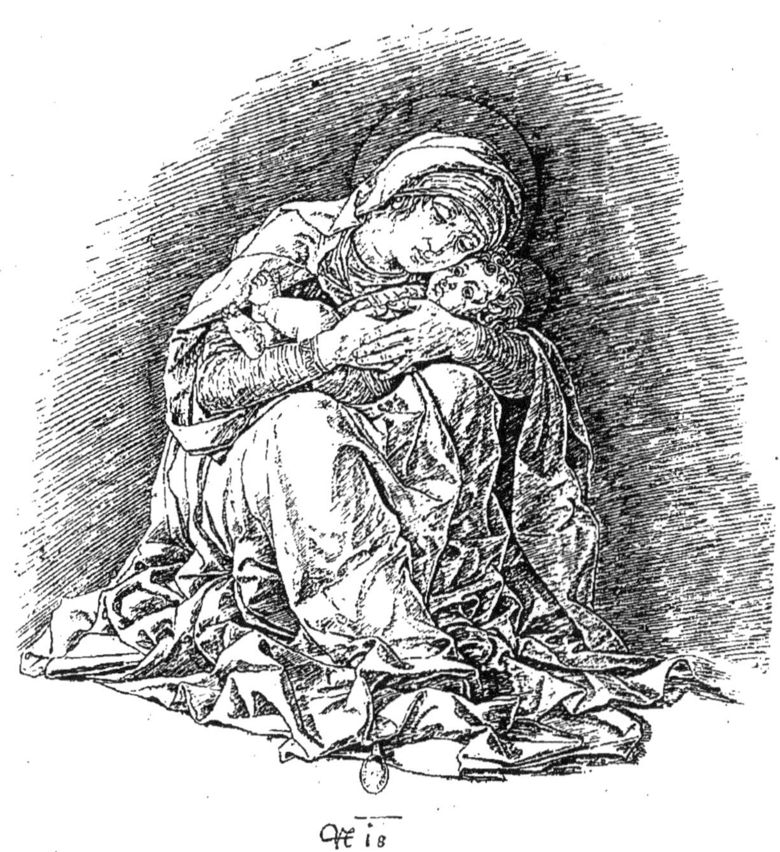

FIG. 25. — MANTEGNA.

La Vierge et l'enfant Jésus.

raient la même renommée et justifieraient la même admiration.

L'œuvre gravé de Mantegna ne se compose que d'une

vingtaine de pièces, dont une moitié à peu près appar-

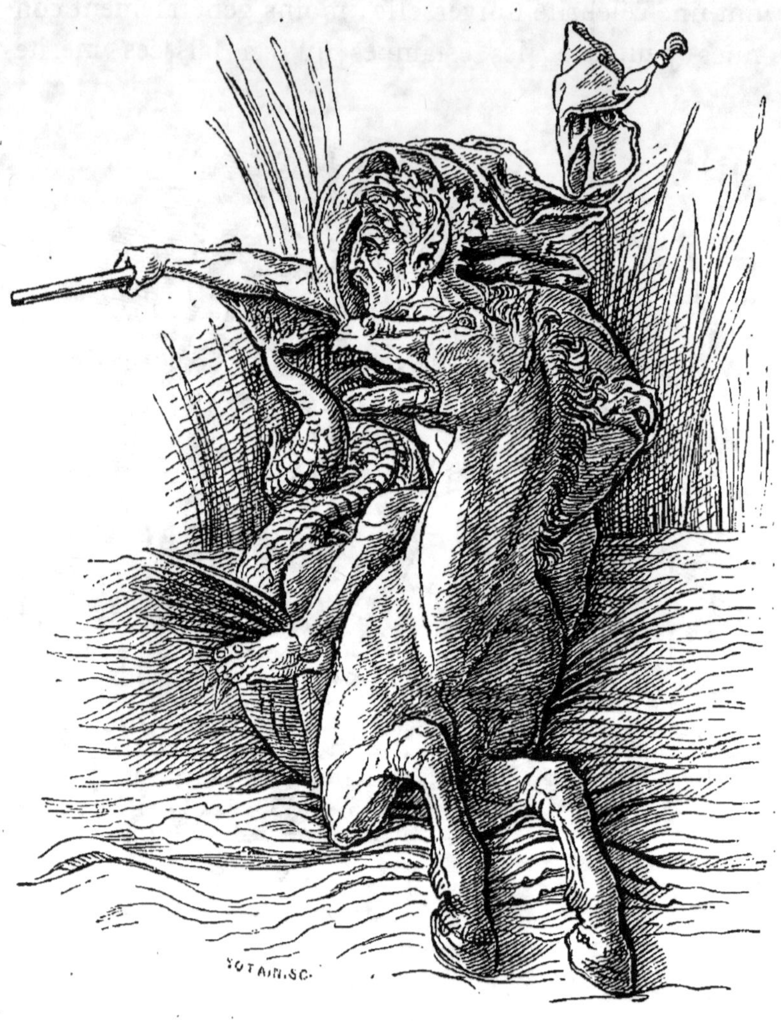

FIG. 26. — MANTEGNA.

Fragment de l'estampe représentant un combat de dieux marins.

tient à la classe des sujets religieux, l'autre moitié à
celle des sujets mythologiques ou historiques. Bien

qu'aucune de ces estampes ne porte la signature ou le monogramme du maître padouan, l'authenticité n'en saurait être mise en doute. Elle résulte manifestement des caractères tout particuliers du style et du travail, de cette précision dans le dessin à la fois énergique et fine, de cette rude élégance en quelque sorte dont nul parmi les contemporains n'aurait été capable d'empreindre aussi puissamment ses ouvrages. Tout ici, même ce qui s'y trouve d'imparfait ou d'excessif, tout atteste la volonté intraitable et le génie indépendant d'un maître. Il n'est pas jusqu'aux ornements architectoniques, jusqu'aux moindres objets inanimés, qui ne prennent sous le burin de Mantegna une apparence passionnée et comme frémissante. On dirait qu'après avoir étudié chaque partie de son sujet en érudit et en penseur, Mantegna, à l'heure où il la figure sur le métal, n'éprouve plus que l'impatience fiévreuse de la main, d'une main irritée par la lutte, par sa querelle avec le moyen.

Et cependant, même à ne les considérer qu'au point de vue du faire, des œuvres comme *la Mise au tombeau* ou comme le *Triomphe de César* attestent le talent d'un graveur bien autrement expérimenté déjà, bien mieux informé des vraies ressources de la gravure qu'on ne l'avait été jusqu'alors en Italie. Le burin de Mantegna, manié avec une fermeté qui n'est déjà plus de la sécheresse, n'imite pas encore les effets de la peinture, mais il imite du moins les travaux du crayon ou de la plume dans ce qu'ils ont de plus rapide en apparence et de plus hardi. Au lieu de se contenter, à l'exemple des graveurs florentins, de tailles espacées, timides, et soutenant à peine les contours, le maître procède par

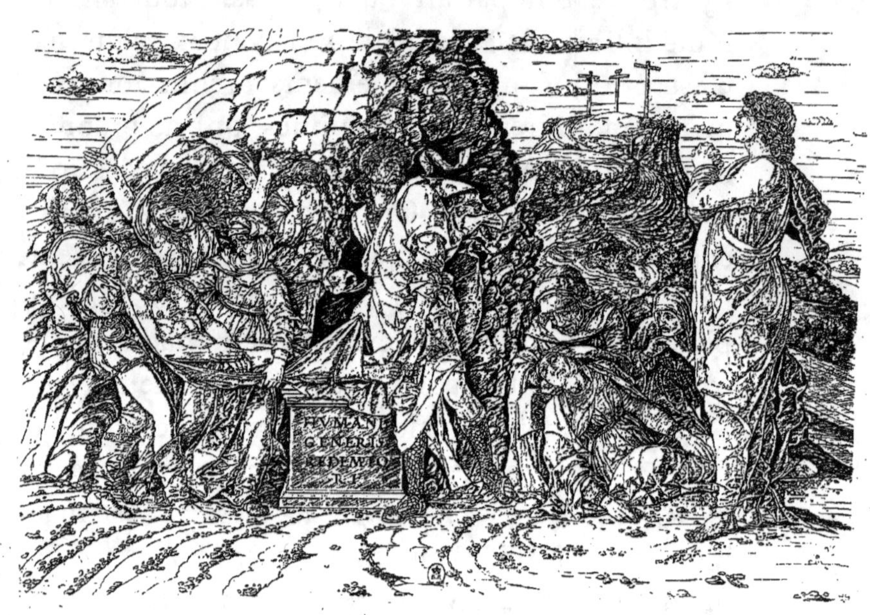

FIG. 27. — MANTEGNA. — La Mise au tombeau.

masses d'ombre au moyen d'un grain plus serré; il
cherche à exprimer, à indiquer au moins le modelé intérieur et ne se borne plus à tracer la silhouette des corps

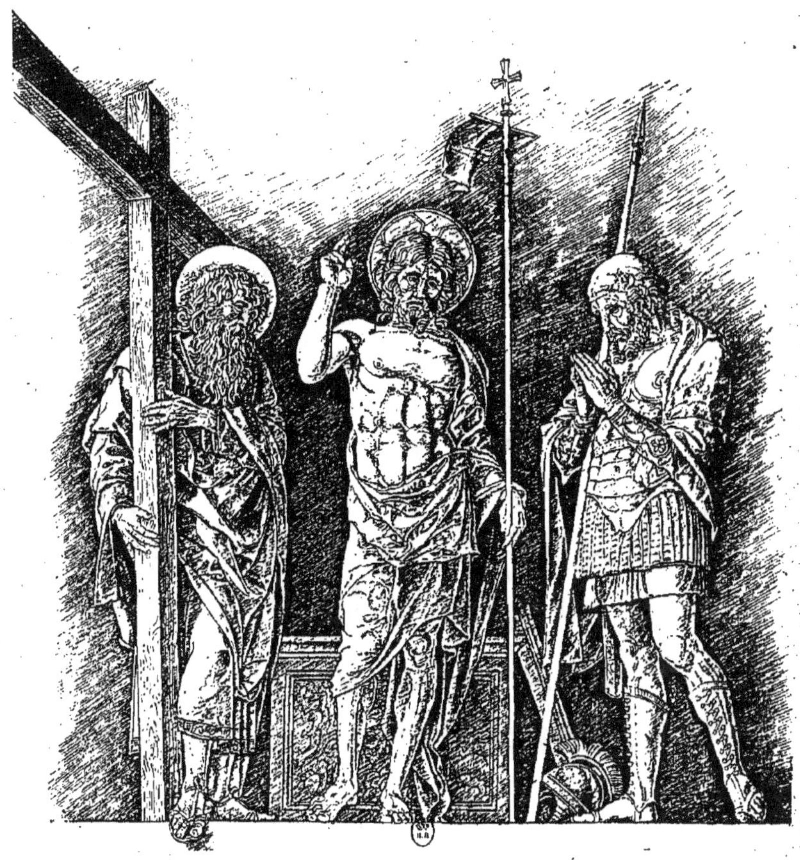

FIG. 28. — MANTEGNA.

Jésus-Christ, saint André et saint Longin.

qu'il figure. En un mot, Mantegna graveur n'oublie pas
sa science de peintre; c'est là, outre la rare vigueur de
l'imagination, ce qui le caractérise et ce qui lui assure

la première place parmi les maîtres italiens antérieurs à
Marc-Antoine.

Mantegna eut bientôt de nombreux imitateurs. Les

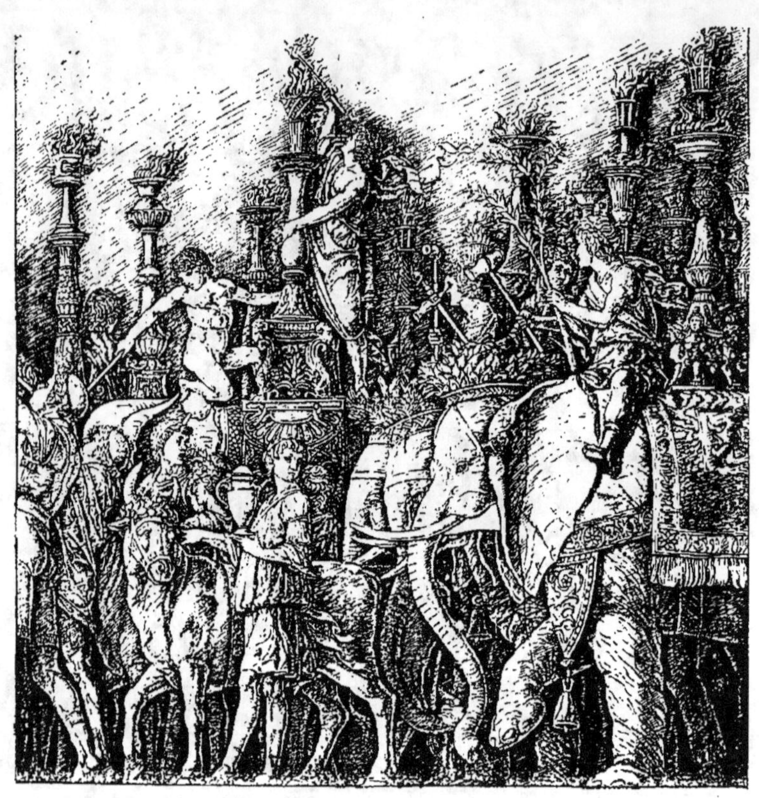

Fragment du Triomphe de Jules César.

uns, comme Mocetto, Jacopo Francia, Nicoletto de
Modène et Jacopo de Barbari, connu sous le nom de
Maître au caducée, tout en mettant à profit ses exemples,
ne poussèrent pas pour cela l'abnégation jusqu'au sa-

crifice de leur goût et de leur sentiment particuliers;
les autres, comme Zoan Andrea et Giovanni Antonio
da Brescia, dont les œuvres ont été quelquefois confondues avec celles de Mantegna lui-même, s'appliquèrent
non seulement à s'approprier sa manière, mais à copier
de point en point ses gravures, à les contrefaire trait
pour trait.

Si décisive pourtant qu'elle ait pu être, l'influence
exercée par Mantegna sur les graveurs italiens du
xv⁰ siècle ou des premières années du xvi⁰, ne semble
guère avoir dépassé les limites de la Lombardie, de la
Vénétie et des petits États environnants. Ce n'est ni à
Florence ni à Rome que les exemples venus de Padoue
éveillent principalement l'esprit d'imitation. Les travaux qu'ils suscitent appartiennent presque tous à des
artistes formés sous les yeux mêmes du maître ou à
proximité de ses enseignements. Soit qu'il s'agisse de
purs copistes ou d'imitateurs plus ou moins habiles,
soit que la manière du chef de l'école ne reparaisse
dans les œuvres des disciples qu'assez notablement
modifiée, c'est à Vérone, à Venise, à Modène, à Bologne
qu'on voit se continuer avec le plus de précision le
mouvement imprimé à l'art par Mantegna. Certains
progrès, il est vrai, se manifestent, certains perfectionnements s'introduisent dans l'emploi ou dans la
combinaison des moyens, à mesure que les graveurs,
enhardis par l'expérience, tendent à concilier avec les
doctrines qui leur ont été transmises quelque chose de
leurs inspirations ou de leurs ambitions personnelles;
mais, malgré ces divergences partielles, l'ensemble des
œuvres révèle bien l'origine commune et ne laisse pas

de rendre assez imprudents les efforts tentés quelquefois
pour décomposer en petits groupes isolés les uns des

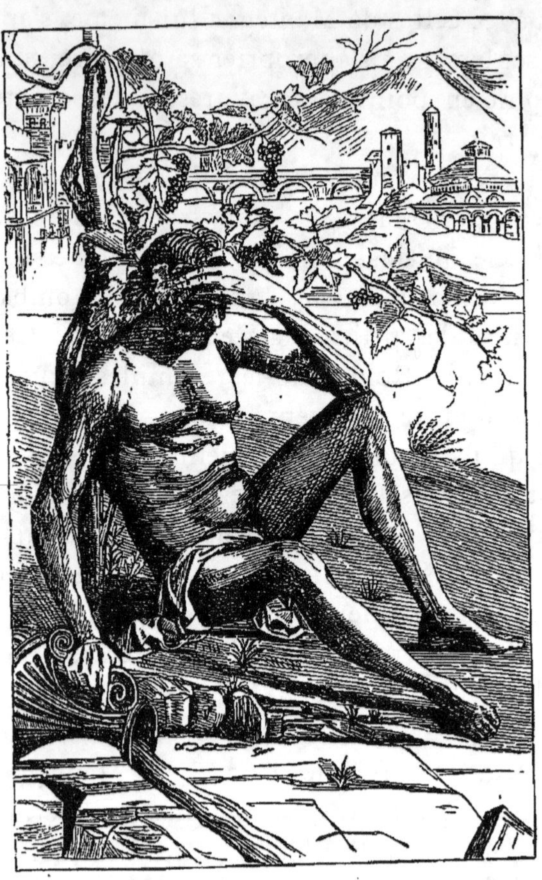

FIG. 30. — MOCETTO.
Bacchus.

autres, pour subdiviser à l'infini ce qui, en réalité, forme
un tout homogène, une véritable école.

Le même caractère d'unité se retrouve et prédomine dans toutes les œuvres des graveurs allemands appartenant à la seconde moitié du xvᵉ siècle. Certes, au point de vue des intentions et du style, la différence est grande entre les estampes italiennes primitives et celles qui marquent les débuts de l'art dans les villes de la haute et de la basse Allemagne ; mais, ici comme là, certaines traditions une fois fondées subsistent presque immuables pendant quelque temps, certains procédés d'exécution ne se modifient qu'à la condition de ne rien trahir de la fidélité à la méthode prescrite, aux principes consacrés dès les premiers jours. A peine le maître de 1466 et, un peu après lui, Martin Schongauer viennent-ils de se révéler, que leurs exemples sont suivis et leurs enseignements docilement pratiqués par des disciples plus nombreux encore que ne l'avaient été ou que ne devaient l'être en Italie, vers la même époque, les graveurs contemporains de Finiguerra ou de Mantegna. L'action exercée par celui-ci a au moins son équivalent dans l'ascendant pris de son côté par Martin Schongauer sur les artistes qui l'entourent, et, quant au maître de 1466, le rôle d'initiateur qui lui appartient a presque la même importance dans l'histoire de la gravure allemande que celui de l'orfèvre florentin dans celle de la gravure italienne.

Le maître de 1466, en effet, peut être regardé comme le Finiguerra de l'Allemagne, puisque, le premier dans son pays, il a élevé à la dignité d'un art ce qui n'avait été avant lui qu'un procédé industriel manié par des ouvriers sans talent. Comme la gravure en bois, la gravure en creux telle que nous la montrent les estampes allemandes antérieures de quelques années aux œuvres

du maître de 1466, la gravure en creux n'avait réussi
encore à répandre dans les villes sur les bords du Rhin

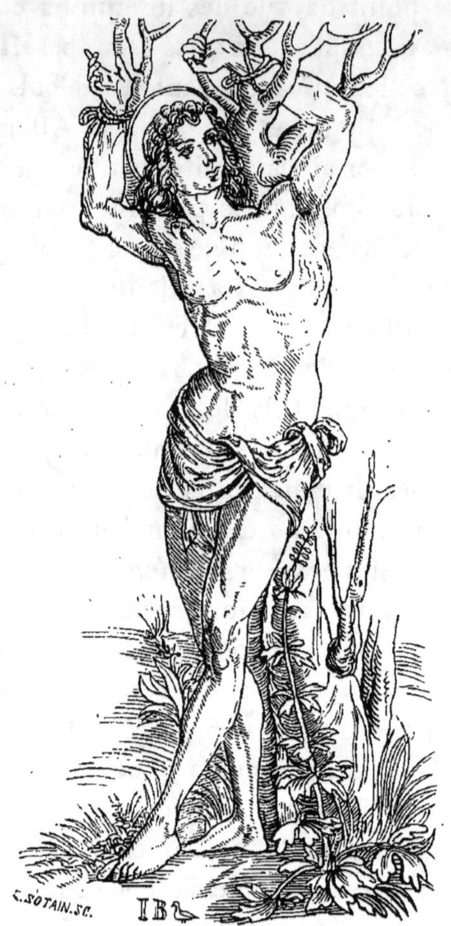

FIG. 31. — BATTISTA DEL PORTO.
DIT LE MAITRE A L'OISEAU.
Saint Sébastien.

que les produits d'une imagerie grossière, où l'inexpérience technique est aussi évidente que l'extrême pauvreté

des intentions. Quelques tentatives que l'on ait faites assez récemment pour en exagérer la valeur, ces curiosités archéologiques ne sauraient donc avoir leur place légitime parmi les œuvres de l'art, et l'on peut sans déni de justice en tenir d'autant moins de compte que les progrès accomplis du jour au lendemain par le maître de 1466 en font mieux ressortir l'indigence et les condamnent plus décidément.

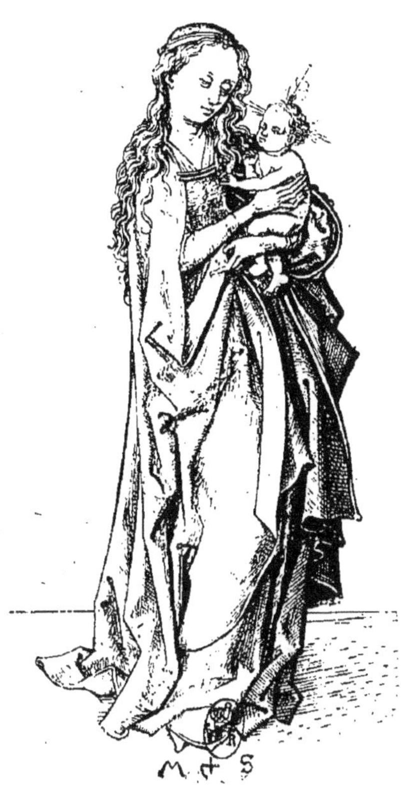

FIG. 32. — MARTIN SCHONGAUER.
La Vierge et l'enfant Jésus.

Si l'artiste anonyme qu'on appelle le maître de 1466 est le véritable fondateur de l'école allemande de gravure, si même, — à ne considérer, bien entendu, ses œuvres qu'au point de vue de l'exécution matérielle et du bon emploi de l'outil, — il se montre plus habile qu'aucun des graveurs italiens de l'époque, suit-il de là que son talent le place aussi sûrement que la chronologie avant tous les autres graveurs du même siècle et du même pays? Un de ceux-ci, Martin Schongauer, dit aussi « le beau Martin » ou, par abréviation, Martin

Schoen, aurait plus de droits encore à occuper ce premier rang. Avec plus d'imagination que le maître de
1466, avec un sentiment plus profond du vrai et un
instinct plus clairvoyant
du beau, il fait preuve
d'une dextérité au moins
égale dans la conduite
des travaux et dans le
maniement du burin.
Certes, si l'on compare
les estampes de Martin
Schongauer aux belles es-
tampes flamandes ou fran-
çaises du XVIIe siècle, les
combinaisons de tailles
dont le graveur allemand
se contente ne laisseront
pas de paraître bien in-
suffisantes ou bien naï-
ves ; mais si l'on prend
pour termes de compa-
raison les pièces gravées
dans les différents pays
au XVe siècle, on recon-
naîtra que, même comme
praticien, le maître de
Colmar [1] a sur tous ses contemporains une éclatante
supériorité. C'est avant tout, il est vrai, la force ou la

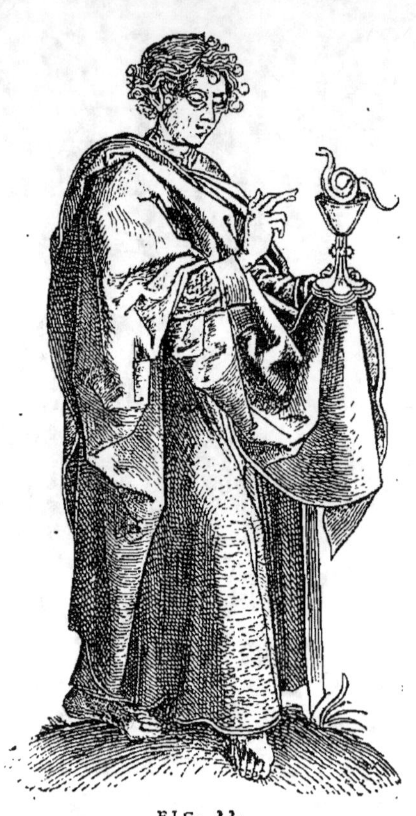

FIG. 33.

MARTIN SCHONGAUER.

Saint Jean l'Évangéliste.

1. Martin Schongauer était né à Culmbach, petite ville du
cercle de Franconie ; mais il passa la plus grande partie de sa
vie à Colmar où il était établi, et où il mourut en 1488. Vasari

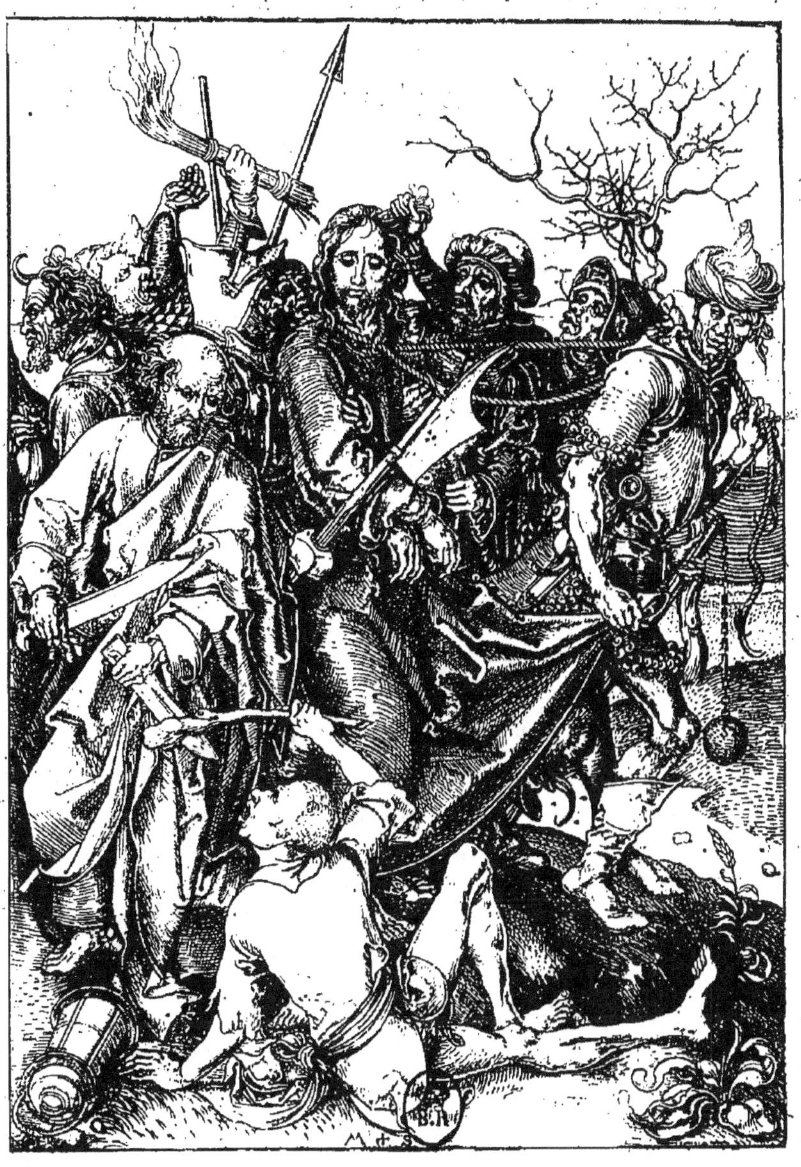

FIG. 34. — MARTIN SCHONGAUER.

Jésus livré par Judas,

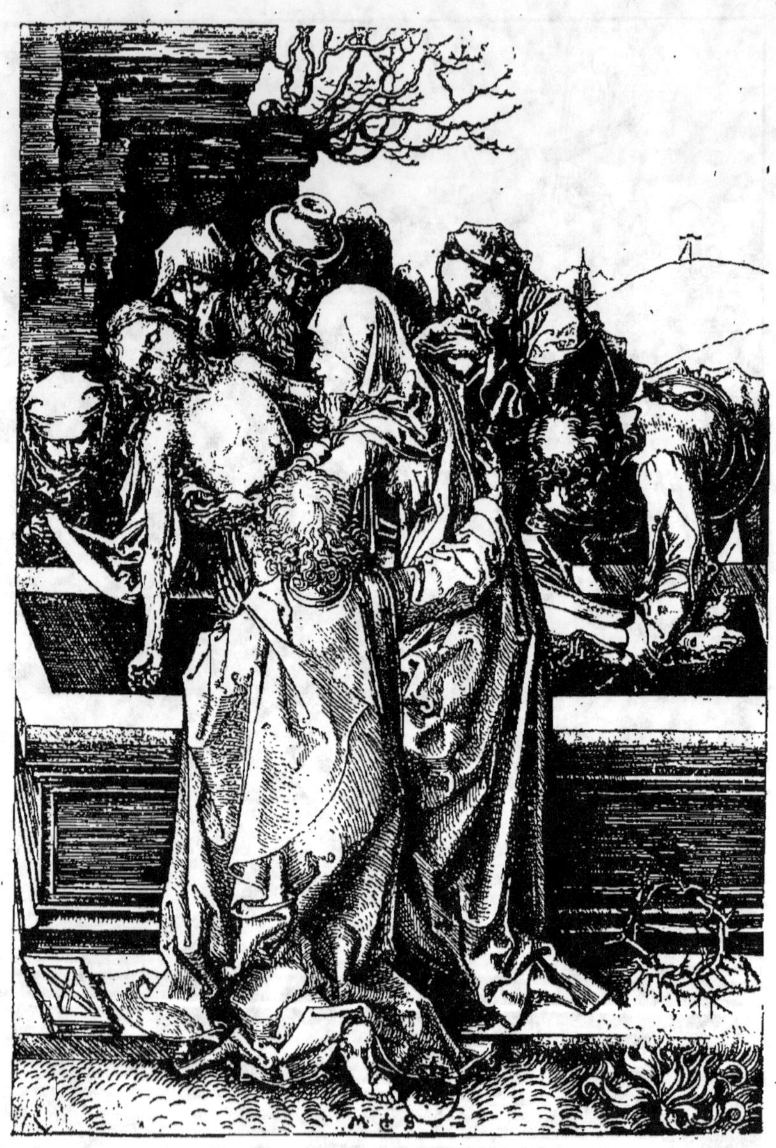

FIG. 35. — MARTIN SCHONGAUER.

La Mise au tombeau.

grâce de l'expression qui recommande des planches comme la *Fuite en Égypte*, la *Mort de la Vierge* ou *les Vierges sages* et *les Vierges folles*; pourtant à ces qualités immatérielles pour ainsi dire s'ajoute une telle fermeté dans le dessin, une telle résolution dans le faire, que, malgré les progrès survenus depuis l'époque où elles parurent, de pareilles œuvres méritent de garder leur place parmi celles qui honorent le plus l'art même de la gravure.

Martin Schongauer, comme le maître de 1466, eut presque immédiatement des imitateurs ou des émules à Munich, à Mecheln en Westphalie, à Nuremberg, et dans beaucoup d'autres villes des États allemands. Sa réputation et son influence s'étendirent même au delà des frontières de l'Allemagne, et ce ne furent pas seulement les artistes des Pays-Bas qui cherchèrent à profiter des exemples du maître. On sait qu'à Florence le jeune Michel-Ange ne dédaigna pas de les étudier, de les suivre même à la lettre, puisqu'il peignit une *Tentation de saint Antoine* d'après celle que Martin Schongauer avait gravée. Des miniaturistes et des graveurs italiens, Gherardo et Nicoletto de Modène entre autres, reproduisirent plusieurs de ses estampes. Enfin les ornements et les figures qui décorent les livres d'Heures publiés par Simon Vostre et par Hardouin, au commencement du xvi⁰ siècle, témoignent des efforts tentés en France à

---

le désigne tantôt sous le nom de « Martin d'Anvers », tantôt sous celui de « Martin le Flamand ». Cela s'explique : pour un Toscan du xvi⁰ siècle, artiste d'Allemagne, artiste de Flandre, ce devait être tout un, de même qu'aux yeux des anciens Romains les étrangers étaient indistinctement « les Barbares ».

cette époque pour imiter la manière du maître, au risque

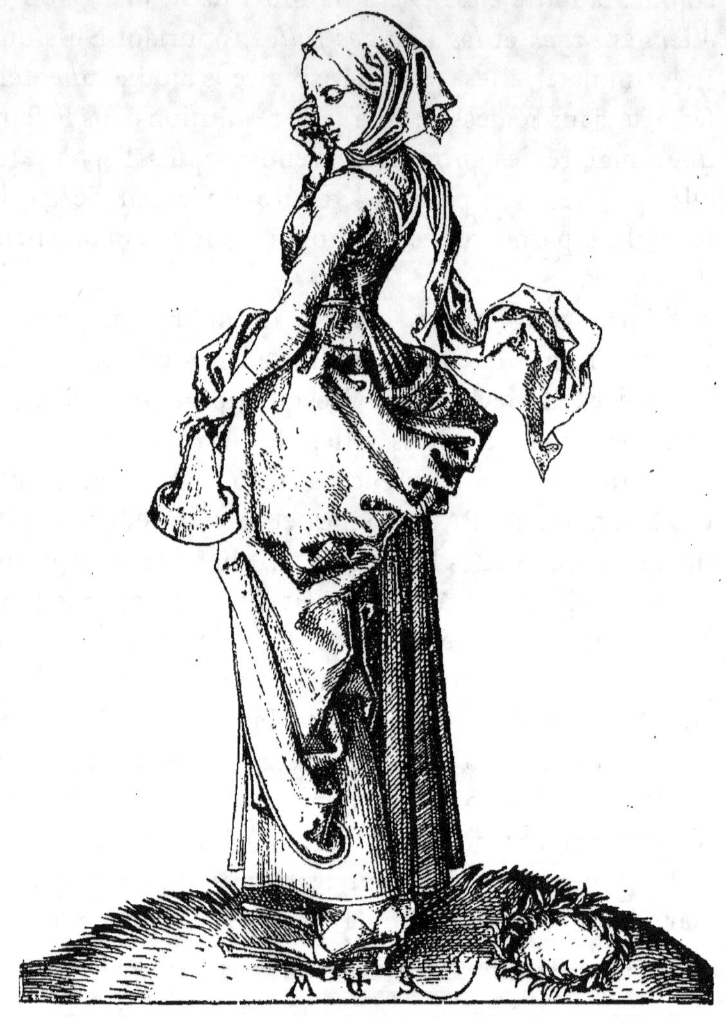

FIG. 36. — MARTIN SCHONGAUER.

Figure tirée de la suite intitulée *les Vierges folles.*

même de pousser quelquefois le zèle de l'imitation jusqu'au plagiat.

En Allemagne néanmoins plus que partout ailleurs,
l'action exercée par Martin Schongauer sur la marche
de l'art et sur le talent des artistes fut générale et déci-

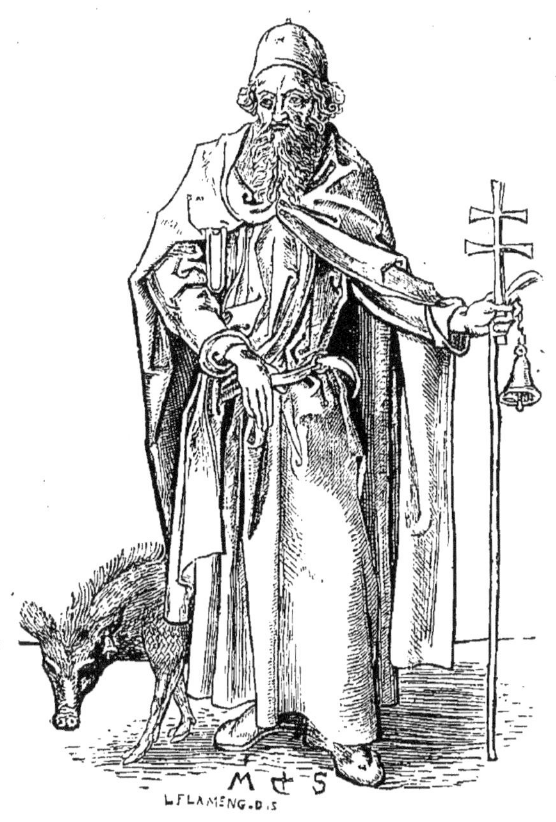

FIG. 37. — MARTIN SCHONGAUER.

Saint Antoine.

sive. Parmi ceux qui la subirent le plus docilement ou
qui surent le mieux en profiter, nous nous contenterons
de citer Barthélemy Schœn et Franz von Bocholt, Wen-

ceslas d'Olmütz, Israël van Mecheln, Glockenton, enfin le graveur au monogramme B M, dont l'ouvrage le plus important, le *Jugement de Salomon,* a peut-être été gravé d'après un tableau de Martin Schongauer; car celui-ci, comme Mantegna, comme Pollaiuolo, comme la plupart des graveurs primitifs, était peintre, et peintre singulièrement habile. Les œuvres de son pinceau que possède encore aujourd'hui la ville de Colmar, et même le petit tableau représentant la *Mort de la Vierge* qui, depuis 1860, fait partie de la Galerie Nationale à Londres, suffiraient de reste pour établir ses titres, en dehors de ceux qu'il s'est acquis par son rare talent de graveur.

A tous égards donc, l'importance d'un pareil artiste est celle d'un chef d'école, d'un maître dans l'acception la plus stricte du mot. Par lui-même et par les talents dont il a provoqué le développement, Martin Schongauer a eu un rôle si considérable, il honore si hautement le pays auquel il appartient qu'il n'y a que justice à le regarder comme un des plus glorieux représentants de l'art national et à associer son nom aux noms d'Albert Dürer et d'Holbein pour résumer dans trois types principaux les caractères mêmes et les qualités essentielles du génie allemand.

CHAPITRE IV

LA GRAVURE AU BURIN ET LA GRAVURE EN BOIS, EN ALLEMAGNE
ET EN ITALIE, AU XVIe SIÈCLE.

Tandis que, grâce au maître de 1466 et à Martin
Schongauer, la gravure au burin se signalait en Allemagne par des progrès aussi éclatants qu'imprévus, la
gravure en bois ne faisait guère encore que continuer
ses humbles traditions et que se conformer aux coutumes
des premiers temps. Maintenant, il est vrai, on ne l'appliquait pas seulement à l'exécution d'estampes sans destination fixe, à la fabrication de ces vulgaires images de
piété sur feuilles volantes dont nous avons un spécimen
dans le *Saint Christophe* de 1423 ; vers la fin du xve siècle,
l'usage s'était répandu en Allemagne d' « illustrer »,
comme on dirait aujourd'hui, de gravures en bois les
livres qu'on imprimait en caractères mobiles, et, pour
ne citer que ces exemples entre plusieurs autres, l'*Écrin
des véritables richesses du salut (Schatzbehalter)* publié
à Nuremberg en 1491 et le *Chronicorum liber* dit *Chronique de Nuremberg*, imprimé dans la même ville en
1493, contiennent, intercalées dans le texte, de nombreuses figures gravées en bois,

Moins mauvaises que les gravures allemandes exécutées antérieurement par le même procédé, ces planches sont encore loin d'être bonnes. Elles permettent à peine de pressentir l'habileté dont les graveurs en bois feront preuve quelques années plus tard sous l'influence d'Albert Dürer, et si on les rapproche des vignettes qui ornent les livres italiens de la même époque, — le *Décaméron* de 1492 par exemple et surtout le *Poliphile* de 1499 — elles paraîtront d'autant plus défectueuses. Quelque médiocre qu'en soit la valeur, les estampes qui accompagnent le texte dans l'*Écrin* et dans la *Chronique de Nuremberg* méritent pourtant d'attirer l'attention. Elles ont été faites d'après les dessins fournis par le maître d'Albert Dürer, Michel Wolgemut; on peut ainsi mesurer la distance entre le talent assez maigre de celui-ci et la science profonde, la puissante originalité de son illustre élève.

Albert Dürer, fils d'un orfèvre hongrois établi à Nuremberg, avait, ainsi qu'il nous l'apprend lui-même, quitté dès l'âge de quinze ans la boutique de son père pour l'atelier de Wolgemut, non qu'il voulût se soustraire à l'autorité paternelle, mais afin de hâter le moment où il pourrait subvenir pour sa part aux besoins de sa nombreuse famille. « Mon père, dit Albert Dürer dans des notes qu'on a recueillies, n'avait pour lui, pour sa femme, pour ses enfants [1], que le strict nécessaire, un pain dur et noir, arrosé de sueur et gagné à la main. Ajoutez à cela toutes sortes de tribulations et des

---

1. Il n'en eut pas moins de dix-huit; Albert Dürer était né le troisième.

adversités de tout genre. Mais c'était un vrai chrétien celui-là, paisible et doux, et soumis à la Providence, bon et modeste avec tous, qui est mort en regardant le ciel, qui est dans le ciel à présent. Toute sa vie a été laborieuse et uniforme, entrecoupée de peu de joies mondaines, grave et silencieuse... Ce cher père avait mis, en son âme et conscience, tous ses soins à élever ses enfants dans la crainte de Dieu ; car c'était là sa plus grande ambition, bien élever sa famille. Voilà pourquoi il nous exhortait chaque jour à l'amour de Dieu et du prochain ; après quoi il nous apprenait à aimer ce qui est beau ; l'art était notre seconde adoration... Je me sentis à la fin plutôt un artiste qu'un orfèvre, et je priai mon père de me permettre de peindre et de graver. D'abord, il fut mécontent de ma demande. Néanmoins, après quelques refus, il céda, et, le jour de Saint-André, en 1486, il me plaça chez maître Michel. Dieu m'accorda une grande application et je fis bientôt des progrès, au dire de mon maître. »

Les progrès d'Albert Dürer furent rapides, en effet, au moins ses progrès comme graveur, car il dessinait déjà avec un remarquable talent avant l'époque où il entra dans l'atelier de Wolgemut. Le charmant portrait à la pointe d'argent qu'il fit de lui-même à l'âge de treize ans, portrait conservé aujourd'hui à Vienne, dans la collection Albertine, prouve assez que pour apprendre à se servir habilement d'un crayon, il n'avait pas eu besoin des leçons de son nouveau maître. A défaut d'autres enseignements sur ce point, ceux qu'il tirait de son propre fonds avaient suffi ; mais il n'en allait pas ainsi des essais à tenter et de l'expérience à acquérir dans la pratique de la gravure. Aussi n'est-ce qu'au bout de plusieurs années d'apprentissage, vers 1496, qu'Albert Dürer se hasarde à faire paraître les premières œuvres de son burin. Encore ces œuvres de début ne sont-elles très probablement que des copies d'après Wolgemut [1], tandis que les ouvrages originaux qui suivirent, tout en gardant quelque chose de la manière traditionnelle, portent néanmoins l'empreinte d'un sentiment indépendant. Ainsi, à peu près à la même époque, le génie privilégié de l'élève du Pérugin commence à se révéler sous des formes empruntées au seul style autorisé dans l'école; ainsi, la main soumise qui trace le *Sposalizio,* à l'exemple et sous les yeux du maître, obéit déjà en secret aux instincts de Raphaël.

Cependant Albert Dürer, dont la réputation commençait à s'étendre au delà des murs de Nuremberg, entreprit un voyage en Allemagne où il ne rencontra que des admirateurs, et, lorsqu'il revint se fixer dans sa ville natale, une femme qui l'avait, dit-on, autrefois dédaigné et qu'il aimait passionnément, Agnès Frey, consentit enfin à l'épouser. Union funeste, si l'on s'en rapporte à la légende, qui devait assombrir par de cruels chagrins domestiques la vie du noble artiste et le faire mourir avant l'âge! Que de fois ne l'a-t-on pas répété, en effet! la femme d'Albert Dürer, avare et impérieuse, exigeait de lui une assiduité continue au travail, et comme elle tirait de la vente des estampes un profit plus grand que

---

1. M. Thausing a traité à fond cette question dans son livre si substantiel sur Albert Dürer. (*Albert Dürer,* par Morisz Thausing, traduit de l'allemand, par Gustave Gruyer, p. 155 et suiv.)

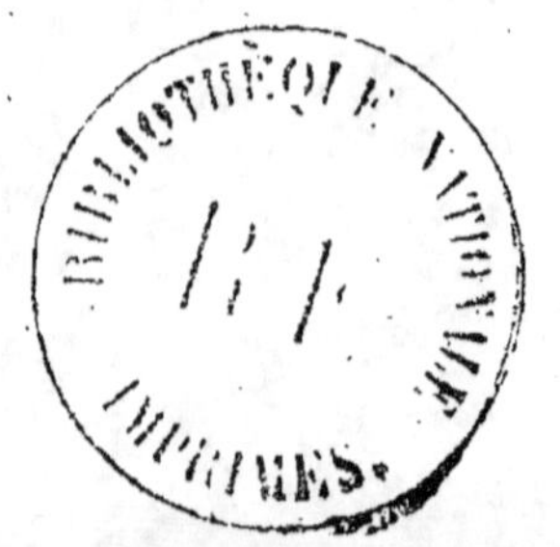

de la vente des tableaux, elle n'entendait pas que son mari sacrifiât la gravure à des occupations moins lucratives. Dürer obéissait à ce joug et sortait à peine de son atelier, de peur de s'entendre accuser de paresse et d'avoir à essuyer des reproches qu'on ne lui épargnait pas à la moindre infraction: témoin ce jour où, surpris dans la rue par sa femme qu'il croyait à l'autre bout de la ville, il fut contraint de rentrer au logis et d'expier par un travail prolongé au delà de l'heure ordinaire son oisiveté de quelques instants. A bout de forces et de patience, le pauvre artiste finit un jour par succomber à la peine et l'odieuse compagne qu'il s'était donnée ne le pleura que parce qu'elle se voyait frustrée par cette mort des nouveaux gains sur lesquels sa cupidité comptait.

Voilà ce qu'on raconte dans tous les livres où il est question de Dürer, depuis l'ouvrage de l'Allemand Sandrart, au xviie siècle, jusqu'aux dictionnaires biographiques publiés de nos jours par des écrivains français; voilà le thème une fois admis qui a servi de prétexte à bien des phrases pour flétrir la mémoire de cette autre Xantippe et pour nous apitoyer sur sa victime. Le malheur est seulement qu'on n'y avait pas regardé d'assez près. D'une scrupuleuse enquête ouverte à ce sujet par M. Thausing et des témoignages authentiques qu'il a produits [1], il résulte au contraire qu'Albert Dürer et sa femme ont vécu jusqu'à la fin en assez bonne intelligence pour qu'il faille désormais reléguer parmi les fables les tourments que le maître aurait subis sous le

---

1. *Albert Dürer,* p. 109 et suiv. de la traduction française.

toit domestique et les chagrins qui auraient abrégé ses jours.

Ne faut-il voir aussi qu'une tradition erronée dans le récit, tant de fois refait depuis Vasari, des démêlés qu'Albert Dürer aurait eus avec un contrefacteur de ses travaux à Venise, où des copies signées de son monogramme se vendaient publiquement comme ouvrages de sa main ? Quel était le faussaire ? Un jeune homme qui, sans réputation personnelle, avait imaginé ce moyen de débit et qui prélevait ainsi tranquillement sa dîme sur la renommée de Dürer comme sur la naïveté des acheteurs. Bientôt découvert, il avoua la fraude, essayant, dit-on, de la tourner en plaisanterie ; mais l'artiste allemand n'entendit point raillerie sur ce chapitre. Comme il n'avait plus ici affaire à sa femme, il osa se plaindre hautement. Il alla droit au palais de la Seigneurie dénoncer la contrefaçon et il obtint du tribunal un arrêt condamnant le délinquant à n'apposer dorénavant sur ses planches d'autre nom que le sien propre. Ce nom, qui allait devenir illustre, était celui de Marc-Antoine.

De nos jours, on a plus d'une fois mis en doute l'authenticité du fait, au moins en ce qui concerne ses conséquences juridiques, car pour la contrefaçon même il est impossible de la nier. Les planches sur la *Vie de la Vierge*, gravées par Marc-Antoine, d'après Albert Dürer et portant le monogramme de celui-ci sont connues de tout le monde ; mais on a objecté contre la vraisemblance d'une condamnation, que, dans l'état des mœurs et de la législation au XVIᵉ siècle, l'apposition de la signature d'autrui sur ces planches ne constituait pas un délit; que Marc-Antoine, en s'emparant des œuvres et du nom d'Albert Dürer, ne faisait rien de plus que ce qu'avaient fait avant lui plusieurs copistes de Martin Schongauer et que ce qu'allaient faire bientôt, à l'égard de ses propres travaux, des imitateurs aussi peu scrupuleux qu'il avait pu l'être lui-même. Tout cela est vrai, mais ce qui ne l'est pas moins c'est que la marque d'Albert Dürer, si délibérément' ajoutée par Marc-Antoine aux copies qu'il avait gravées de la *Vie de la Vierge*, ne se retrouve pas sur les planches de l'*Histoire de la Passion*, copiées aussi par lui d'après le maître allemand et publiées plus tard. Comment ne pas admettre dès lors qu'une décision quelconque était intervenue pour réduire le copiste à l'obligation de paraître tel aux yeux des acheteurs à venir?

La juste satisfaction accordée aux exigences d'Albert Dürer ne pouvait cependant le préserver du tort qu'allaient lui faire des imitateurs d'une autre espèce. Quelques peintres vénitiens suivirent l'exemple de Marc-Antoine et, joignant de plus l'insulte à la mauvaise foi, ils dénigraient de leur mieux celui dont ils copiaient effrontément les ouvrages. « A voir ces hommes, écrivait Albert Dürer à son ami Pirkeimer, on les prendrait pour les plus aimables gens du monde; mais ils rient de tout, même de leur mauvaise renommée. Vous pensez bien que j'ai été averti à temps de prendre garde à ne jamais boire ni manger avec ces gens-là. Il y a à Venise des peintres qui copient mes ouvrages dans les églises et dans les palais, tout en criant que je ruine l'art en m'éloignant du genre antique. »

Albert Dürer, cependant, trouva dans l'accueil que

lui firent les artistes les plus renommés de l'Italie une compensation aux méfaits dont il était victime. Le vieux Jean Bellin lui-même combla d'éloges son jeune rival et voulut avoir un ouvrage de sa main qu'il se déclara « jaloux de bien payer ». Enfin, lorsque Dürer, de retour dans son pays, pouvait se croire déjà oublié des peintres italiens, le plus grand de tous, Raphaël, lui adressa à titre d'hommage quelques épreuves des planches que Marc-Antoine venait de graver sous ses yeux.

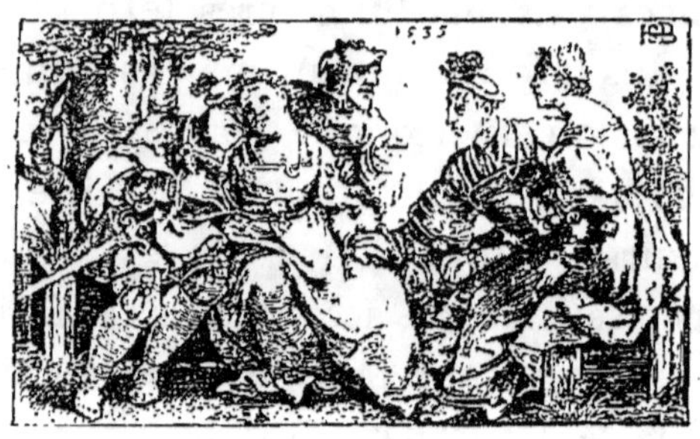

FIG. 38. — HANS SEBALD BEHAM.

Le Bouffon et les amoureux.

Peu s'en fallut alors que la contre-partie de ce qui avait eu lieu à Venise ne se passât à Nuremberg. Le graveur allemand ne songea pas à contrefaire, en manière de prêté-rendu, les œuvres de son ancien copiste; mais comme il les appréciait à leur juste valeur, il ne craignit pas de les montrer à ses élèves et de leur en recommander l'étude. Les uns, Aldegrever, Hans Schaeuflein, Baldung Grün, Hans Sebald Beham, la plupart enfin de ceux qu'on a surnommés « les petits maîtres » et qui devaient, pendant toute leur vie, rester fidèles à la tradition de l'école, se contentèrent d'admirer sans arrière-pensée d'imitation ; d'autres, plus jeunes et de convictions moins inébranlables, prirent au mot Albert Dürer, qui ne demandait peut-être pas cet excès d'obéissance.

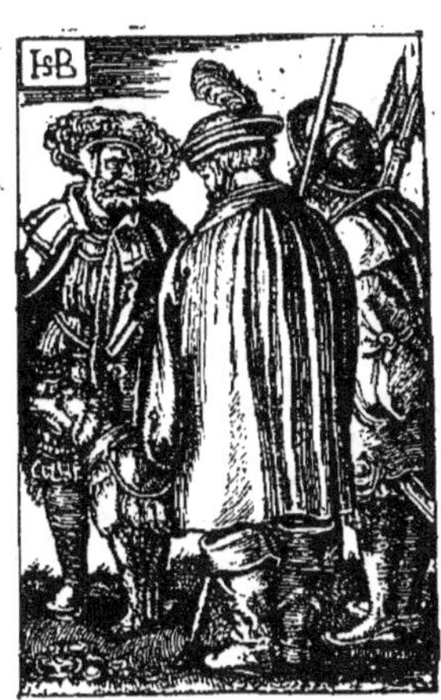

FIG. 39.

HANS SEBALD BEHAM.

Les Trois soldats.

Leur maître s'étant à peu près avoué vaincu, ils s'empressèrent de le quitter pour aller se mettre sous la direction du vainqueur. Les transfuges furent nombreux. Georges Pencz, Barthélemi Beham, Jacques Binck, qui avaient passé les monts les premiers, réussirent à copier Marc-Antoine assez heureusement pour que certaines pièces gravées par eux aient pu être confondues quelquefois avec ses propres estampes. Puis lorsqu'ils eurent à leur tour, et à Rome même, formé des élèves allemands, ceux-ci revinrent achever dans leur pays la révolution commencée, en y répandant de plus en plus le goût de la manière italienne ; en sorte que l'école de Dürer, la seule renommée en Allemagne quelques années auparavant, s'absorba presque tout entière dans l'école d'Italie dès la seconde génération.

Les estampes d'Albert Dürer, même celles qu'il avait produites dans toute la force de son talent, n'obtinrent pendant longtemps en France qu'une assez médiocre faveur. Elles y ont aujourd'hui des admirateurs zélés, et la peinture moderne s'est parfois ressentie de leur

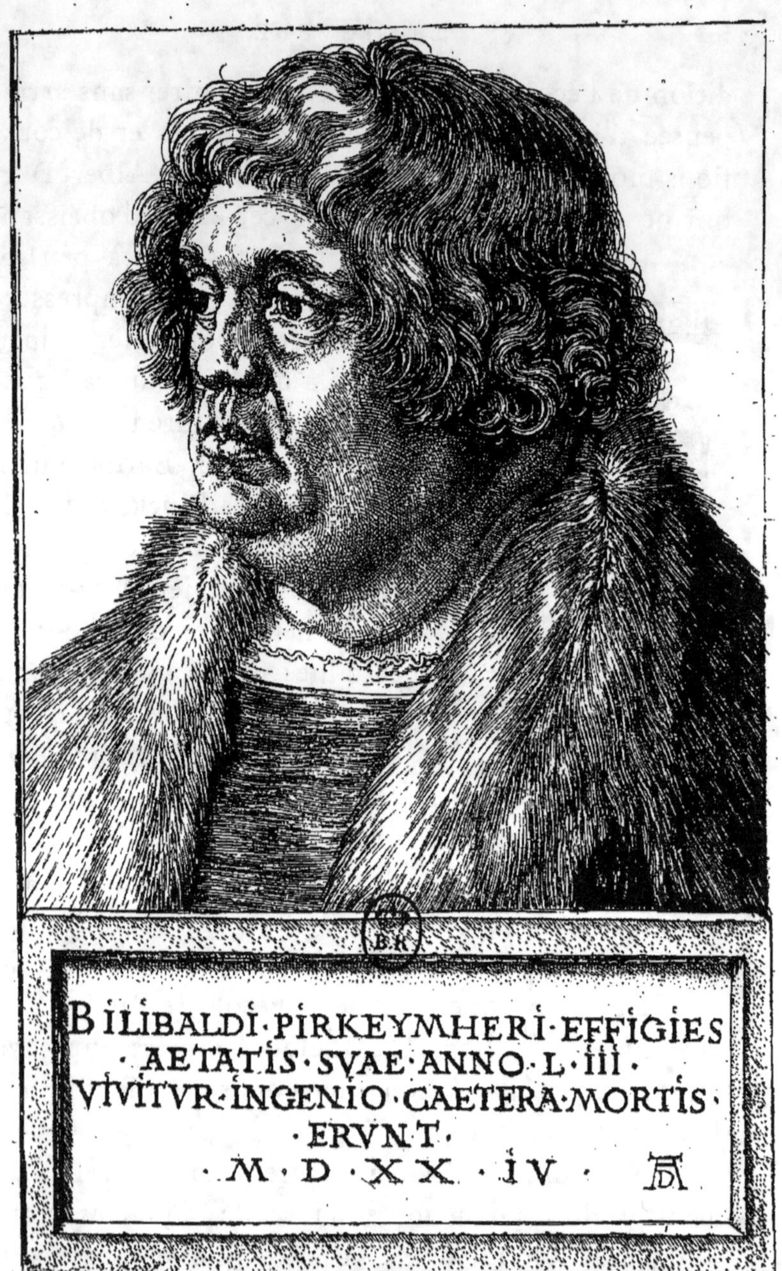

FIG. 40. — ALBERT DURER.

Portrait de Pirkeimer.

enthousiasme; mais c'est sur la nouvelle école allemande, sur celle dont MM. Cornélius et Kaulbach ont été les chefs, que le maître de Nuremberg semble avoir exercé une influence principale, regrettable même à certains égards. Il serait injuste pourtant de faire porter à Dürer la peine d'erreurs dont il n'est que la cause involontaire. Quelque excessive qu'ait pu être la réaction opérée par ses continuateurs à trois siècles de distance, il n'en demeure pas moins, pris isolément, un artiste éminent, le plus considérable de tous ceux de son pays. Peintre et sculpteur, « il aurait, dit Vasari, égalé les grands maîtres de l'Italie si la Toscane l'avait vu naître, et s'il avait pu, par l'étude de l'antique, donner à ses figures autant de beauté et d'élégance qu'elles ont de vérité et de finesse »; mathématicien, il tint le premier rang parmi les savants allemands de son temps; graveur, — et c'est comme tel seulement que nous devons l'envisager ici, — il fit faire à l'art des progrès signalés. Personne, avant lui, n'avait manié le burin avec cette dextérité et cette vigueur; personne n'avait creusé des contours dans le métal avec une aussi rigoureuse précision, ni rendu aussi scrupuleusement tous les détails du modelé.

Les mérites qui caractérisent le talent et la manière d'Albert Dürer se retrouvent presque au même degré dans toutes les œuvres qu'il a laissées. On peut néanmoins citer comme des exemples particulièrement significatifs de ce talent à la fois puissant et subtil : le *Saint Hubert* ou, plus probablement, le *Saint Eustache* à la chasse, s'agenouillant devant un cerf qui porte sur sa tête un crucifix miraculeux, — le *Saint Jérôme dans sa cellule,* — l'estampe dite *le Chevalier de la Mort,* — enfin la pièce connue sous le nom de *la Mélancolie,* et qui devrait plutôt porter celui de *l'Étude,* mais de l'étude dans ce qu'elle a de plus grave, de plus sombre, on dirait presque de plus désespérant. Cette pièce que Vasari lui-même qualifie d'« incomparable », représente une femme assise, la tête appuyée sur une main et tenant de l'autre un compas avec lequel elle semble jouer machinalement. Autour d'elle sont jetés çà et là, comme pour indiquer l'insuffisance ou le néant des connaissances humaines, un sablier et divers instruments scientifiques, tandis qu'au second plan un enfant, image sans doute des illusions de la jeunesse, écrit attentivement, et contraste par son calme avec l'agitation des traits et l'attitude désolée de la figure principale. Dürer n'eût-il gravé que cette planche extraordinaire, n'eût-il produit que cet ouvrage d'une originalité aussi saisissante par l'exécution même que par les intentions qu'il exprime, il en aurait fait assez pour marquer à jamais sa place dans l'histoire de l'art et pour recommander son nom à un impérissable respect.

Combien d'autres œuvres de la même main pourraient toutefois être ajoutées à celle-là et confirmer ou renouveler l'admiration qu'elle aura inspirée! Combien d'autres planches, à côté de *la Mélancolie,* où l'énergie presque farouche du style s'allie, dans l'expression des détails, à une finesse d'outil merveilleuse! Sans doute il arrive que, sous le burin d'Albert Dürer, cette énergie dégénère parfois en violence et cette fermeté en sécheresse, que souvent aussi, le plus souvent même, les formes partielles, à force d'être détaillées, nuisent à

l'effet général et que la beauté de ces formes se trouve
au moins compromise par le soin minutieux avec lequel
elles ont été étudiées et rendues une à une ; mais ces
imperfections, ces fautes si l'on veut, qu'on a le droit de

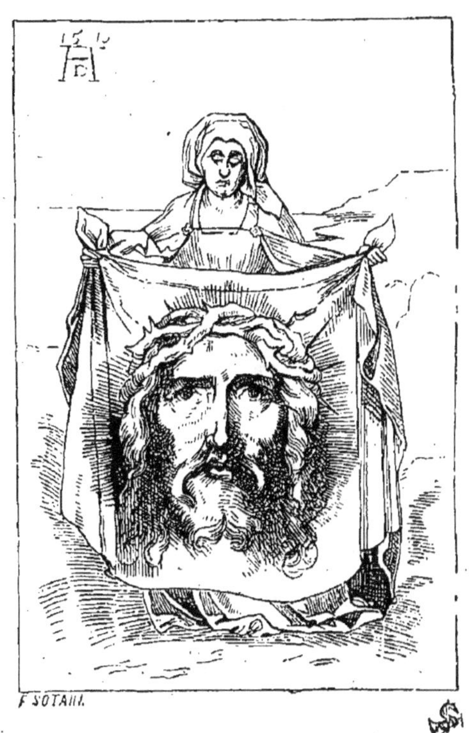

FIG. 41. — ALBERT DURER.

La Sainte Face.

relever dans les estampes d'Albert Dürer, elles peuvent
être attribuées en partie aux tendances et aux préjugés
de l'époque, en partie à ce goût national pour l'analyse
à outrance qui caractérise les productions allemandes
de tous les temps. Ses qualités, au contraire, lui appar-

tiennent en propre, et il est facile de s'en convaincre en

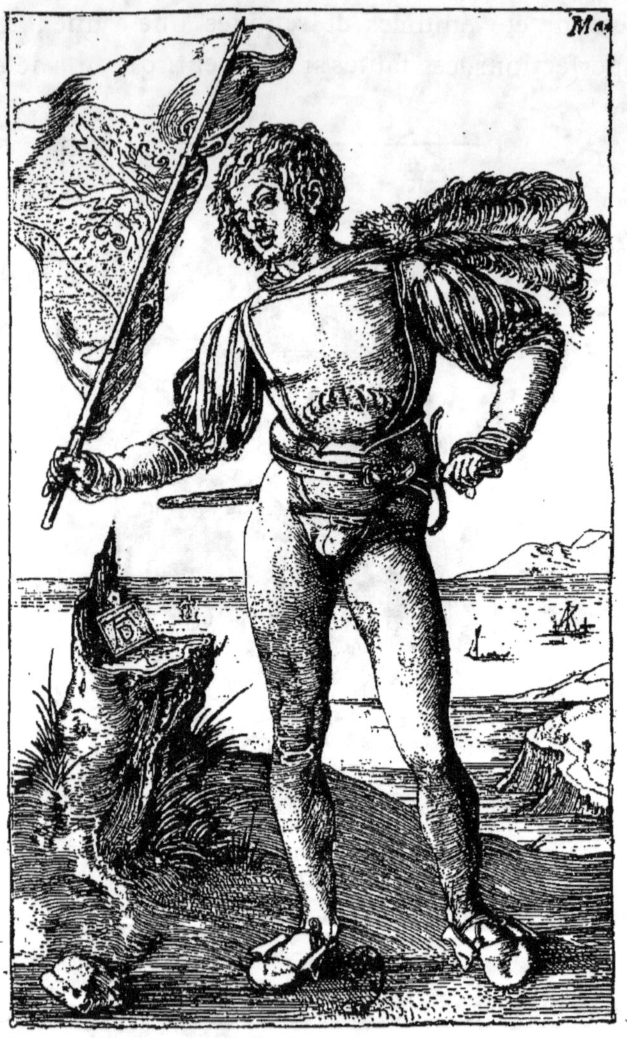

FIG. 42. — ALBERT DURER.

Le Porte-Drapeau.

comparant ses œuvres non seulement à celles des graveurs antérieurs, mais aussi aux travaux des maîtres

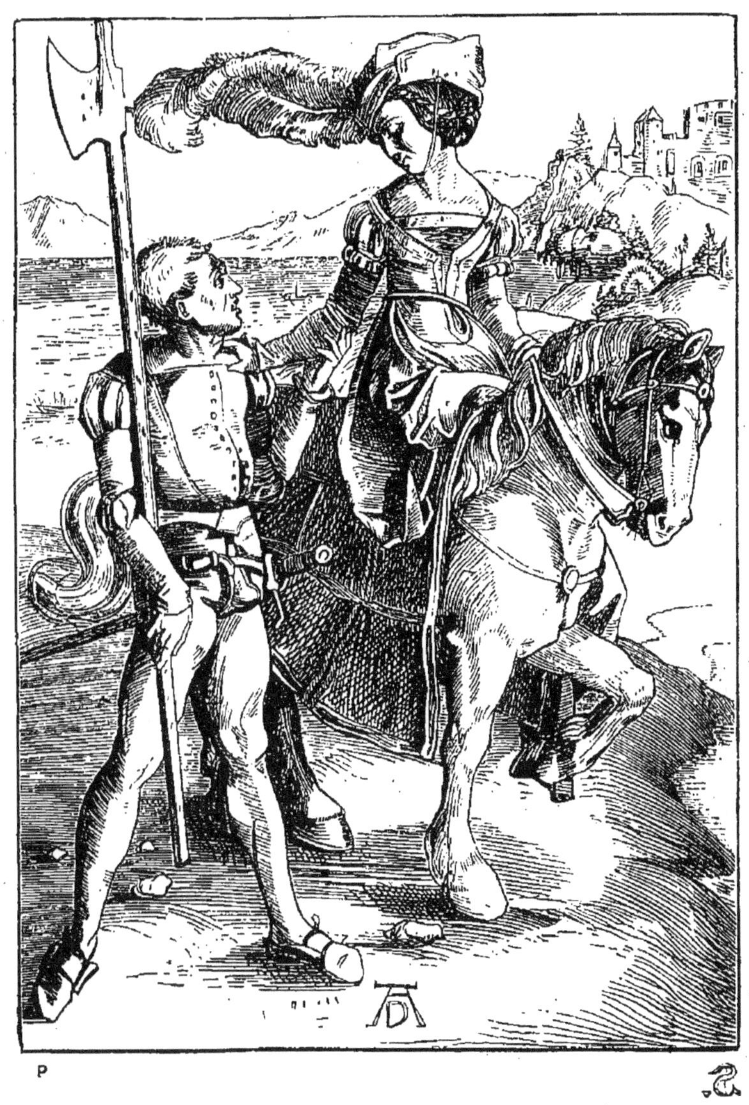

FIG. 43. — ALBERT DURER.

La Promenade.

étrangers contemporains. Pas plus en Italie qu'ailleurs,

il ne s'est trouvé au xvie siècle un graveur aussi originalement inspiré, aussi savant, aussi habile praticien que celui-là. Marc-Antoine lui-même, quelque supérieur qu'il soit au maître de Nuremberg par l'ampleur du sentiment et la majesté du style, Marc-Antoine ne saurait ni le déposséder de sa légitime renommée ni enlever à l'art qu'Albert Dürer représente sa vertu particulière et son autorité.

Né à Bologne, où il avait étudié à l'école du peintre-orfèvre Francesco Francia, Marc - Antonio Raimondi n'était encore qu'un niellateur obscur, auteur par surcroît de quelques planches gravées tant bien que mal d'après les dessins de son maître ou d'après ses propres dessins[1], lorsqu'un voyage qu'il fit à Venise et l'étude attentive des estampes d'Albert Dürer lui révélèrent les conditions intimes d'un art dont il n'avait en quelque sorte connu encore que les procédés extérieurs. Malheureusement, tout en imitant en vue de son instruction personnelle des modèles alors incomparables, le jeune graveur poussa, comme on l'a vu, l'imitation un peu

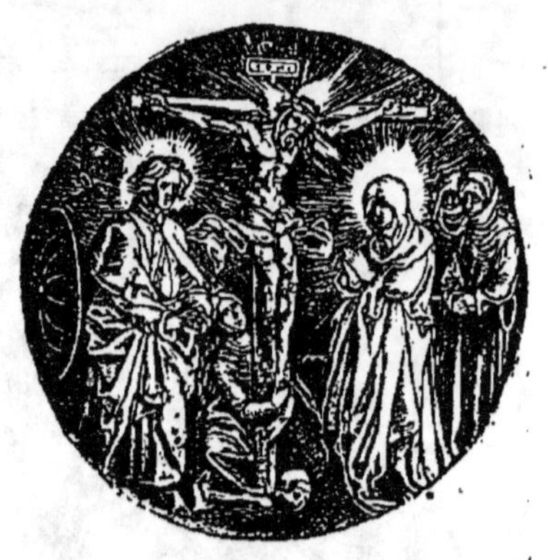

FIG. 44. — ALBERT DURER.

Le pommeau d'épée de Maximilien.

---

1. La plus ancienne des gravures datées que l'on connaît de Marc-Antoine, *Pyrame et Thisbé*, porte le millésime 1505. Si, comme il y a lieu de le croire, Marc-Antoine naquit vers 1480, il avait donc plus de vingt ans déjà lorsqu'il fit paraître cette estampe, d'ailleurs fort médiocre.

trop loin, puisque pour s'assurer un double profit il copia avec le même soin le faire et la signature. Quelques années plus tard, il arrivait à Rome, où Raphaël, à la recommandation de Jules Romain, lui permit de graver d'abord un de ses dessins, *Lucrèce se donnant la mort*. D'autres modèles sortis aussi du crayon de Raphaël furent ensuite reproduits par Marc-Antoine avec un succès tel que ces fac-similés de la pensée du « divin maître » se trouvèrent bientôt entre toutes les mains, et que les meilleurs juges, y compris Raphaël lui-même, se tinrent pour pleinement satisfaits.

La noblesse de sentiment, la pureté de goût et d'exécution qui brillent dans ces planches devenues classiques n'ont pu être surpassées. C'est là ce qu'on doit y admirer sans réserve ; il ne faut point y chercher autre chose, encore moins regretter de ne pas l'y trouver. Leur reprocher l'absence de couleur et de plans aériens serait aussi injuste que de demander aux estampes de Rembrandt un style et des types italiens. Celles-ci rayonnent de poésie par le ton et l'harmonie de l'effet ; celles-là sont des modèles de beauté exprimée par la ligne, par le caractère élevé de la forme. Les deux grands maîtres de Bologne et de Leyde, si opposés l'un à l'autre quant à la nature des aspirations et au choix des moyens, ont, chacun en sens contraire, réussi à faire prévaloir leurs doctrines, tous deux ont atteint leur but : à chacun leur part de gloire.

Il serait donc au moins oiseux de signaler pour s'en plaindre, ainsi qu'on l'a fait quelquefois, ce qui manque aux chefs-d'œuvre de Marc-Antoine et de parler du charme qu'aurait pu y ajouter plus de souplesse dans le

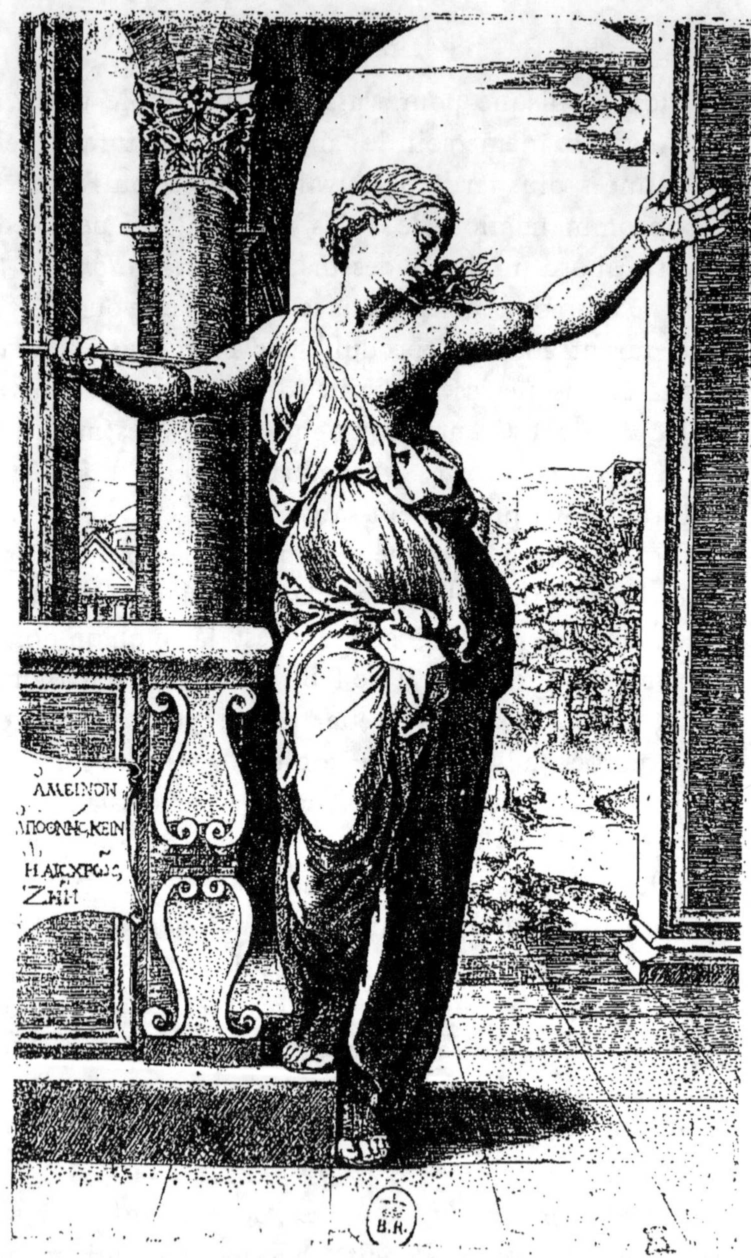

FIG. 45. — MARC-ANTOINE.

Lucrèce, d'après Raphaël.

coloris ou dans l'emploi du clair-obscur[1]. Des qualités de
cette espèce devaient se manifester ailleurs que dans des

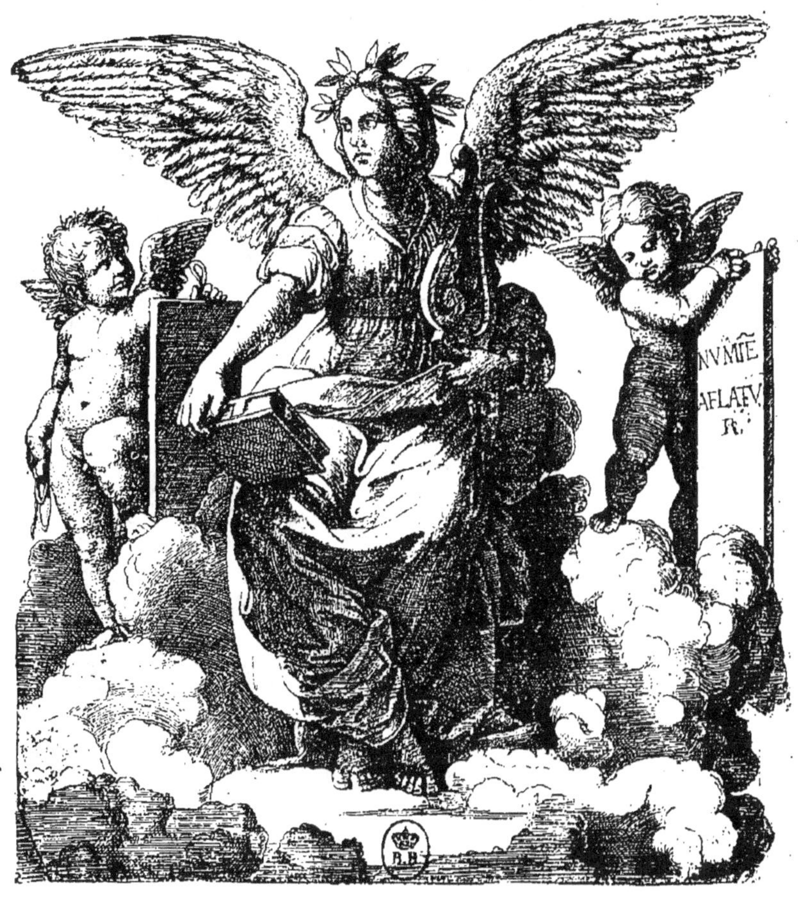

FIG. 46. — MARC-ANTOINE.

La Poésie, d'après Raphaël.

pièces gravées, — il faut bien se le rappeler — non d'après

1. Michel Huber (*Manuel des curieux et des amateurs de l'art*,
t. III) dit textuellement: « Il n'y manque (à ces estampes)
qu'un burin plus nourri et cet effet qu'on admire dans les pièces

des tableaux, mais d'après des dessins au crayon ou à
la plume. Elles ne pouvaient se glisser, au xvie siècle et
en Italie, sous le burin d'un disciple de Raphaël : burin
épique, pour ainsi dire, et
dédaigneux de conditions
tenues alors pour secon-
daires. Aussi la main qui
le dirige a-t-elle plus de
résolution que d'adresse,
plus de vigueur que de patience. Pour modeler un
corps dans l'ombre, elle se
contente de serrer plus ou
moins des hachures irrégu-
lièrement contrariées ou
même à peu près paral-
lèles, èn les subordonnant
au sens de la forme et du
mouvement qu'il s'agit
d'exprimer; puis quelques
traits légers indiquent la
demi-teinte et se terminent
par des points inégalement
espacés dans les parties qui
avoisinent les clairs.

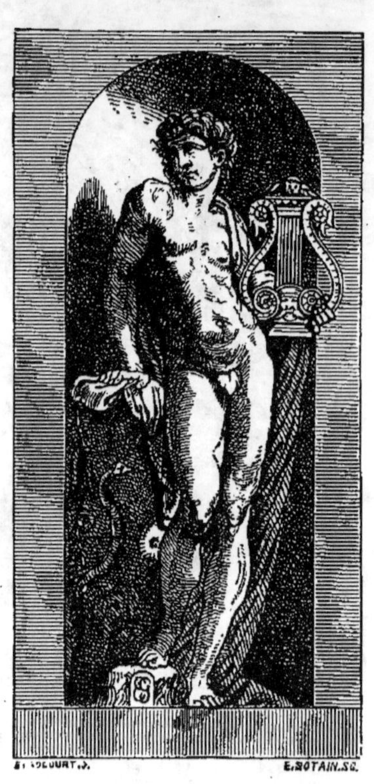

FIG. 47. — MARC-ANTOINE.

Apollon, d'après Raphaël.

Quoi de plus simple qu'une pareille méthode? Quoi
de plus précis pourtant dans les résultats et, quant au
dessin, quoi de plus expressif? L'exact entre-croisement des

gravées d'après Rubens. » C'est à peu près comme si l'on disait : il ne manque au style de Pétrarque que de ressembler à
celui de l'Arioste.

tailles importe assez peu à Marc-Antoine. Ce qui le
préoccupe, ce qu'il veut rendre facilement visible, ce
n'est ni le mode ni le choix des travaux ; quelque peu
compliqués qu'ils soient, ils lui suffisent, pourvu que la
beauté d'une tête, la tournure générale d'une figure
soient sensibles au premier coup d'œil ; pourvu que
l'aspect de l'ensemble soit large et nettement défini.
Quelquefois le trait d'un contour est corrigé par un
second ; et ces retouches, d'autant plus intéressantes qu'on
peut soupçonner qu'elles ont été prescrites par Raphaël
lui-même, témoignent à la fois des efforts du graveur
en vue du dessin châtié et de son médiocre respect pour
la propreté minutieuse de la *manœuvre*. Le temps était
loin encore où, dans cette même Italie, on substituerait
à une aussi sage manière une recherche puérile du
procédé ; où l'on imaginerait de figurer les ombres d'un
visage, d'une draperie, par des losanges renfermant un
demi-cercle, une petite croix, ou une sorte de serpen-
teau ; où des graveurs enfin, comme Morghen et les
siens, ne trouvant dans la reproduction des chefs-d'œuvre
du pinceau qu'une occasion d'assembler et de creuser
des tailles plus ou moins compliquées, feraient, aux
applaudissements de tous, parade de dextérité et gagne-
raient à ce jeu une réputation d'artistes.

L'école de Marc-Antoine devint en peu de temps
plus nombreuse et plus active qu'aucune autre. On a
vu que les Allemands eux-mêmes affluaient à Rome
auprès du maître qui leur avait fait oublier Albert
Dürer. De tous les points de l'Italie les graveurs étaient
venus se former ou se perfectionner à la même école :
Marco Dente, de Ravenne, Agostino Musi, de Venise,

Caraglio, de Vérone, Vico, de Parme, Bonasone, de

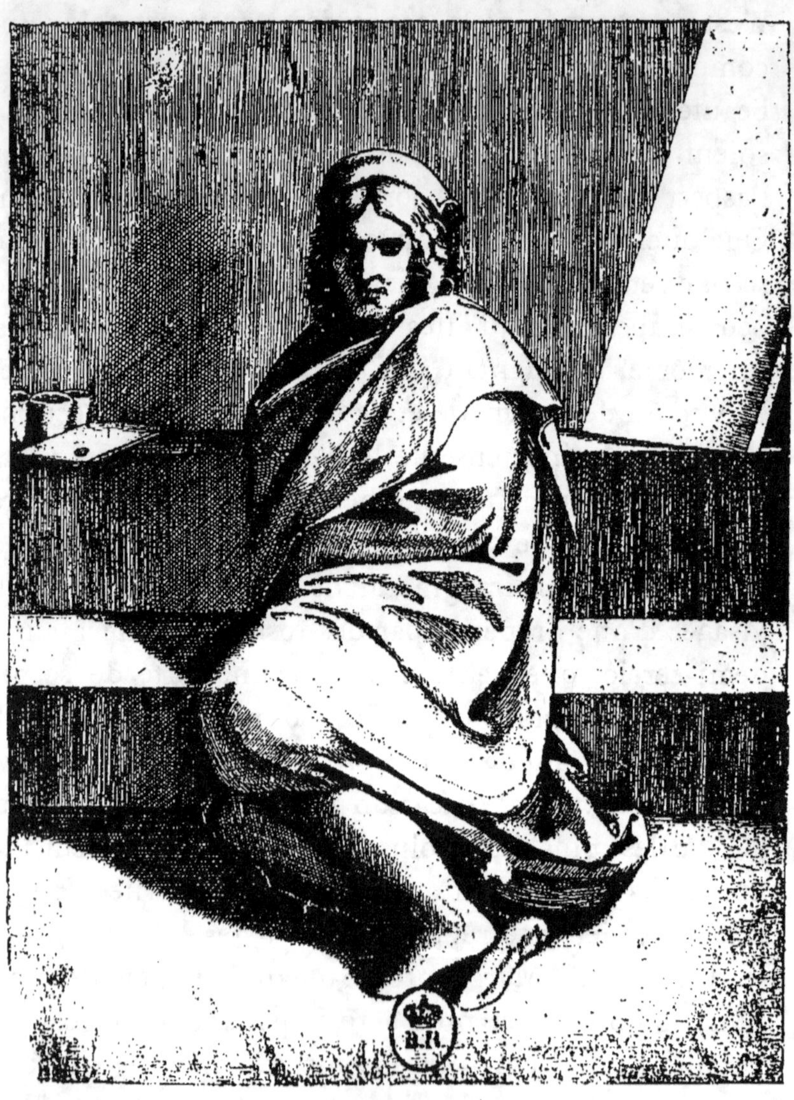

FIG. 48. — MARC-ANTOINE.

Portrait de Raphaël.

Bologne. Enfin, quelques années plus tard, la famille

des *Mantouans,* dont un membre, Diana Scultori, dite plus ordinairement Diana Ghisi, offrit peut-être le premier exemple, si fréquent depuis, d'une femme graveur, — une foule d'autres, dont les noms et les œuvres

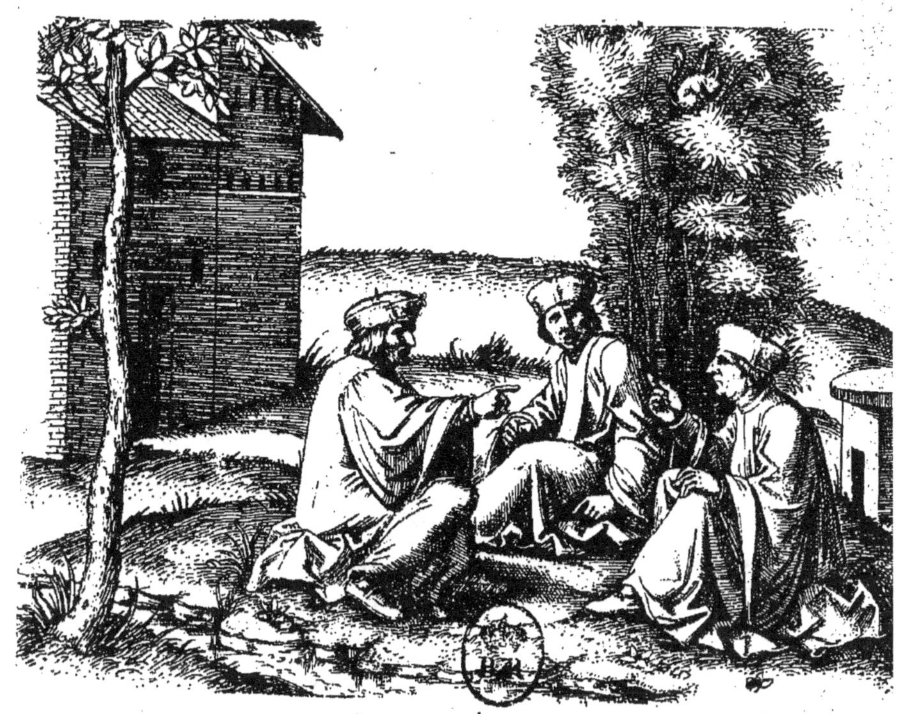

FIG. 49. — MARC-ANTOINE.

Les Trois docteurs.

sont restés plus ou moins célèbres, procèdent de Marc-Antoine, soit parce qu'ils ont reçu directement ses leçons, soit parce qu'ils ont reçu celles de ses élèves.

Pour lui, tandis que tant de talents se développaient sous son influence, il continuait le genre de travaux où il avait excellé dès les commencements de son séjour à Rome, se bornant à graver les compositions de Raphaël, et encore, il faut le redire, ses compositions dessinées. C'est là ce qui explique la différence, incompréhensible au premier aspect, entre certaines estampes de Marc-Antoine et les mêmes sujets peints par Raphaël. Celui-ci livrait souvent au graveur les esquisses au crayon ou à la plume des compositions que son pinceau modifiait ensuite en les reportant sur un panneau ou sur un mur, — par exemple, *la Sainte Cécile, le Parnasse, la Poésie,* si dissemblables dans la copie et dans ce qui paraît à tort avoir été l'original. Souvent aussi Raphaël dessinait des sujets expressément pour la gravure, comme *le Massacre des Innocents, le Jugement de Pâris, la Peste de Phrygie,* etc. ; mais, dans un cas comme dans l'autre, Marc-Antoine n'avait à rechercher que les moyens de rendre fidèlement avec son burin les formes données, sans se préoccuper des difficultés que lui auraient créées ailleurs l'éclat ou les délicatesses du coloris.

Cependant la mort de Raphaël vint priver le graveur d'une direction qu'il avait, au grand profit de son talent, docilement subie pendant dix ans. Marc-Antoine refusa de continuer d'après les dessins de Raphaël des travaux que celui-ci ne surveillerait plus ; mais, comme pour honorer encore le maître en reproduisant les œuvres du disciple qu'il avait préféré, il s'attacha presque exclusivement à Jules Romain.

L'association des deux artistes eut pour conséquence la publication de quelques belles estampes, *Hercule et Antée* entre autres ; malheureusement elle amena aussi un résultat honteux. Jules Romain, se conformant en

cela aux mœurs dissolues de son époque beaucoup plus
qu'aux traditions et aux exemples légués par le noble
chef de l'école, Jules Romain s'était abaissé jusqu'à dessiner une suite de sujets crûment licencieux que Marc-
Antoine consentit à graver, et Pierre Arétin achevant
par son intervention de salir l'entreprise, avait composé, pour être imprimé en regard de chaque planche,
un sonnet explicatif. De là un livre dont le titre est
demeuré infâme. Les deux artistes en le faisant paraître
n'avaient eu garde d'y mettre leurs noms ; on les devinait
cependant à la force du style, à la fermeté du dessin, car
— ce qui peut paraître surprenant, — ni Jules Romain
ni Marc-Antoine ne s'étaient donné la peine de modifier leur manière habituelle : ils l'avaient seulement
prostituée. C'était dans les formes la même fierté, dans
le travail la même énergie, qualités fort déplacées assu-
rément en pareil cas [1]. On sut donc bientôt quels étaient
les coupables, et Clément VII, en décrétant des pour-
suites contre eux, ordonna en même temps que tous les
exemplaires du livre fussent détruits. L'Arétin s'enfuit
à Venise, Jules Romain à Mantoue, mais le graveur
paya pour tous. Jeté en prison, il n'en sortit qu'au bout
de plusieurs mois, grâce aux sollicitations réitérées du

---

1. Augustin Carrache, qui mérite d'être compté parmi les
plus habiles graveurs de la fin du XVIᵉ siècle, n'a pas rougi de
consacrer son talent à une publication analogue, sérieuse de
style, très obscène d'intention. Il semble que l'artiste bolonais
ait voulu, comme son célèbre compatriote, étaler autant de
science que d'impudeur. L'une ne sert qu'à rendre l'autre plus
inexcusable, et l'on tolère encore moins cette effronterie austère
que le libertinage sans prétention esthétique des petites estampes
françaises qu'au XVIIIᵉ siècle on vendait sous le manteau.

cardinal Jules de Médicis et du sculpteur Baccio Bandi-
nelli d'après lequel il fit, pour lui témoigner sa reconnaissance, cette belle estampe du *Martyre de saint Laurent,* un des chefs-d'œuvre de la gravure italienne.

Le reste de la vie de Marc-Antoine n'est que très imparfaitement connu. Blessé, dit-on, et laissé pour mort
sur la place, lors du sac de Rome par les troupes espagnoles du connétable de Bourbon, il fut ensuite retenu
captif et ne recouvra la liberté qu'au prix d'une rançon
qui le ruina. Puis, il se réfugia à Bologne où il mourut,
à ce qu'il semble, peu après, non pas comme on l'a prétendu, assassiné par le légitime possesseur d'une de ses
planches qu'il aurait lui-même contrefaite, mais, dit Vasari, « réduit presque à la mendicité·(*poco meno che
mendico*) » et, en tout cas, complètement oublié.

La mort de Marc-Antoine n'entraîna pas la ruine de
la gravure au burin en Italie. Les nombreux élèves qu'il
avait formés et les élèves de ceux-ci continuèrent jusqu'au commencement du xviie siècle la manière du
maître et propagèrent ses doctrines dans les pays voisins.
Nous avons dit la révolution que leurs travaux opé-
rèrent dans l'art allemand; on verra un peu plus tard
l'art français subir à son tour l'influence italienne. En
attendant, et du vivant même de Marc-Antoine, un genre
de gravure particulier faisait en Italie des progrès rapides. Il consistait dans l'emploi de procédés, popula-
risés par Ugo da Carpi, pour tirer de plusieurs planches
en bois des épreuves en camaïeu, c'est-à-dire, comme
nous l'avons expliqué au commencement de ce livre,
des épreuves à deux, trois ou quatre tons, offrant à peu
près l'aspect de dessins au lavis: procédés dont en réalité

Ugo n'était pas l'inventeur, qu'il avait seulement améliorés depuis les premiers essais tentés à Augsbourg en
1510 par Jost de Necker, et que devaient perfectionner
encore Nicolo Vicentino, Andrea Andreani, Antonio da
Trento et plusieurs autres.

Une grande quantité de pièces exécutées de la sorte
d'après Raphaël et le Parmesan attestent l'habileté de
Ugo da Carpi, qui, malheureusement, se mit en tête
d'introduire dans la peinture des innovations plus radi-
cales encore que celles dont il s'était fait le promoteur
dans la gravure. Il eut l'étrange idée de peindre tout
un tableau en se servant du doigt, sans recourir une fois
au pinceau, et, l'acte lui paraissant méritoire, il en con-
sacra le souvenir dans quelques mots écrits avec orgueil
au bas de la toile; ce qui fit dire à Michel-Ange à qui
l'on montrait ce tableau comme une singularité remarquable, que « la seule chose singulière dans un pareil
tour de force était la sottise de l'auteur ». Qu'aurait pensé
Michel-Ange du Génois Luca Cambiaso, dont le talent
consistait à peindre des deux mains à la fois?

L'usage de la gravure en camaïeu ne se prolongea
guère en Italie et en Allemagne au delà des dernières
années du xvie siècle. Déjà, même avant cette époque, la
gravure en bois proprement dite avait pris dans les deux
pays des développements assez importants; elle s'était
signalée par des progrès assez décisifs pour que les procédés de la gravure en camaïeu perdissent beaucoup de
la faveur avec laquelle on en avait d'abord accueilli
l'emploi.

Nous avons dit au commencement de ce chapitre
qu'une véritable régénération de la gravure en bois s'était

accomplie en Allemagne sous l'influence d'Albert Dürer.
Outre les planches d'après les dessins du maître gravées,
sinon entièrement par lui-même, au moins, dans une
certaine mesure, avec sa participation matérielle, outre
ces suites, par exemple, sur la *Vie de la Vierge* et sur
la Passion dont nous avons eu déjà l'occasion de parler
à propos des copies au burin que Marc-Antoine en
avait faites, — nombre de gravures en bois antérieures
à la seconde moitié du xvie siècle prouvent quelle extension l'art avait prise en Allemagne à cette époque, et avec
quelle habileté il était pratiqué par les successeurs de
Wolgemut. Ce n'était plus, comme au temps de celui-
ci, un simple moyen d'imitation linéaire, un procédé
applicable seulement à la représentation de la forme par
les contours; la gravure en bois réussissait maintenant
à indiquer le modelé et l'effet, non sans doute avec cette
finesse achevée et cette souplesse qui ne peuvent appartenir qu'aux travaux du burin, mais avec une précision
énergique bien conforme aux conditions spéciales et aux
ressources du procédé. L'*Arc triomphal de l'empereur
Maximilien*, œuvre de Hans Burgmair et, pour une
partie, d'Albert Dürer, — le *Thewrdannck*, histoire
allégorique du même prince par Hans Schaeuflein. —
La *Passion de Jésus-Christ* et les *Illustrium ducum
Saxoniæ effigies* de Lucas Cranach, — bien d'autres recueils encore publiés à Nuremberg ou à Augsbourg, à
Weimar ou à Wittemberg, mériteraient d'être cités
comme des exemples remarquables de l'habileté particulière aux artistes allemands de cette époque. Enfin, lorsque, un peu plus tard, parurent les *Simulacres de la mort,*
par Leuczelburger d'après Holbein, ce chef-d'œuvre

de la gravure en bois vint à la fois clore la période des progrès qui se poursuivaient en Allemagne depuis le commencement du xvi⁰ siècle, et marquer, dans l'histoire générale de l'art lui-même, le moment où il avait dit son dernier mot et atteint à la perfection.

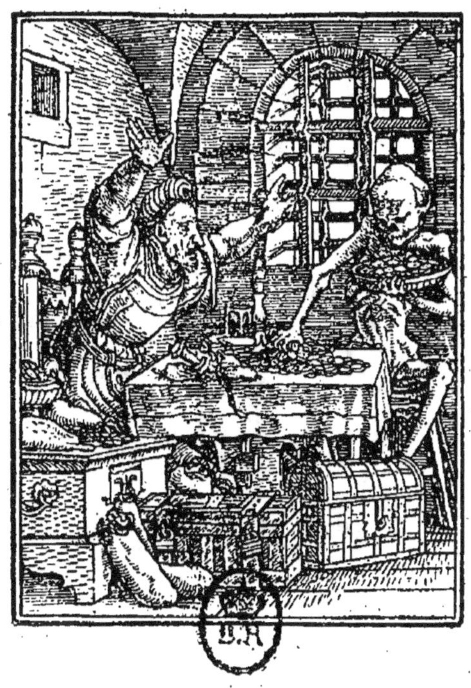

FIG. 50. — LEUCZELBURGER.

L'Avare, d'après Holbein (pièce tirée des *Simulacres de la Mort*).

Tandis que la gravure en bois achevait ainsi de se régénérer en Allemagne, elle continuait en Italie, et surtout à Venise, d'être pratiquée avec ce goût dans l'agencement, avec cette délicate sobriété dans le faire dont les planches du *Poliphile*, publié avant la fin du xv⁰ siècle (1499), et celles qui ornent d'autres livres imprimés quelques années plus tard nous fournissent des témoignages si concluants. Toutefois les graveurs en bois italiens du xviᵉ siècle ne se renfermaient pas si bien dans les limites de la tradition nationale qu'ils crussent devoir

PROVER. XXI.

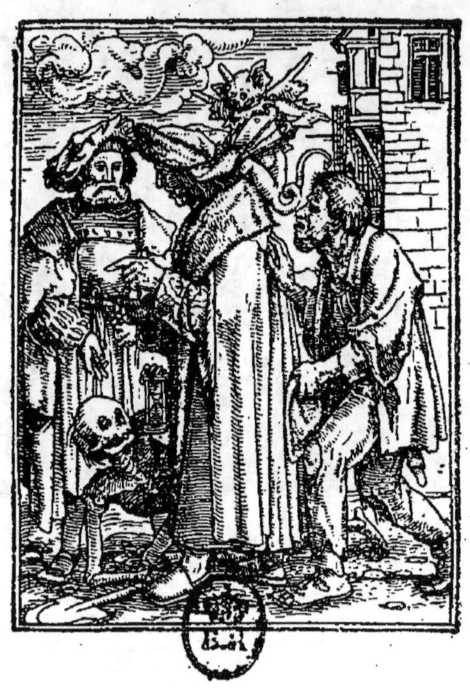

FIG. 51. — LEUCZELBURGER.

Le Mauvais riche, d'après Holbein.

s'interdire absolument tout essai d'innovation. Déjà, même dans l'exécution des vignettes destinées à accompagner un texte, ils avaient pris à tâche de vivifier leur travail par des indications plus franches du clair-obscur et de l'effet. De là le succès qu'obtinrent à leur apparition, et la valeur que conservent encore aujourd'hui,

tant de beaux livres sortis des presses de Marcolini da
Forli, de Giolito de Ferrari, et des autres imprimeurs
établis à Venise.

Peu à peu cependant, le domaine de la gravure en
bois s'étendit, ou plutôt le but que se proposaient les graveurs en bois se déplaça. Au lieu de se confiner dans le
rôle de commentateurs des écrivains, au lieu de se consacrer exclusivement, comme par le passé, à l'*illustration* des livres, ils entreprirent, à l'exemple des graveurs
en taille-douce, de publier, dans des dimensions beaucoup plus grandes que le format d'un volume, des
estampes reproduisant des dessins isolés, quelquefois
même des tableaux. Les œuvres de Titien particulièrement servirent de modèles à d'habiles graveurs en bois
dont quelques-uns, Domenico delle Greche et Nicolo
Boldrini entre autres, passent pour avoir travaillé dans
l'atelier même et sous les yeux du maître. Encore Titien,
suivant le témoignage très précis de Ridolfi, confirmé
d'ailleurs par Mariette, ne se serait-il pas contenté toujours de les aider de ses conseils. Il aurait plus d'une
fois tracé de sa propre main sur le bois les dessins que
les graveurs devaient reproduire, et l'on pourrait citer
parmi les gravures ainsi préparées par lui plusieurs
Vierges dans des paysages, et le *Triomphe de Jésus-
Christ,* ouvrage, dit Mariette, « dessiné d'un grand goût
et dans lequel les hachures qui forment les contours et
les ombres.... produisent un moelleux qu'il n'y a guère
que le Titien qui ait connu ».

Quelque succinctes que soient les observations qui
précèdent sur le mouvement de la gravure au xvi⁰ siècle
en Allemagne et en Italie, peut-être suffiront-elles pour

indiquer la réciprocité de l'influence exercée à cette époque par les graveurs des deux pays. Sans cesser d'être italiens par le fond de leurs inclinations, par le goût, par leurs préférences innées pour la majesté du style, Marc-Antoine et ses disciples surent, au point de vue de l'exécution matérielle, mettre à profit les exemples d'Albert Dürer, comme tout en restant Allemands pour ainsi dire malgré eux, les élèves de celui-ci et, ensuite, leurs propres élèves, s'appliquèrent pour la plupart à s'italianiser de leur mieux.

Cependant une école dont il est temps de parler, l'école des Pays-Bas, semblait se désintéresser aussi bien des progrès déterminés en Allemagne par Martin Schongauer et par Albert Dürer que des progrès accomplis plus récemment en Italie. Rebelle en apparence aux influences du dehors, elle se contentait d'e consulter ingénument ses propres forces et d'exploiter son propre fonds, en attendant l'heure prochaine où elle fournirait à son tour des enseignements et des exemples à ceux-là mêmes qui se seraient cru jusqu'alors le droit de lui en donner.

CHAPITRE V

LA GRAVURE AU BURIN ET LA GRAVURE A L'EAU-FORTE DANS LES
PAYS-BAS JUSQU'A LA SECONDE MOITIÉ DU XVIIe SIÈCLE.

L'histoire de la gravure dans les Pays-Bas ne date
en réalité que des premières années du xvie siècle, c'est-
à-dire de l'époque où parurent les estampes de Lucas
Jacobsz de Leyde, né en 1494, mort en 1533. Avant
cette époque, il est vrai, quelques graveurs au burin tels
que celui qu'on désigne sous le nom de *maître aux ban-
deroles* et ces autres anonymes du xve siècle, qui constituent le groupe dit des « primitifs néerlandais », avaient
essayé d'élargir le domaine de l'art réservé jusqu'alors
aux graveurs en bois, contemporains ou successeurs des
xylographes du *Speculum* et de la *Bible des pauvres ;*
mais, tandis que les graveurs italiens et allemands se
signalaient par l'éclat de leurs travaux, les graveurs dans
les Pays-Bas ne produisaient encore que des œuvres peu
dignes d'entrer en rivalité avec ces travaux des maîtres
étrangers. Ils n'avaient réussi qu'à faire acte d'artisans
plus ou moins habiles : Lucas de Leyde le premier mania
le burin en artiste, ou tout au moins il s'en servit avec

une hardiesse et une science que n'auraient guère permis
de pressentir les timides essais de ses prédécesseurs.

A peine sorti de l'enfance, Lucas de Leyde avait, par

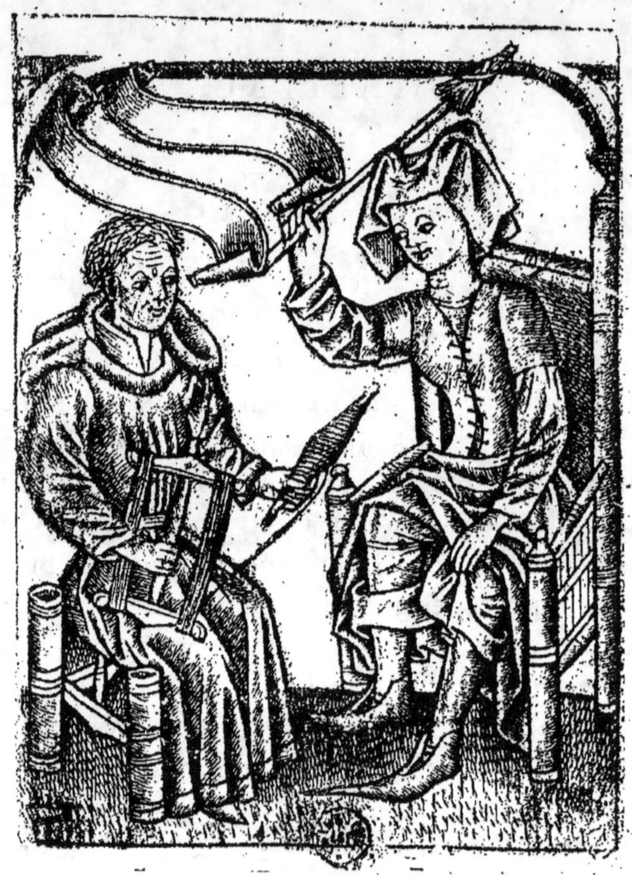

FIG. 52. — ANONYME NÉERLANDAIS DU XVe SIÈCLE,
Hercule et Omphale.

son talent de peintre, attiré déjà sur lui l'attention de
ses compatriotes, et le tableau en détrempe de l'*Histoire
de saint Hubert* qu'il fit, dit-on, à douze ans le plaça

d'abord parmi les artistes en évidence ; quelques années
plus tard, la publication de ses estampes le mit au premier rang. Il s'y maintint jusqu'à la fin de sa vie, et si,
après la mort de Lucas de Leyde, les graveurs hollandais ou flamands trouvèrent le secret de perfectionner
encore l'art qu'il avait pratiqué, ils ne firent cependant
que suivre les traces du maître, et que puiser plus abon-
damment à la source qu'il avait découverte.

Ce qui caractérise les œuvres de Lucas de Leyde et,
en général, celles de l'école dont il est le chef, c'est un
vif sentiment des phénomènes produits par la lumière.
Albert Dürer, Marc-Antoine lui-même, ont dédaigné ou
méconnu cette partie essentielle de l'art. A peine dans
leurs travaux une légère dégradation des tons indique-
t-elle la perspective aérienne, et l'on pourrait citer telles
estampes de ces maîtres où les objets relégués au dernier plan sont presque aussi précis que les objets qui
figurent au premier. Lucas de Leyde conçut l'idée d'affai-
blir sensiblement les teintes en raison des distances, de
donner aux ombres, suivant les cas, plus de transparence
ou d'intensité, aux lumières ou aux demi-teintes plus de
vivacité relative ou de délicatesse. Un calcul si bien
fondé, puisqu'il avait pour base les exemples mêmes de
la nature, fut la cause principale des succès du jeune
maître hollandais. Toutefois, des qualités d'un autre
ordre s'ajoutent dans les nombreuses planches qu'il a
laissées au mérite de cette innovation. L'expression
variée des figures, la justesse des attitudes et des gestes
n'y sont pas moins remarquables que l'harmonie de
l'effet et ce qu'on pourrait appeler les intentions *natu-
ralistes* du coloris.

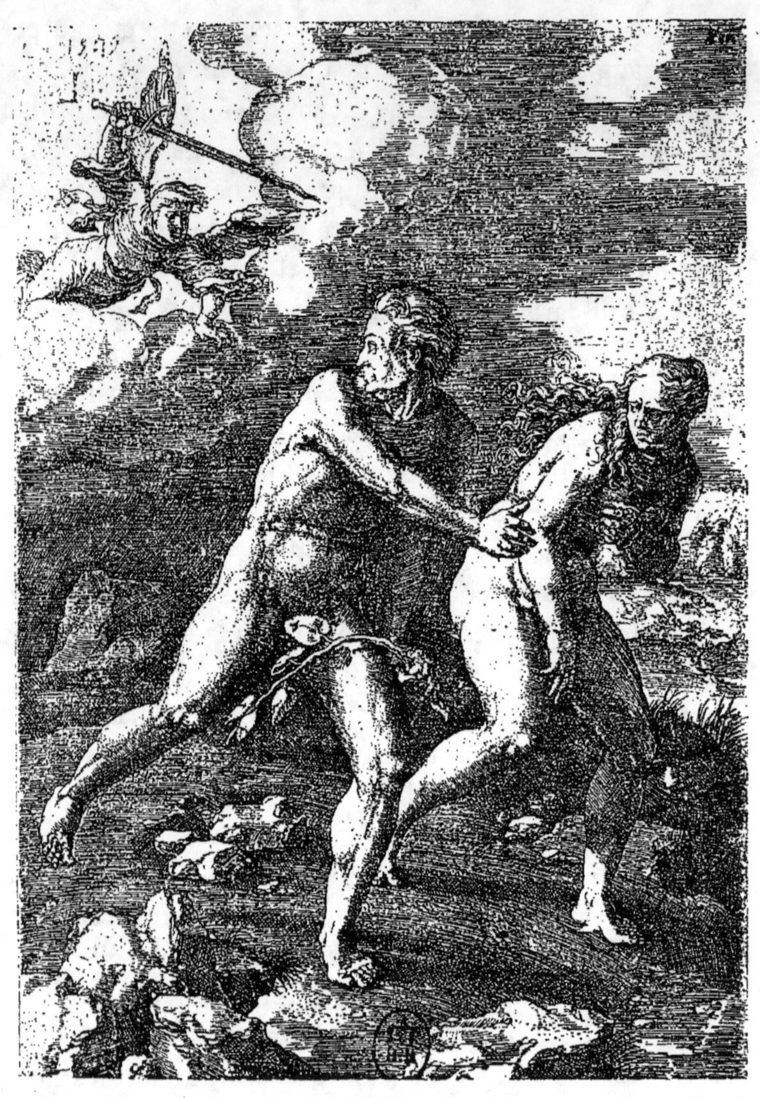

FIG. 53. — LUCAS DE LEYDE.

Adam et Ève chassés du paradis.

Considérées au point de vue de l'exécution seulement, les pièces gravées par Lucas de Leyde n'ont, tant s'en faut, ni l'ampleur dans le dessin et le modelé, ni la simplicité dans le faire, ni en un mot cette savante aisance dans la traduction de la forme, qui distingue les œuvres de Marc-Antoine; elles n'expriment pas non plus, comme les œuvres d'Albert Dürer, la volonté de poursuivre le vrai jusque dans ses moindres détails et d'insister sans concession d'aucune sorte sur la définition de cette vérité une fois reconnue. Elles se recommandent surtout par une pratique délicate, par une application ingénieuse des procédés de la gravure à la représentation pittoresque de la réalité. C'est ainsi qu'au lieu de cerner d'un trait invariablement ferme les corps ou les objets placés à distance les uns des autres, au lieu de traiter de la même manière la silhouette d'une figure se dessinant au premier plan, et celle d'un arbre ou d'un groupe d'arbres placé dans le fond, Lucas de Leyde diversifiera ses travaux suivant le degré de netteté ou l'incertitude relative que présentent dans la nature les contours plus ou moins rapprochés du regard. La ligne continue sera pour lui le moyen de donner à ces contours l'énergie nécessaire là où ils devront, par le fait même de la place qu'ils occupent, avoir une rigueur particulière et prédominer sur le reste. Faudra-t-il au contraire reproduire les lignes à demi voilées d'un fond de paysage, simuler cet aspect flottant, cette apparence d'oscillation que prennent les formes extérieures d'un objet, en proportion de l'éloignement où il se trouve et de l'atmosphère qui l'enveloppe? Lucas de Leyde emploiera, non plus un trait unique se prolongeant d'un bout à l'autre de l'objet figuré, mais une série de petites tailles brisées, superpo-

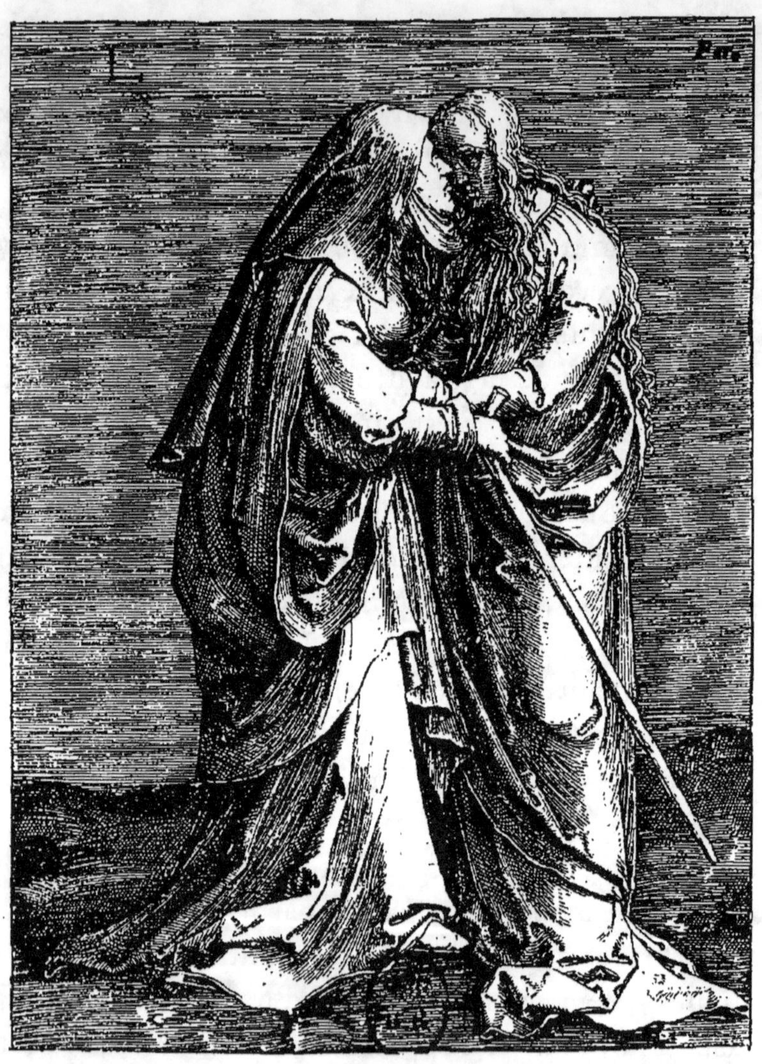

FIG. 54. — LUCAS DE LEYDE.

La Visitation.

sées dans un sens horizontal ou oblique, de manière à

remplacer l'inertie ou la sécheresse du contour par une sorte de mouvement et d'hésitation calculée, plus conforme en pareil cas aux exemples de la réalité.

Lucas de Leyde a donc, le premier parmi les graveurs ou tout au moins mieux qu'aucun de ceux qui l'avaient précédé, tenu compte des différents plans où il supposait ses modèles, pour établir dans l'image de ceux-ci les valeurs inégales des tons et la vigueur dégradée du travail. Et cette importante innovation, il la tentait dès le début, dès l'année 1508, époque où paraissait l'estampe dite *le moine Sergius tué par Mahomet* (et qu'il serait plus exact d'intituler *Mahomet devant le corps d'un ermite qu'un de ses serviteurs avait assassiné*)[1], la première de ses œuvres gravées par la date. Ici, comme dans les autres estampes du maître, les fonds sont traités avec une légèreté qui en fait sentir l'éloignement; l'énergie du travail décroît, le burin creuse de moins en moins le cuivre, à mesure que les objets qu'il retrace s'éloignent eux-mêmes des devants de la composition. En outre, chaque forme partielle est observée et rendue avec une finesse singulière; chaque visage, chaque détail d'ajustement atteste, par la manière dont il est gravé, la clairvoyance de l'artiste et l'insigne habileté de sa main; mais le goût proprement dit, le sentiment du beau, l'intelligence enfin des conditions idéales de l'art ne se montrent guère dans ces ouvrages strictement véridiques, dans ce style exact et clair plutôt qu'inspiré de haut.

C'est là ce qui constitue la différence principale et ce

1. Voy. Passavant. *Le Peintre-graveur*, t. III, p. 5.

qui marque nettement la distance entre le talent de Lu-

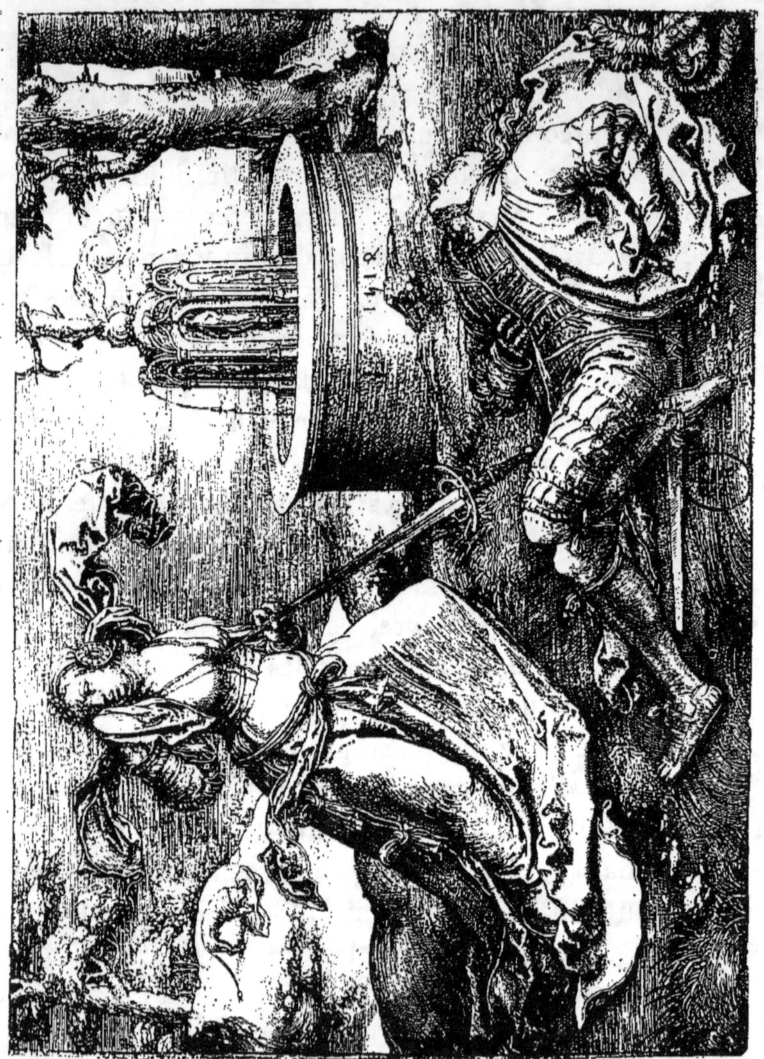

FIG. 55. — LUCAS DE LEYDE. — Pyrame et Thisbé.

cas de Leyde et celui de Mantegna, de Marc-Antoine,
ou de tel autre graveur italien du xvᵉ ou du xvıᵉ siècle.

D'ailleurs les imperfections comme les qualités du maître
ne tiennent pas uniquement à ses inclinations ou à ses
habitudes personnelles. Le génie même de l'art hollandais et les préférences instinctives de la future école du
XVIIe siècle se retrouvent en germe dans ces œuvres, qui
tendent bien moins à nous initier aux mystères de l'invi-
sible qu'à mettre sous nos yeux l'image fidèle de ce qui.
est. « Il était dans la destinée de la Hollande, a très bien
dit Eugène Fromentin [1], d'aimer *ce qui ressemble,* d'y
revenir un jour ou l'autre, de se survivre et de se sauver
par le portrait ». Or, à prendre le mot dans son acception la plus large, ce sont bien déjà des « portraits » que
trace le burin de Lucas de Leyde; c'est bien par l'imitation scrupuleuse de la nature inanimée ou vivante
qu'il entend nous intéresser, dussent les modèles qu'il
reproduit valoir assez peu en eux-mêmes ou, quelquefois, ne présenter, quant aux formes, que les contraires
de la beauté.

Avec quelle naïve bonne foi, par exemple, Lucas de
Leyde, pour figurer *le jeune David calmant les fureurs
de Saül,* ne s'accommode-t-il pas du premier type venu,
d'un obèse lourdaud qu'il aura rencontré par hasard dans
la rue ou dans quelque taverne! Il lui met une harpe entre
les bras, un pourpoint tailladé sur le corps, et tout est
dit; comme, pour représenter les scènes les plus tragi-
ques de la Passion, l'*Ecce Homo* ou le *Crucifiement,* il
croira avoir assez fait quand il aura groupé autour du
Sauveur, sans modifier en quoi que ce soit ni leurs physionomies ni leurs costumes, les trafiquants juifs qui

1. *Les Maîtres d'autrefois,* p. 165.

parcourent son pays ou les bourgeois de sa ville natale.

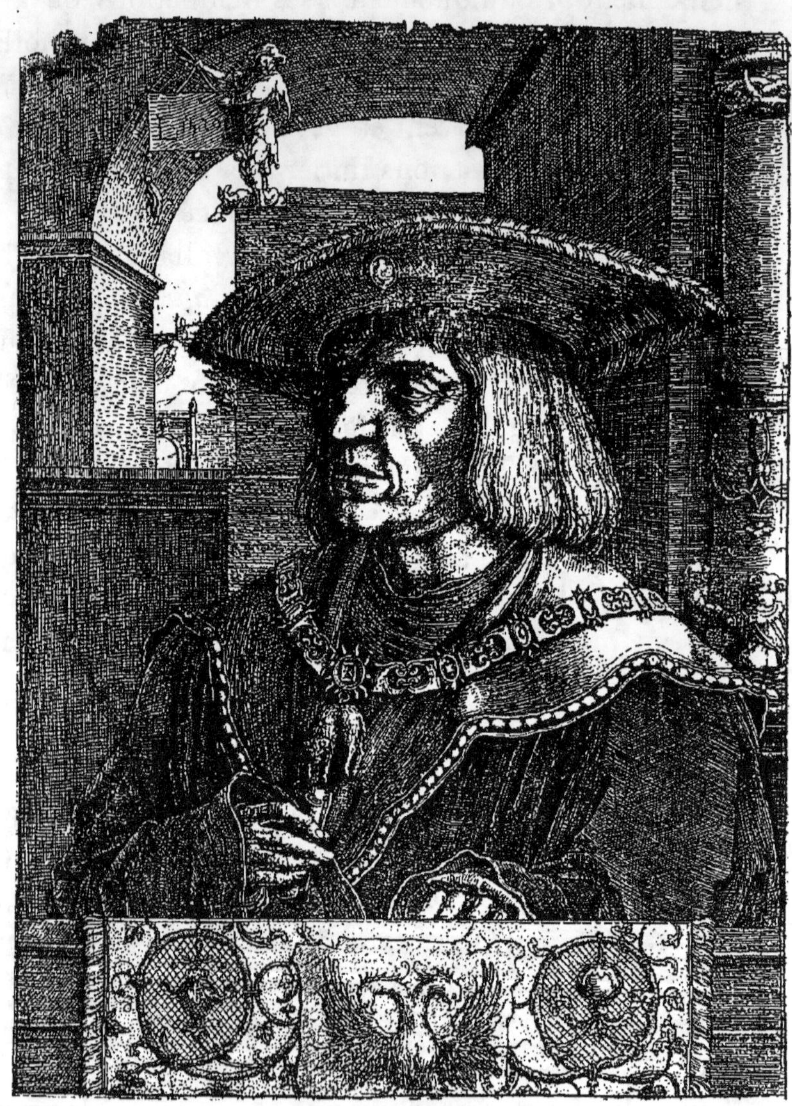

FIG. 56. — LUCAS DE LEYDE.
Portrait de l'empereur Maximilien Ier.

Quoi de plus contraire aux coutumes de l'art italien

et aux principes qui le régissent, depuis Giotto jusqu'à
Raphaël, mais aussi quoi de moins exceptionnel dans
l'histoire de l'art hollandais? Plus tard, Rembrandt lui-
même ne procèdera pas autrement, et cependant quelle
force d'invention dans ses ouvrages! Quelle expression
saisissante de la signification intime, de la philosophie
d'un sujet, unie dans le mode de représentation aux
superstitions réalistes, pour ainsi dire, du goût national!
Non, chez ce grand maître, le plus clairvoyant de tous
en matière de vérité morale, chez ce peintre des émotions
de l'âme le plus sagace, le plus profond qui fut jamais,
l'indifférence sinon l'aversion pour les formes d'élite ne
caractérise pas seulement la nature particulière d'un
génie; elle résume aussi et nous révèle les dispositions
innées, le tempérament esthétique de toute une race.

Lucas de Leyde put voir pendant sa trop courte vie
ses efforts récompensés et son crédit établi auprès de
tous; il fit toujours le plus noble usage de l'autorité
qu'il avait acquise. Reconnu pour chef par les peintres
ses compatriotes, en commerce d'amitié avec les graveurs allemands qui, à l'exemple d'Albert Dürer, lui
envoyaient leurs ouvrages ou qui venaient eux-mêmes lui
demander des conseils, possesseur de richesses plus
grandes qu'il n'appartenait en général aux artistes de ce
temps, il n'employait son influence et ses biens que dans
l'intérêt de l'art ou des hommes qui le pratiquaient. Pas
un de ceux-ci, quelque médiocre que fût son mérite,
n'était éconduit quand il s'adressait à lui. Encore le
digne maître avait-il soin de déguiser ses services sous
le prétexte de quelque profit personnel; il s'agissait toujours pour lui de dessins à faire d'après tel monument,

tel objet d'art, et feignant d'avoir besoin de ces repro-
ductions, il ménageait l'amour-propre de celui qu'il
voulait secourir en le chargeant de les exécuter. Plusieurs fois il entreprit des voyages dans les Pays-Bas
pour aller visiter des graveurs ou des peintres bien infé-
rieurs à lui par le talent et qu'il appelait modestement
ses rivaux. Il les honorait par des paroles de félicitation
ou d'encouragement, leur donnait des fêtes, et ne les
quittait pas sans avoir échangé contre leurs ouvrages,
ainsi payés au centuple, quelques-uns de ses propres
travaux.

Ce fut dans un de ces voyages, à Flessingue, que
Lucas de Leyde fut atteint de la maladie qui devait le
conduire au tombeau et dont on a voulu, d'ailleurs sans
preuves, expliquer l'explosion subite par un empoison-
nement. De retour dans sa ville natale, il y vécut quelque temps encore épuisé, languissant, refusant cependant
de se condamner à l'oisiveté. Lorsqu'il n'eut plus la
force de se lever, il continua de dessiner et de graver
dans son lit et demeura jusqu'à la fin fidèle aux nobles
passions de toute sa vie, à l'art qu'il avait agrandi, à la
nature qu'il avait interrogée de plus près et, à certains
égards, mieux comprise qu'aucun de ses devanciers. Peu
d'heures avant de mourir, il se fit transporter, dit-on,
sur une terrasse de sa maison pour admirer encore le
coucher du soleil, et là, s'absorbant dans une contemplation silencieuse, entouré de ses amis, de ses élèves,
il salua une dernière fois les lieux qui l'avaient vu naître,
et le ciel d'où le jour fuyait, comme la vie s'échappait
de son sein. Digne fin d'une carrière si pure, l'une des
plus irréprochables que présente l'histoire de l'art ! Lu-

cas de Leyde mourut à l'âge de trente-huit ans, à cet âge fatal à plus d'un grand artiste et que devaient à peine atteindre ou dépasser trois hommes avec lesquels il semble en parenté de génie, au moins par sa fécondité précoce et par la sincérité de ses inspirations, — Raphaël, Lesueur et Mozart.

L'impulsion donnée par Lucas de Leyde à l'art de la gravure avait été, du vivant même du maître, secondée par plusieurs artistes hollandais, imitateurs plus ou moins heureux de sa manière : Alart Claessen entre autres, un graveur anonyme dit « le maître à l'écrevisse » et Dirk Star ou Van Staren, ordinairement désigné sous le nom de « maître à l'étoile ». Après la mort du chef de l'école, le mouvement ne se ralentit pas. Les graveurs des Pays-Bas, insistant de plus en plus sur les conditions posées au début, surpassèrent bientôt les graveurs allemands et semblèrent avoir seuls le privilège de l'habileté dans l'art de ménager la lumière. Corneille Cort, qui avait gravé à Venise plusieurs tableaux de Titien dans l'atelier de ce grand peintre et les élèves qu'il avait formés après son retour en Hollande, commençaient même à montrer une hardiesse de main dont les ouvrages de leurs prédécesseurs ne portaient pas aussi clairement l'empreinte ; mais le progrès, réel à certains égards, n'avait pu s'accomplir sans préjudice pour l'étude sincère et la traduction exacte de la forme, sans excès regrettable dans l'usage des moyens.

Le faire de Henri Goltzius, par exemple, ou, plus encore, celui de son élève Jean Muller, est exagéré et lâche à force de prétention à l'aisance. L'emploi des tailles courbes et parallèles démesurément prolongées donne

aux planches de ces deux graveurs une apparence à la
fois inerte et flamboyante, un aspect à peu près semblable à celui que présentent de nos jours les spécimens
de calligraphie où l'on voit les figures de Henri IV ou
de Napoléon dessinées tout entières par les inflexions
d'un seul trait. Pourtant, malgré l'extrême affectation
de la manœuvre, les estampes de Goltzius, de Muller,
de Saenredam même, se distinguent par l'énergie relative
du ton et par l'adresse singulière avec laquelle le cuivre
est découpé. L'abus d'ailleurs n'était pas devenu général dans les écoles des Pays-Bas. A côté des intempérants
ou des audacieux dont nous venons de rappeler les noms,
un certain nombre de graveurs flamands ou hollandais
donnaient à leurs ouvrages une finesse et une expression
de réserve plus conformes aux traditions et aux modèles
légués par Lucas de Leyde. C'étaient Nicolas de Bruyn
à Anvers, les Wierix à Amsterdam, quelques autres encore, disciples plus ou moins fidèles de l'ancienne doctrine, plus ou moins rebelles en apparence aux tentatives
d'émancipation faites autour d'eux; mais lorsque Rubens vint à se saisir de l'autorité, toutes les résistances
personnelles comme tous les entraînements cessèrent,
toutes les dissidences disparurent. Les principes, la méthode, le but, furent les mêmes pour chacun. Les graveurs hollandais, aussi bien que les graveurs flamands,
entreprirent ouvertement de rendre avec le burin les
nuances infinies d'une peinture et jusqu'aux subtilités
ou aux hardiesses de la touche, jusqu'aux coups rapides
et aux procédés mêmes du pinceau.

Jamais l'influence d'un peintre sur la gravure ne fut
aussi directe ni aussi puissante que l'influence exercée par

Rubens. Ce grand maître avait prouvé dans ses dessins qu'en employant seulement du noir et du blanc, on pouvait se montrer aussi opulent coloriste qu'en épuisant toutes les ressources de la palette. Il choisit parmi ses élèves ceux qu'il jugeait capables de suivre à cet égard son exemple ; il leur fit quitter le pinceau, leur ordonna en quelque sorte d'être graveurs, et leur communiqua si bien le secret de sa manière qu'il semble les avoir animés de son propre sentiment. Il les réunissait dans la vaste maison qu'il s'était construite à Anvers et dont il avait fait un lycée d'artistes de tout genre ; il exigeait par moments qu'ils travaillassent sous ses yeux, il retouchait soigneusement leurs ouvrages [1] et leur inculquait ainsi cette science de l'effet qui lui était si familière, cette intelligence qu'il posséda mieux que personne des tons propres à étendre ou à soutenir la masse des lumières ou des ombres.

Rappeler le succès de l'entreprise c'est aussi rappeler les noms de Vorsterman, de Bolswert, de Paul Pontius, de Soutman, artistes savamment hardis, qui du premier coup portèrent à sa perfection la gravure *coloriste*, — si l'on peut qualifier ainsi la gravure qui rend surtout la richesse relative, la valeur variée des tons d'un tableau, — et dont les œuvres sont identiques à la peinture qu'elles reproduisent. Que cette peinture, malgré son prodigieux mérite, ne soit pas d'un ordre aussi élevé que celle de Léonard ou de Raphaël, c'est ce qui se démontre

1. On se convaincra de l'attention minutieuse avec laquelle Rubens revisait le travail de ses graveurs, en examinant, à la Bibliothèque nationale, un recueil de plus de cent épreuves d'essai portant des retouches de sa main.

de soi-même; mais en est-il moins vrai qu'elle se retrouve tout entière dans les estampes contemporaines,
qu'elle s'y réfléchit vivante pour ainsi dire? Dans une
pensée analogue à celle qu'avait eue Marc-Antoine en
vue du dessin, les graveurs flamands tendent, en vue du
coloris et de l'effet, à subordonner résolument les parties accessoires au relief ou à l'éclat des morceaux essen-
tiels; ils réussissent à dissimuler sous la largeur de
l'ensemble les travaux du détail et jusqu'à la lenteur
du procédé. A voir ces planches d'un aspect si vif, d'une
exécution si brillante, il semble que les graveurs les
aient faites en quelques heures de verve, tant l'entrain
qui y règne éloigne tout sentiment du temps qu'elles
ont coûté, toute idée de patience et d'effort! Et cependant ces ombres et ces lumières, cette souplesse des
chairs, ce chatoiement des étoffes, résultent de sillons
laborieusement creusés; il a fallu mille tailles pour
imiter tel effet obtenu en quelques coups de brosse, telle
teinte qu'a donnée un glacis!

Les gravures de l'école flamande au temps de Rubens sont encore universellement répandues. Il est peu
de personnes qui n'aient eu l'occasion d'admirer la
Thomiris, le *Saint Roch priant pour les pestiférés* ou le
Portrait de Rubens par Pontius, la *Descente de Croix*
par Vorsterman, la *Chute des réprouvés* par Soutman,
et cent autres planches aussi belles gravées d'après le
maître par ses nombreux élèves. Enfin qui ne connaît
ce merveilleux chef-d'œuvre, le *Couronnement d'épines*,
gravé par Bolswert d'après Van Dyck, et ces autres
chefs-d'œuvre dus à Van Dyck lui-même, — les *portraits* gravés à l'eau-forte d'artistes ou de curieux, amis

du peintre, depuis les deux *Breughel* jusqu'à *Corne-*
lissen, depuis *Snyders* jusqu'à *Philippe Le Roy* ?

Cependant les progrès par lesquels l'école flamande
de gravure venait de se signaler allaient bientôt trouver

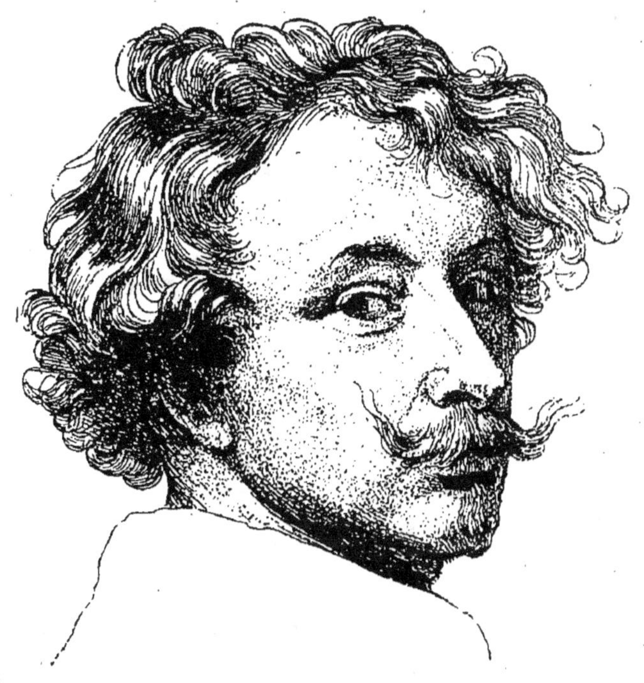

FIG. 57. — PORTRAIT DE VAN DYCK
Gravé à l'eau-forte par lui-même.

leur équivalent dans le mouvement de réforme qui s'accomplissait en Hollande. Nous avons dit que vers la
fin du XVIe siècle et au commencement du siècle suivant, les graveurs hollandais, à force d'enchérir sur les
innovations introduites dans l'art par Lucas de Leyde,
en étaient à peu près arrivés à faire dégénérer la pra-

tique savamment facile en purs tours d'adresse et l'animation du dessin en emphase ou en turbulence. Cor-

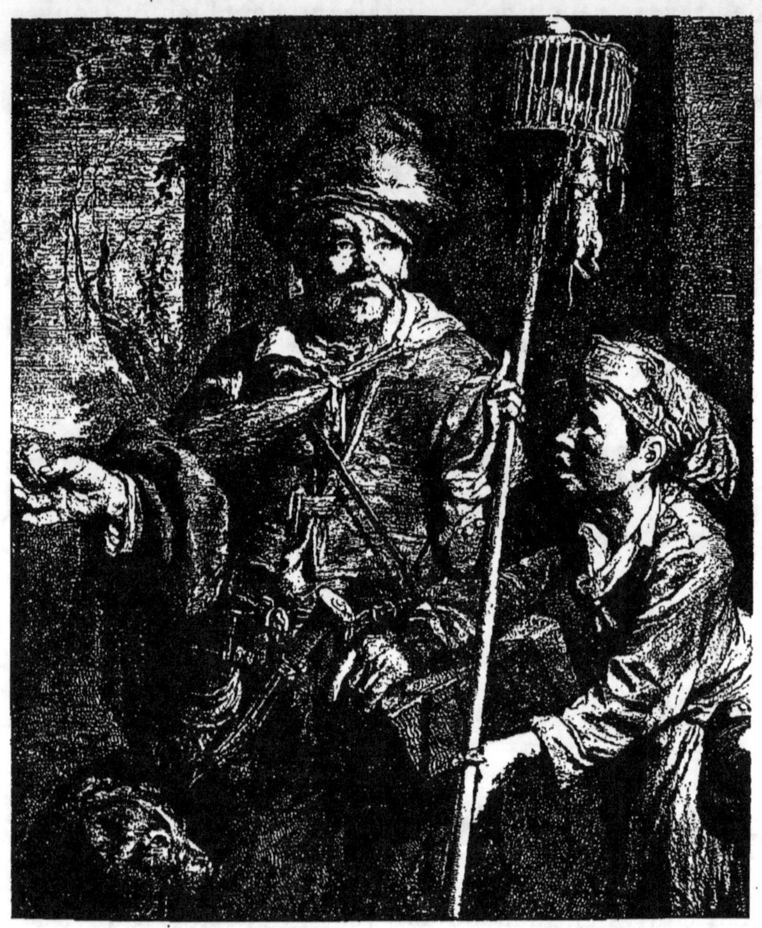

FIG. 58. — CORNEILLE VISSCHER.

Le Vendeur de mort aux rats.

neille Visscher un des premiers, et avec plus d'autorité
qu'aucun de ses compatriotes, entreprit d'arrêter l'art

de la gravure au burin sur cette pente où il glissait rapidement vers la décadence.

Certes la plupart des scènes qu'a représentées Visscher ne sont pas de nature à intéresser beaucoup l'imagination, encore moins à émouvoir le cœur. Il serait, j'en conviens, fort difficile de se sentir provoqué à quelque pensée philosophique ou poétique par le spectacle d'œuvres telles que *la Fricasseuse* ou *le Vendeur de mort aux rats;* mais ces œuvres inspirées par des sujets si humbles ou si vulgaires sont traitées avec un sentiment profond de la vérité, avec une science admirable des moyens techniques, avec une franchise et une fermeté qui suppléent à la beauté absente des idées ou des types. A ne les considérer qu'au point de vue de l'exécution, les planches dues à Corneille Visscher sont de véritables chefs-d'œuvre, des modèles excellents pour les graveurs et que ceux-ci, quel que soit le genre de leurs tâches, ne sauraient trop scrupuleusement étudier.

C'est aussi ce qu'on peut dire, dans un autre ordre d'art, des beaux portraits de *Boccace,* de l'*Arétin,* de *Giorgion,* gravés par le plus habile des élèves de Visscher, Corneille Van Dalen; c'est encore au même titre, malgré de très notables différences dans le faire, que les planches gravées par Jonas Suyderhoef d'après Terburg ou Théodore de Keyse, s'imposent à l'attention des artistes et des amateurs. Enfin, à côté de ces œuvres dans l'exécution desquelles la gravure à l'eau-forte n'est intervenue que comme moyen préparatoire ou même, quelquefois, n'a pas été employée, nombre de pièces entièrement gravées à la pointe, nombre d'*eaux-fortes* proprement dites forment un ensemble d'autant plus

profitable à la gloire de l'école hollandaise qu'on n'en
trouverait l'équivalent à aucune époque dans les écoles

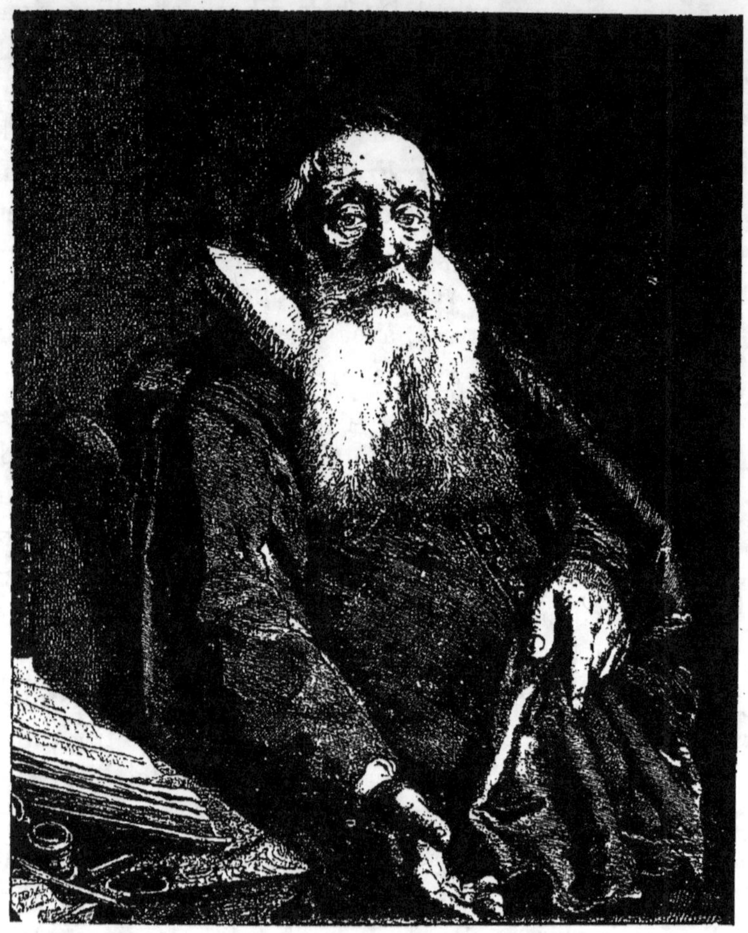

FIG. 59. — CORNEILLE VISSCHER.

Portrait de Gilles Boutma.

des autres pays. La gravure française sans doute aura
le droit de s'enorgueillir des chefs-d'œuvre dus à la

pointe de Claude le Lorrain ou des spirituelles eaux-
fortes de Callot et d'Israël Silvestre. En Italie, après le

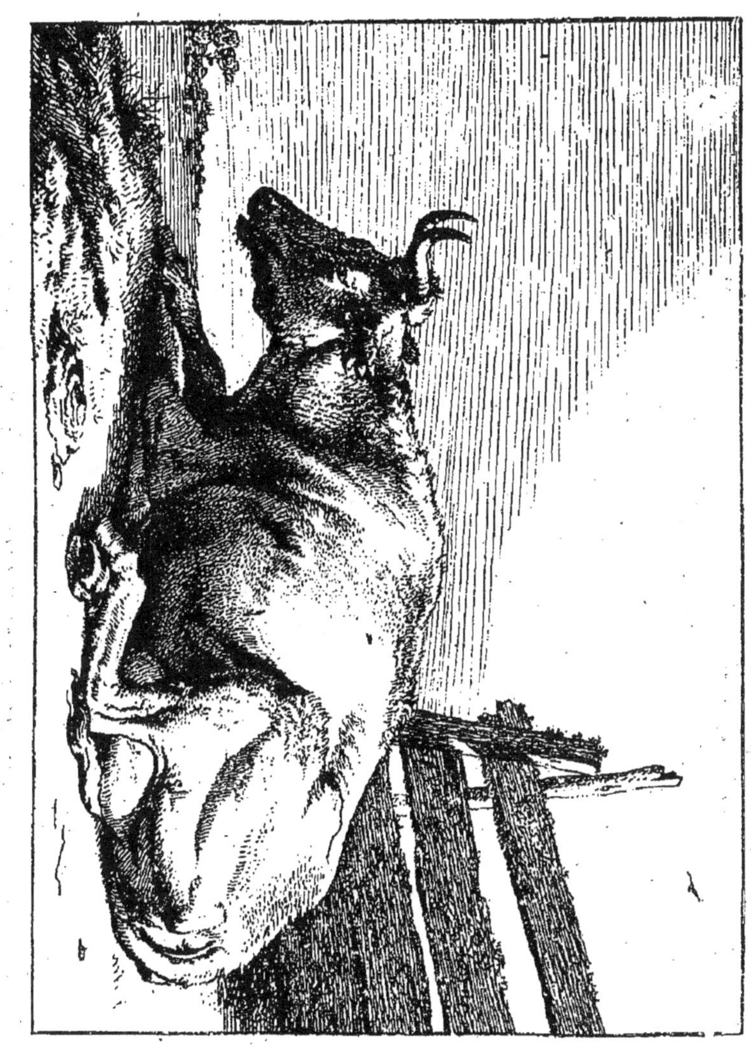

FIG. 60. — PAUL POTTER. — La Vache couchée.

Parmesan, Augustin Carrache et quelques autres Bolonais du même temps, en Espagne, Ribera, et beaucoup
plus tard Goya, acquerront comme graveurs à l'eau-forte

une renommée légitime; mais, quels que soient les mérites de leurs ouvrages personnels, ces artistes ne se
rattachent pas, dans chacun des pays auxquels ils appartiennent, à un groupe de talents voués à des travaux du

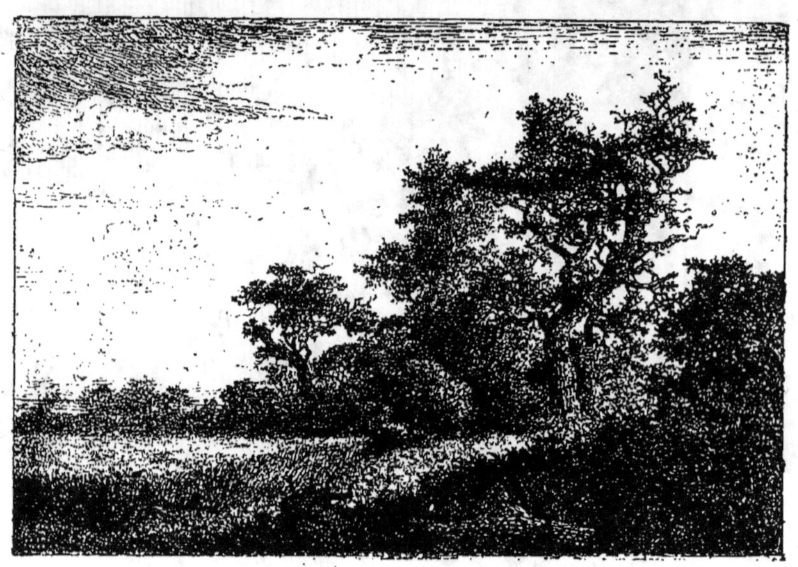

FIG. 61. — J. RUISDAEL.
Le Petit champ de blé.

même ordre, à toute une famille en communauté d'origine, d'inclinations et de doctrines.

En Hollande, au contraire, ce n'est pas isolément, ce
n'est pas à des intervalles de temps plus ou moins
éloignés qu'apparaissent les habiles graveurs à l'eau-
forte. C'est à côté les uns des autres qu'ils travaillent;
c'est dans une période de quelques années, c'est presque
au même moment que Adrien Brauwer et Ostade font
paraître leurs *scènes d'estaminet,* Ruisdaël et Jean Both

leurs *paysages*, Paul Potter et Berghem, Adrien Van de Velde, Marc de Bye, Karel Dujardin, tant de charmantes petites pièces représentant des sites ou des personnages villageois, des troupeaux aux champs ou des animaux isolés. Tous, en rivalisant de talent, semblent d'accord sur l'unité de l'entreprise à poursuivre, sur l'obligation pour eux de se dévouer à l'étude exclusive de la nature qui les entoure et de la vérité familière.

Bien que les graveurs à l'eau-forte hollandais accusent dans l'ensemble de leurs ouvrages une poétique et des tendances communes, chacun d'eux cependant conserve, ne fût-ce que dans la pratique matérielle, quelque chose de distinctif et une physionomie à part; mais il en est un qui se détache du groupe avec un éclat incomparable, avec toute la supériorité du génie sur le talent : c'est le célèbre, et si justement célèbre, Rembrandt.

On s'est efforcé bien souvent de pénétrer le secret des moyens qu'employait Rembrandt pour l'exécution et pour l'impression de ses eaux-fortes; on s'est demandé à quels instruments, à quel mode de travail il fallait recourir pour obtenir après lui ces oppositions d'ombres veloutées et de splendides rayons de lumière. Recherche vaine de recettes techniques là où il n'y a en réalité qu'une méthode inhérente à la pensée et inspirée de haut comme elle! On peut dire que chez Rembrandt, de même que chez les grands compositeurs, le procédé harmonique se lie si étroitement à l'idée mélodique que l'analyse en serait sinon impossible, au moins complètement superflue. Il arrive quelquefois, — en face d'un tableau de Corrège, par exemple, — que le charme de la peinture nous affecte d'une manière assez abstraite

pour qu'il en résulte une sorte de.sensation musicale ;
mais il semble que l'art de la gravure ne puisse en au-

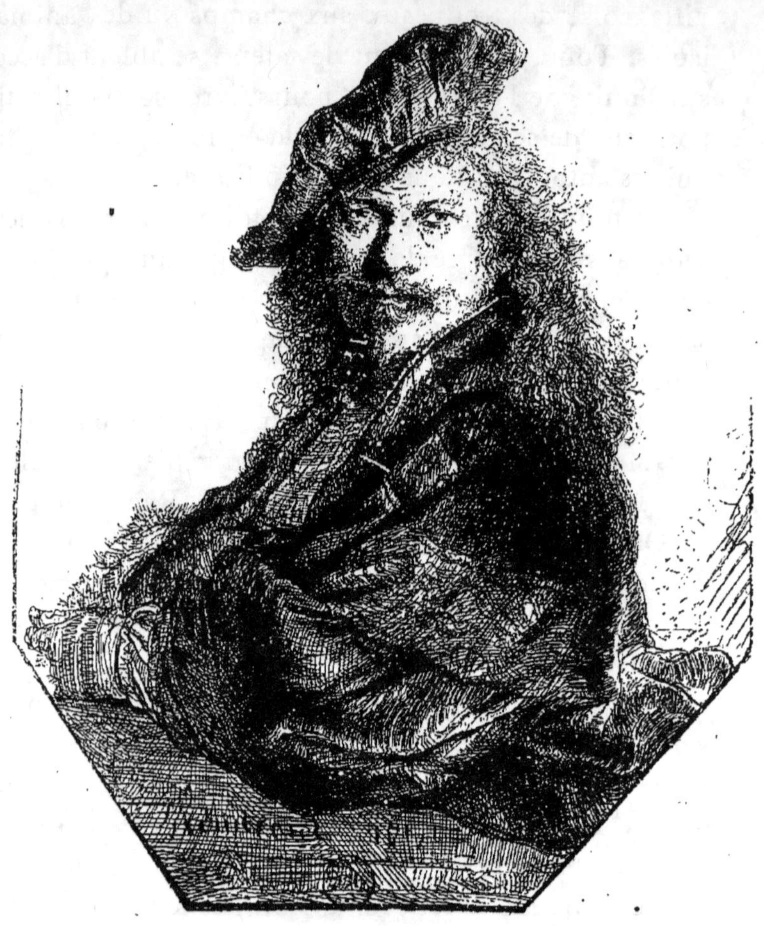

FIG. 62. — PORTRAIT DE REMBRANDT
Dit Rembrandt appuyé.

cun cas être doué d'une force d'expansion analogue, et
cependant les estampes de Rembrandt ne la possèdent-

elles pas? On y reconnaît moins la représentation bornée

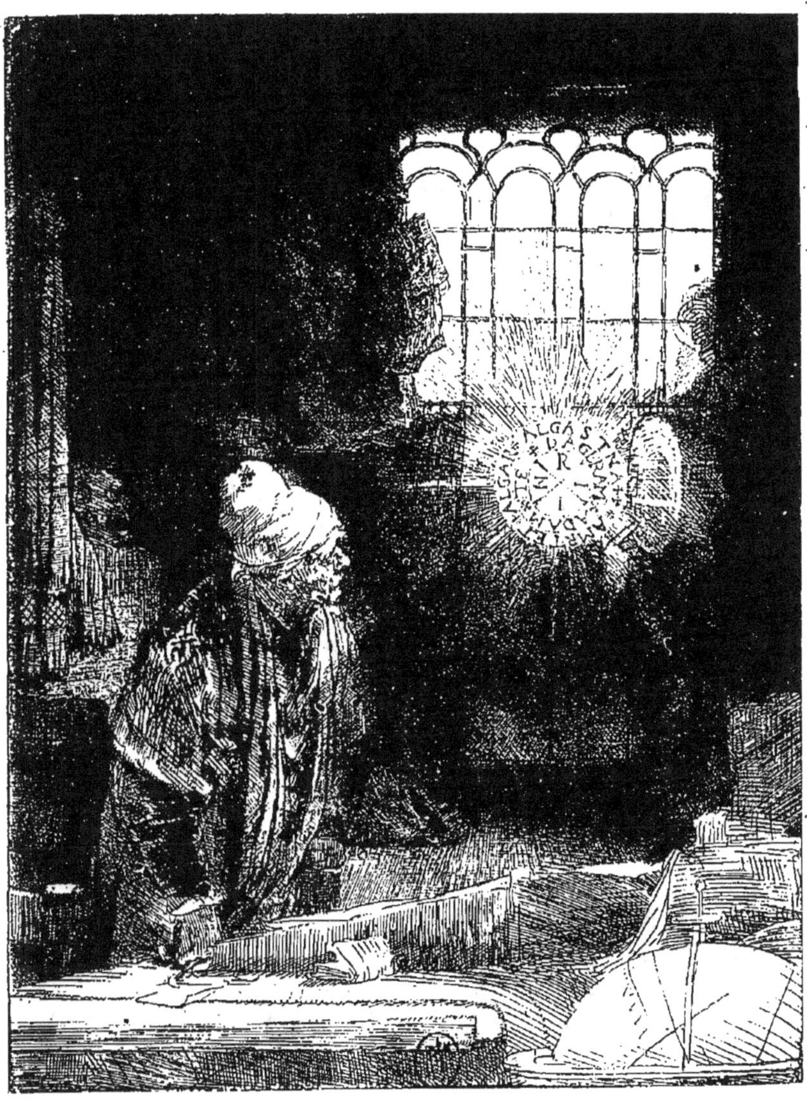

FIG. 63. — REMBRANDT.

Le docteur Faustus.

des choses qu'on n'y sent des aspirations indéfinies; on

est plus touché du sens mystérieux de ces rêveries pas-

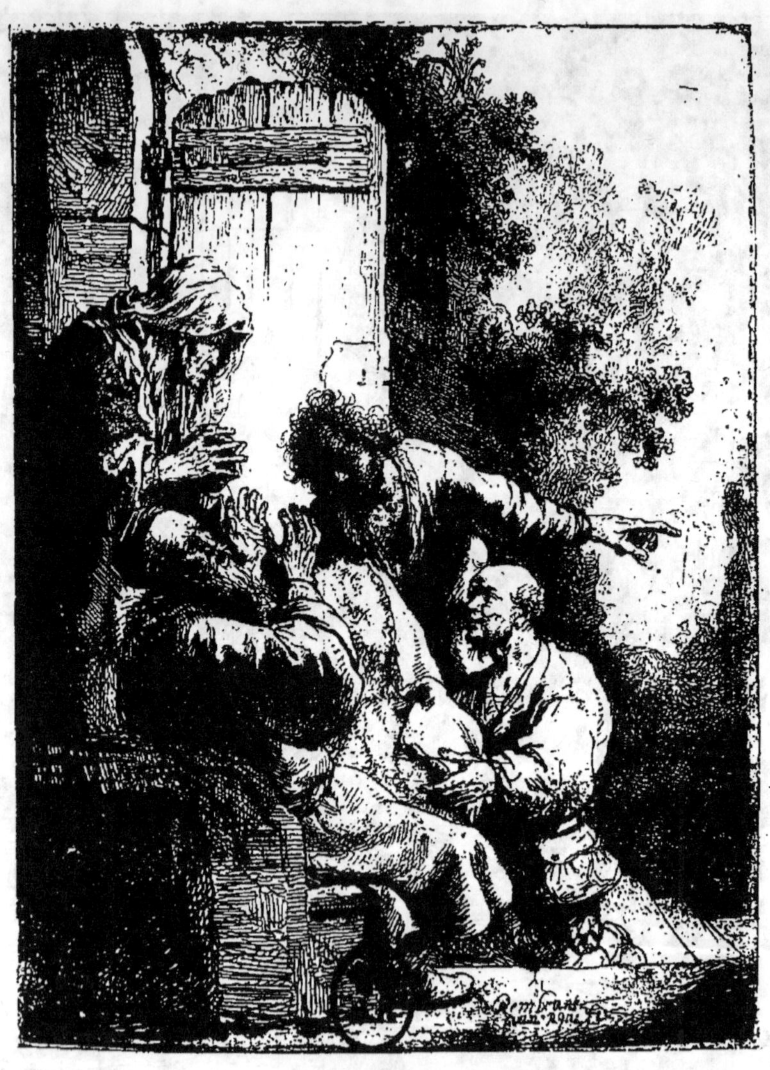

FIG. 64. — REMBRANDT.

La robe de Joseph rapportée à Jacob.

sionnées que de la forme sous laquelle elles apparaissent.
L'impression reçue est si vive qu'elle supprime absolu-

ment toute velléité de critique, et l'on se laisse aussi

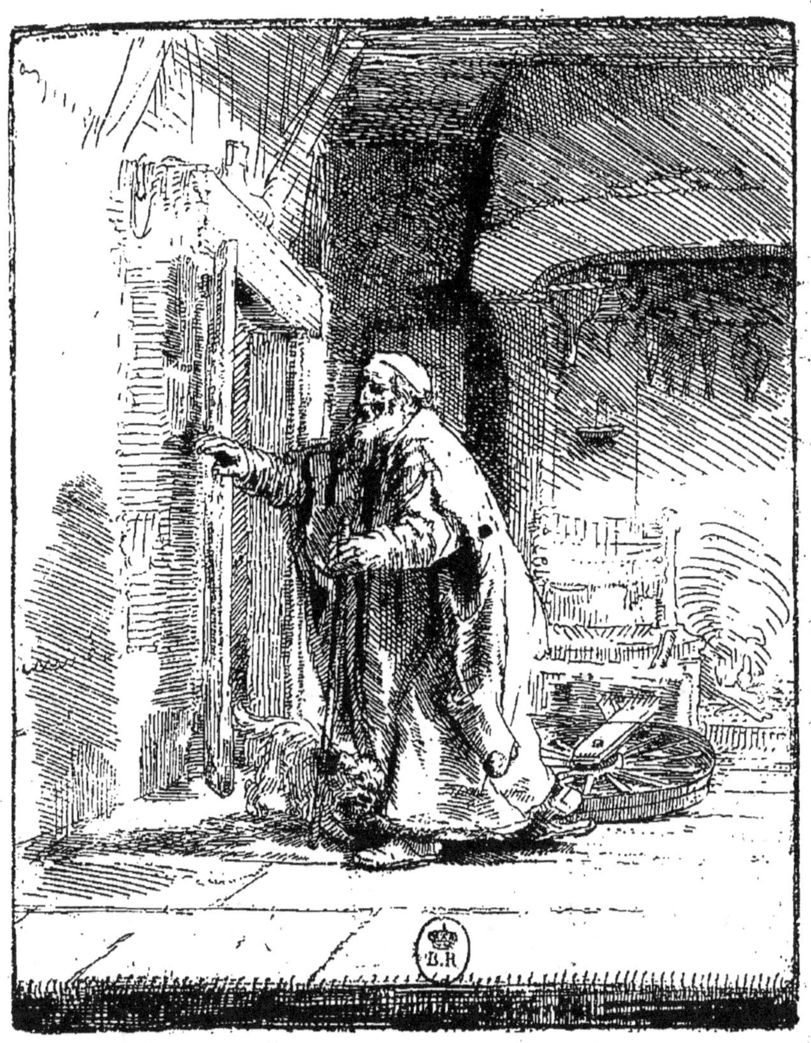

FIG. 65. — REMBRANDT.

Tobie aveugle courant au-devant de son fils.

peu déconcerter par certains détails, choquants partout ailleurs, qu'on ne songe à se rendre un compte mathématique des conditions spéciales et de l'habileté du faire.

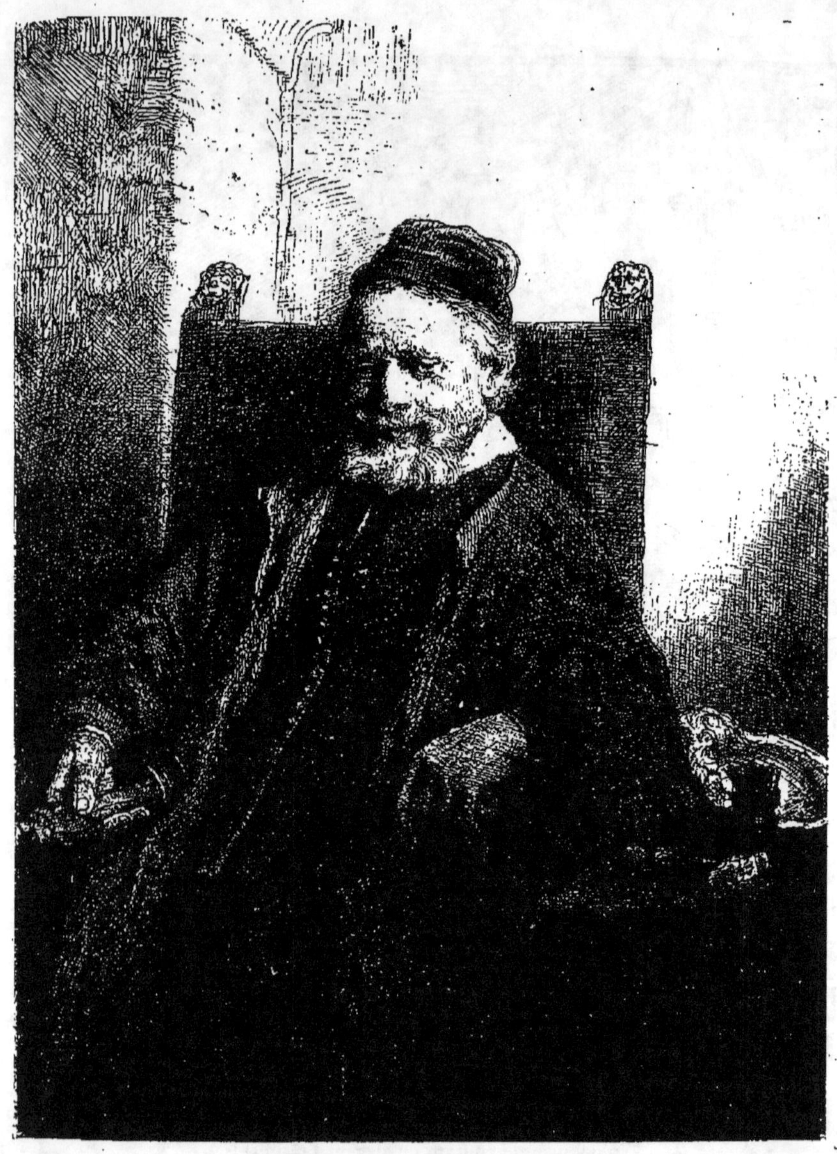

FIG. 66. — REMBRANDT.
Portrait de Lutma.

En voyant *le Sacrifice d'Abraham, Tobie aveugle cou-*

rant au-devant de son fils; la *Résurrection de Lazare*
et tant d'autres chefs-d'œuvre venus de l'âme et s'adressant à l'âme, qui s'aviserait de s'arrêter d'abord à la
trivialité ou à la bizarrerie des types et des ajustements?
Celui-là seul qui, sans s'occuper du reste, commence-
rait par examiner à la loupe le *travail* du rayon illumi-
nant la scène dans *Jésus guérissant les malades,* dans
l'*Annonciation aux berger*s ou dans *les pèlerins d'Emmaüs.*

Rembrandt a une manière immatérielle, pour ainsi
dire. Tantôt il touche, il heurte le cuivre comme au hasard; tantôt il l'effleure et le caresse avec une délicatesse
exquise, avec une dextérité magique. Il interrompt dans
la lumière le trait qui marque le contour pour le re-
prendre et l'accuser énergiquement dans l'ombre; ou
bien il adopte la méthode toute contraire, et, dans l'un
comme dans l'autre cas, il réussit, avec la même infaillibilité, à s'emparer du regard, à le contenter, à le convaincre. Rembrandt se sert des outils et des procédés de
la gravure comme Bossuet se sert des mots, en les sou-
mettant aux besoins de sa pensée, en les contraignant
de l'exprimer, sans s'inquiéter du fini, du subtil. Comme
lui aussi, il se compose un style invariablement élo-
quent des éléments les plus divers, du familier et du
pompeux, du vulgaire et de l'héroïque, et du mélange
de toutes ces parties hétérogènes résulte l'harmonie admirable de l'ensemble.

Les graveurs flamands formés par Rubens et les graveurs hollandais contemporains n'eurent pas dans leur
pays des successeurs dignes d'eux. La révolution qu'ils
avaient accomplie dans l'art fut de courte durée et ne

s'étendit pas au delà des frontières des Pays-Bas. En

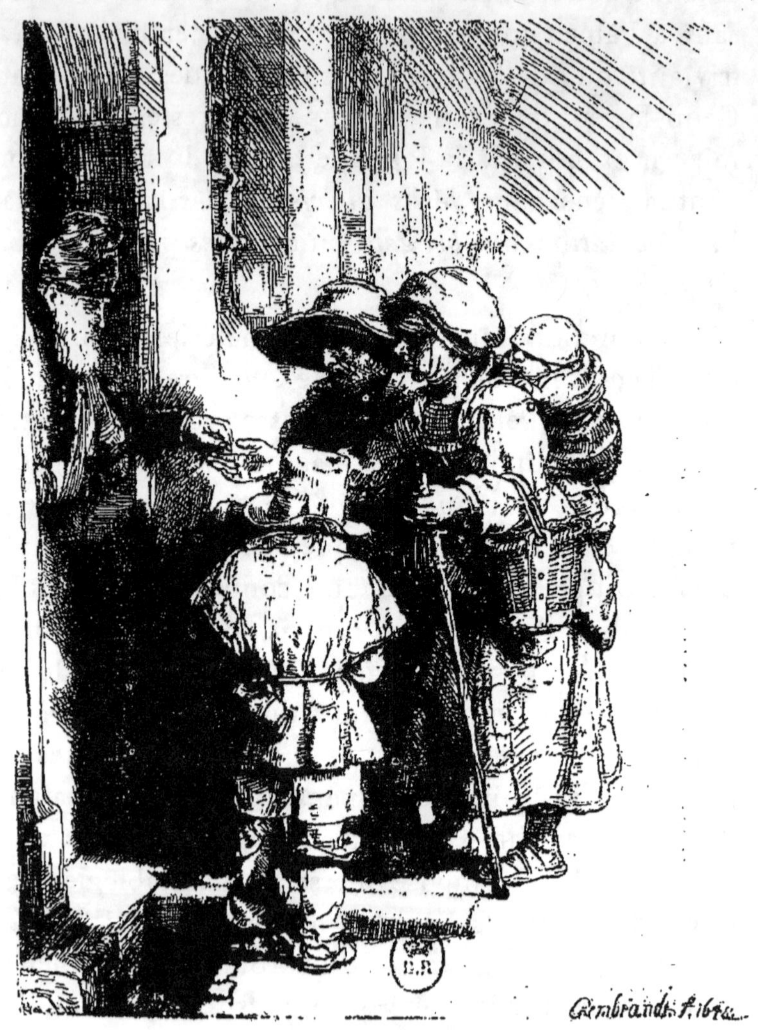

FIG. 67. — REMBRANDT.

Les Mendiants.

Italie, les estampes flamandes ou hollandaises furent
naturellement dédaignées. On y disait, et cela se conçoit

de la part de gens accoutumés à prendre conseil des ouvrages de Raphaël et de Marc-Antoine, qu'elles semblaient faites « pour décorer des murs d'auberge ». En

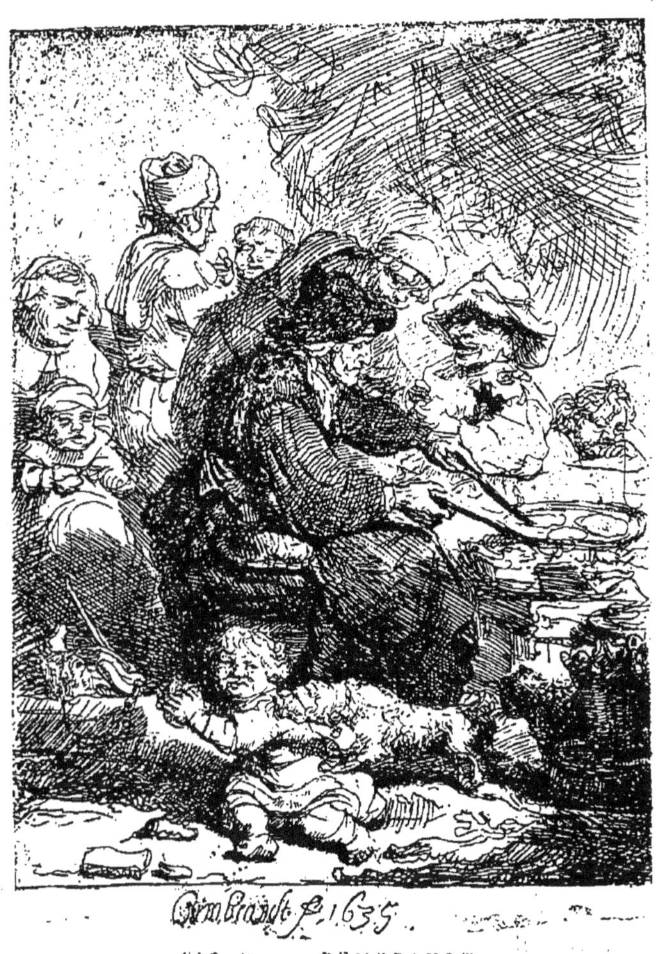

FIG. 66. — REMBRANDT.
La faiseuse de koucks.

Allemagne et en France, où les opinions italiennes
régnaient depuis le XVIe siècle, elles ne reçurent pas
d'abord un accueil plus favorable. Lorsqu'on leur ac-

corda enfin l'estime qu'elles méritaient, l'époque était
venue où les graveurs français surpassaient ceux de
toutes les nations et où ils ne devaient plus à bon droit
songer à se faire imitateurs. Le mouvement des écoles
des Pays-Bas avant la seconde moitié du xviie siècle
est donc, à vrai dire, un incident dans l'histoire de l'art,
les chefs-d'œuvre qu'il a produits n'ayant pas eu sur la
gravure en général une influence durable. Pour qu'il
en fût autrement, il aurait fallu que les graveurs des
divers pays renonçassent non seulement aux traditions
d'art nationales, mais encore aux modèles qu'ils avaient
sous les yeux. Comment suivre la méthode de Bolswert
ou de Pontius en l'appliquant à d'autres ouvrages que
ceux de Rubens et de Van Dyck? Comment approprier
le faire de Visscher ou celui de Suyderhoef à des travaux
entrepris d'après des tableaux peints ailleurs qu'à Amsterdam ou à Leyde?

Cependant, au moment où les écoles des Pays-Bas
brillaient d'un si vif éclat, mais qui devait si tôt s'anéantir, que se passait-il en France et comment le beau siècle
de la gravure s'y annonçait-il?

CHAPITRE VI.

LES COMMENCEMENTS DE LA GRAVURE AU BURIN ET DE LA GRAVURE A L'EAU-FORTE EN FRANCE ET EN ANGLETERRE. — PREMIERS ESSAIS DE GRAVURE EN MANIÈRE NOIRE. — COUP D'ŒIL SUR L'ÉTAT DE LA GRAVURE EN EUROPE AVANT 1660.

Les Français n'avaient pu se distinguer de bonne heure dans l'art de la gravure parce qu'il n'en était pas de leur pays comme de l'Italie, de l'Allemagne et des Pays-Bas, où la peinture florissait depuis longtemps. Si la série se poursuit sans interruption depuis le xiiie siècle des belles œuvres produites en France par les architectes et par les sculpteurs, celle que forment les ouvrages de nos peintres n'a pas, à beaucoup près, une origine aussi ancienne ni une importance aussi continue. En dehors des verriers anonymes de nos cathédrales, des miniaturistes qui avaient précédé ou suivi Jean Fouquet, et de ces dessinateurs de *crayons* dont la manière a un charme si particulier et une originalité si délicate, nous ne pouvons, à vrai dire, nous glorifier d'aucun maître peintre antérieur à Jean Cousin. Comment la gravure aurait-elle grandi au moment où la peinture naissait à peine ?

Dès le commencement du xvie siècle, il est vrai, et même un peu auparavant, la gravure en bois est pratiquée en France avec une certaine habileté. Les *Danses macabres,* traités de morale si fort en vogue à cette époque, les *Livres d'heures* ornés, d'autres recueils encore imprimés avec fleurons et figures, à Paris ou à

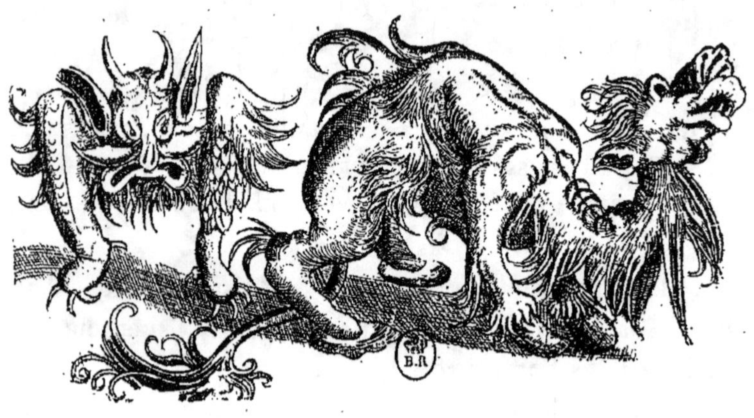

FIG. 69. — NOEL GARNIER.

Animaux fantastiques.

Lyon, permettent déjà de pressentir les prochains chefs-d'œuvre que feront paraître en ce genre Geofroy Tory, Jean Cousin lui-même et divers dessinateurs ou graveurs en bois appartenant au règne de François Ier ou à celui de Henri II ; mais la gravure au burin ou à l'eau-forte, telle qu'elle est pratiquée alors par des orfèvres comme Jean Duvet et Étienne Delaune, par des peintres de l'école de Fontainebleau comme René Boyvin et Geofroy Dumonstier, la gravure n'est encore qu'un moyen de populariser les imitations à outrance de la manière italienne. Les estampes de Nicolas Beatrizet, qui d'ail-

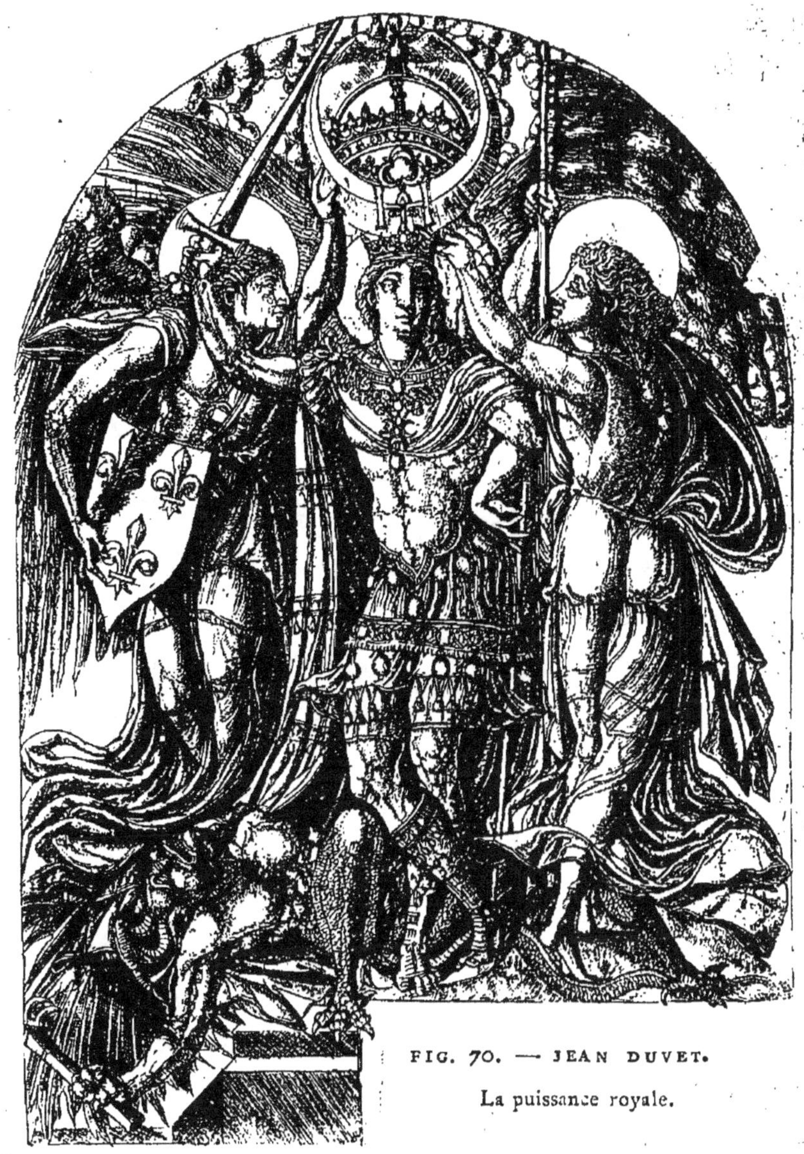

FIG. 70. — JEAN DUVET.

La puissance royale.

leurs avait été à Rome l'élève d'Agostino Musi, celles
d'un autre graveur lorrain dont le nom a été italianisé,

Niccolo della Casa, semblent avoir pour objet unique
d'ériger en doctrine l'esprit de contrefaçon et d'imposer
aux graveurs français cette religion négative à laquelle
nos peintres s'étaient si malheureusement laissé convertir sous l'influence des Italiens appelés par François Ier.

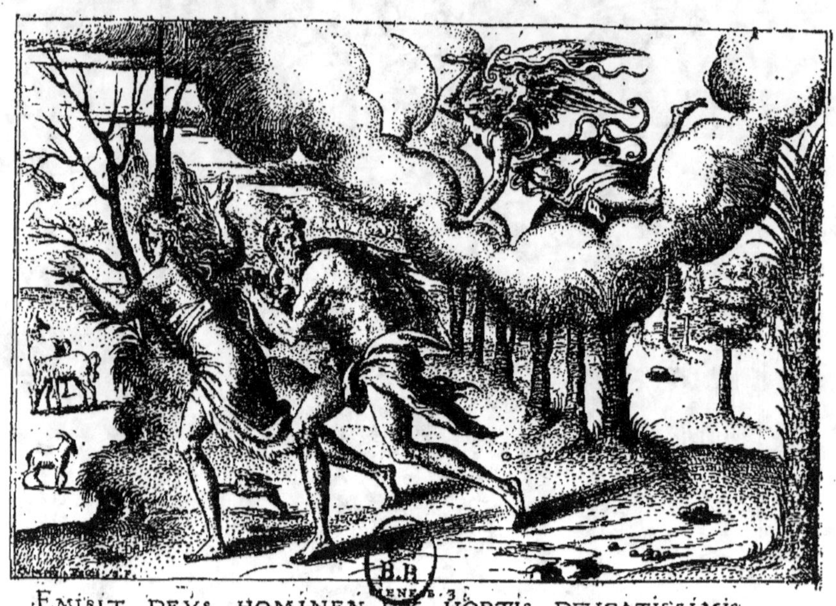

FIG. 71. — ÉTIENNE DELAUNE.

Adam et Ève chassés du paradis.

Pendant tout le xvie siècle et au commencement du
siècle suivant, l'école française de gravure n'avait donc
ni méthode ni tendances qui lui fussent propres ; et
pourtant, la mode s'en mêlant, chacun se mit à manier
le burin ou la pointe. A partir du règne de Henri II
jusqu'à celui de Louis XIII, qui ne grava pas en France ?
Des orfèvres comme Pierre Woeiriot, des peintres comme

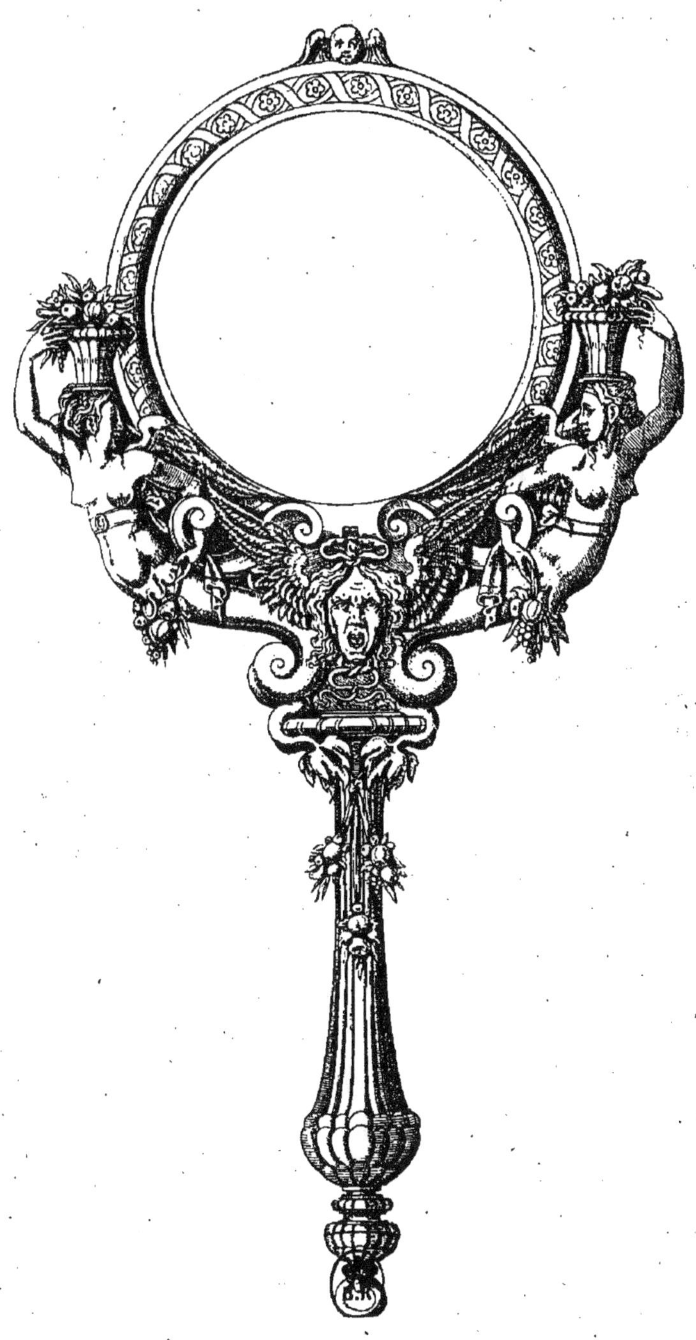

FIG. 72. — ÉTIENNE DELAUNE.

Miroir.

Claude Corneille et Jean de Gourmont, des architectes

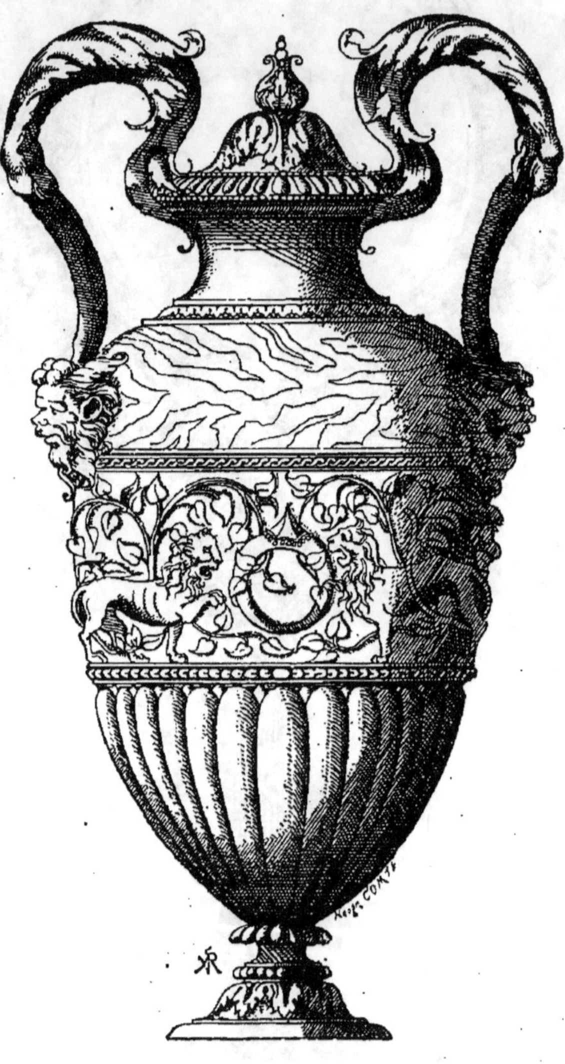

FIG. 73. — ANDROUET DU CERCEAU.

Vase d'ornement.

comme Du Cerceau, des gentilshommes, des femmes
même, — Georgette de Montenay entre autres, qui dédia

à la reine Jeanne d'Albret un recueil de devises et d'emblèmes, gravé, dit-on, au moins en partie par elle, — tout le monde prétendit creuser tant bien que mal le bois ou le cuivre. Encore une fois, les estampes de cette époque ne sont pour la plupart que des œuvres d'emprunt, des copies tantôt maigres, tantôt emphatiques, des modèles venus de l'étranger. Ce n'est qu'après une longue période de servitude que les graveurs français commencent à se soustraire au joug de l'art italien pour se créer une manière et constituer enfin une école. L'honneur de ce progrès, préparé d'ailleurs par deux graveurs de portraits et de pièces historiques, Thomas de Leu et Léonard Gaultier, appartient principalement à Jacques Callot.

Il y a dans l'histoire des arts des noms auxquels la popularité demeure invariablement attachée, parce qu'aux souvenirs des talents de l'homme quelque chose se mêle de l'intérêt qu'inspirent les héros de roman. Le nom de Callot est un de ceux-là. Seul peut-être entre tous les graveurs français [1], le graveur de Nancy est encore aujourd'hui connu de la foule, et, si dignes de célébrité que soient ses ouvrages, on peut supposer qu'ils n'auraient pas suffi pour lui assurer cette renommée persistante ; il y fallait l'appoint de certains souvenirs, de certains faits tout biographiques, — la fuite de Callot enfant, son voyage en compagnie des bohémiens, et les succès que sa bonne mine lui vaut un peu plus tard au-

1. A l'époque où naquit Callot, la Lorraine, il est vrai, n'était pas encore réunie à la France, mais comme la prise de Nancy par l'armée royale eut lieu du vivant même du graveur, on a le droit de comprendre celui-ci parmi les artistes français.

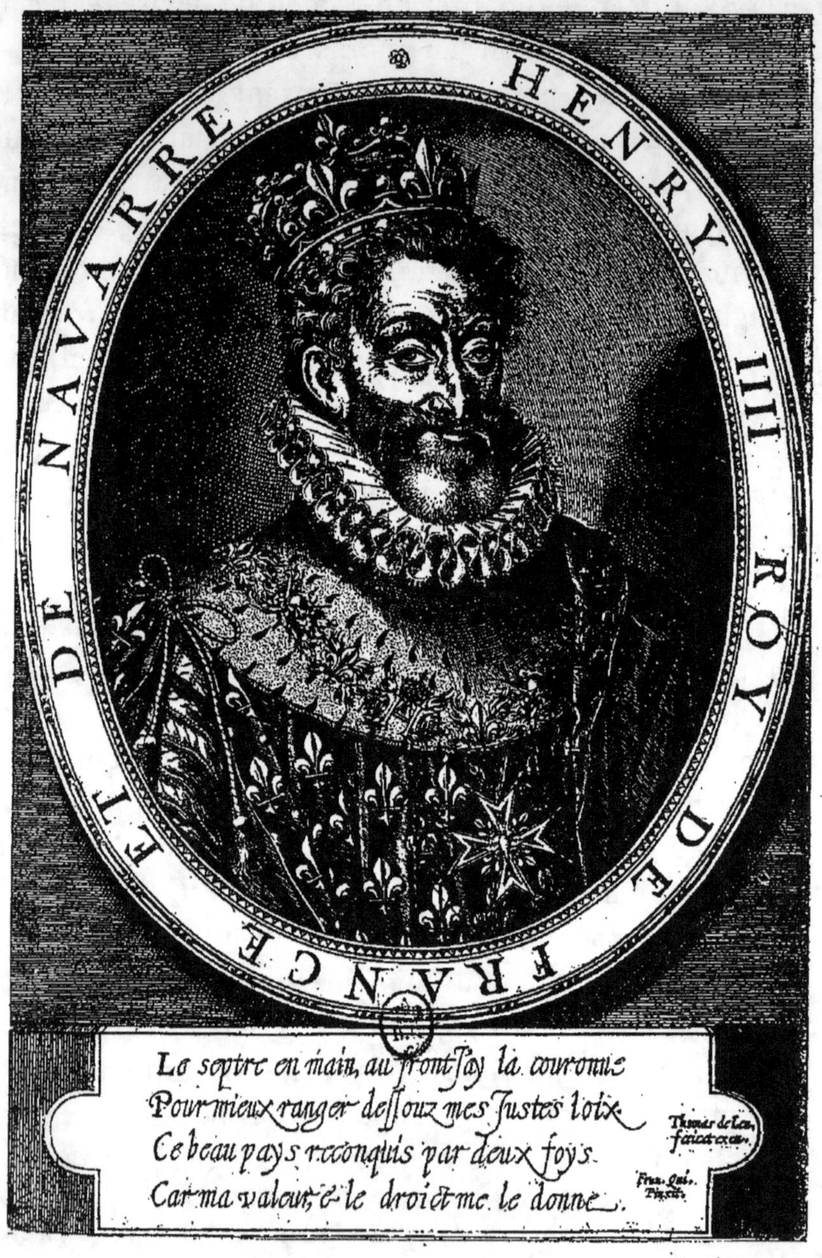

FIG. 74. — THOMAS DE LEU.

Henri IV.

près des dames romaines, et même, assure-t-on, auprès
de la femme de Thomassin, son maître.

Nous venons de dire que Callot avait eu le mérite
de tirer notre école de gravure de l'ornière où elle se
traînait et de lui frayer une voie nouvelle ; ce ne fut pas
pourtant avec une entière indépendance et sans ressou-
venir de l'Italie où il s'était formé. Après avoir travaillé
d'abord à Florence dans l'atelier de Canta-Gallina dont
la manière dégagée, le goût bizarre, ne pouvaient manquer de séduire le futur auteur des types de *Francatrippa*
et de *Fritellino*, il avait été forcé de revenir à Nancy,
d'où il s'était échappé une seconde fois pour y être une
seconde fois ramené par son frère aîné, dépêché à sa
poursuite. Un troisième voyage l'avait conduit à Rome,
où sa famille le laissa, soit de bon gré, soit de guerre
lasse.

Il est probable que pendant le séjour qu'il y fit[1],
Callot ne songea guère à mettre à profit les exemples
des anciens maîtres, mais qu'il ne laissa pas d'étudier d'assez près ceux des prétendus maîtres contemporains. Paul V régnait alors, et le temps était
passé des Raphaël et des Marc-Antoine, aussi bien que
des Jules II et des Léon X. L'éclectisme énervant des
Carrache, l'impuissante fécondité du Guide avaient
donné cours aux qualités secondaires et substitué dans
la peinture l'agrément à la beauté. Il en était résulté
un envahissement de coutumes et de doctrines frivoles
qui devaient trouver leur expression là moins équivoque

1. Callot passa en tout douze années en Italie, dont trois à
Rome et neuf à Florence.

dans les œuvres du Josépin et, plus tard, dans celles
d'un artiste d'inclinations assez semblables à celles du
graveur lorrain, — le fantasque Salvator Rosa. Lorsque
Callot s'établit à Rome (1609), le Josépin y avait atteint

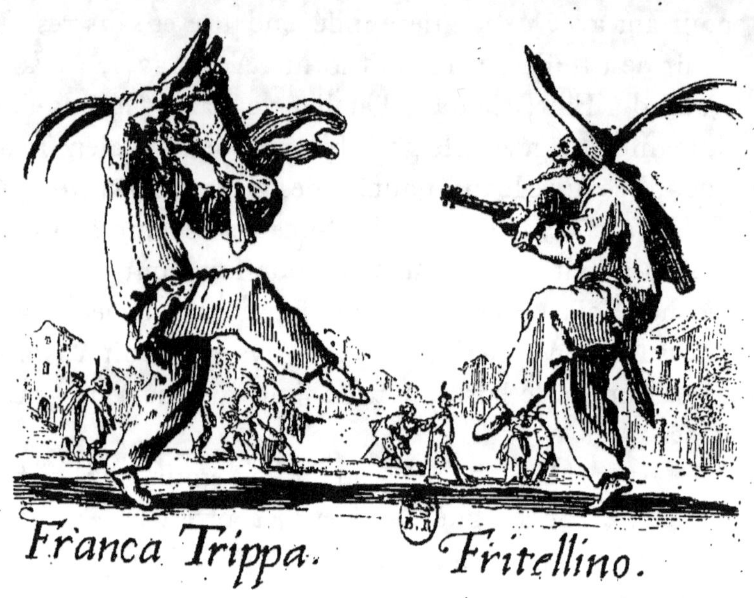

FIG. 75. — J. CALLOT.

Pièce tirée de la suite intitulée *Balli di Sfessania*.

déjà le comble de la réputation et de la fortune, Salvator
Rosa allait, à trente ans environ d'intervalle, y obtenir
ses premiers succès; il semble qu'en venant prendre à
ce moment la place qu'il occupe entre les habiles et les
excentriques, Callot ne pouvait arriver plus à point.
Aussi ne tarda-t-il pas à attirer sur lui l'attention, et
lorsqu'il quitta Rome pour Florence où il devait produire une partie de ses plus spirituels ouvrages, son

nom et son talent avaient commencé déjà d'être en crédit.

A Florence, ce talent se perfectionna auprès de Giulio Parigi, et, grâce à la faveur, facilement obtenue d'ailleurs, du duc Côme II, le nom de Callot acheva bientôt de devenir célèbre dans le monde des connaisseurs, comme dans celui des gens de plaisir. Menant joyeuse vie ou, tout au moins, brillante vie, dans cette même Italie où son compatriote Claude le Lorrain et le noble Poussin allaient, quelques années plus tard, se faire une existence toute de recueillement et d'étude, Callot s'abandonnait librement à sa verve et semblait ne voir dans l'art qu'un moyen d'amusement, dans les personnages qui passaient devant ses yeux qu'un prétexte à caricatures, dans les sujets d'imagination, de sainteté même, que l'occasion d'inventer des figures grotesques. Comme un autre satirique français, Mathurin Regnier, qui l'avait précédé à Rome, il affectionnait les types vulgaires, les guenilles, les difformités et jusqu'aux plaies de la débauche. Aussi les œuvres de ces deux hommes qu'il est permis de rapprocher l'un de l'autre exhalent-elles trop souvent une odeur de mauvais lieu qui les déshonore. Elles étalent avec une franchise qui va jusqu'à l'effronterie le goût des objets dégradés, de la réalité rebutante; toutefois, la vigueur de l'expression n'y dégénère pas toujours en cynisme, la vérité des tableaux n'y est pas toujours éhontée. Regnier et Callot ont tous deux le secret de dire positivement ce qu'il faut pour rendre leurs pensées claires, alors même qu'elles résultent de l'inspiration la plus capricieuse. On doit leur reprocher de s'être trop peu souciés d'en élever le niveau, mais on

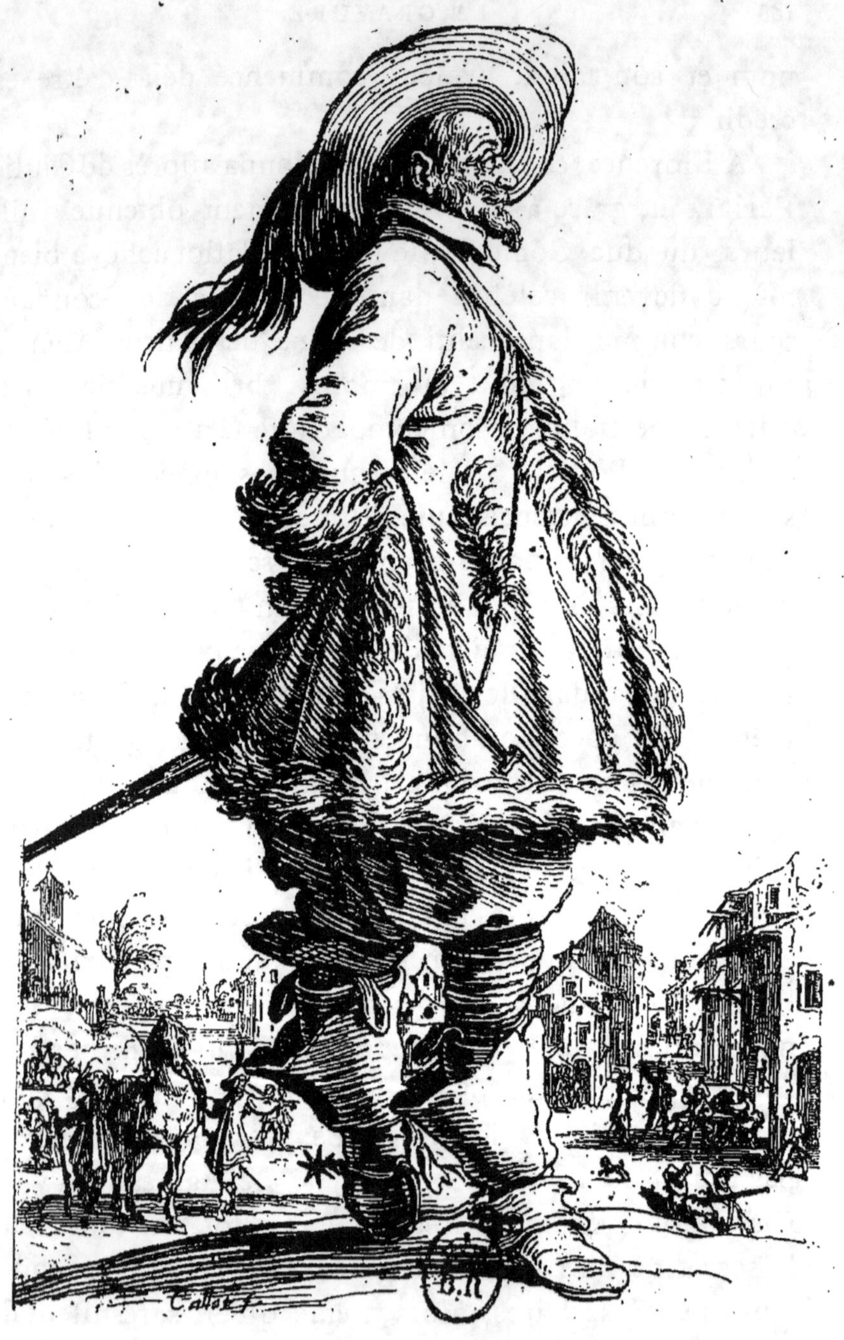

FIG. 76. — J. CALLOT.

Pièce tirée de la suite intitulée *les Gentilshommes*.

ne peut leur refuser le mérite d’avoir peint les laideurs
de toute espèce dans un style ferme, beau de netteté, et
d’avoir donné, chacun dans sa langue, une forme précise et vraiment nationale à cet art de la satire ébauché
tout au plus dans les caricatures et dans les pamphlets du
temps de la Ligue.

La gravure à l’eau-forte, rarement pratiquée en Allemagne depuis la mort d’Albert Dürer, n’avait guère été
plus en faveur auprès des artistes italiens, et quant aux
petits maîtres hollandais dont nous avons parlé dans le
chapitre qui précède, le moment n’était pas venu encore où la plupart d’entre eux devaient produire leurs
agréables ouvrages. Enfin, les eaux-fortes, aujourd’hui
si justement admirées de Claude le Lorrain, sont d’une
époque postérieure à celle où parurent les eaux-fortes
de Callot. Callot fut donc le véritable créateur du genre.
La pointe acquit sous sa main une légèreté et une hardiesse que ne présageaient pas les essais antérieurs, essais
à la fois rudes et lâchés. Elle imita l’allure vive et rapide
du crayon dans l’indication du mouvement des figures,
la rigueur de la plume, sinon celle du burin, dans le
dessin des contours ; en un mot, en donnant à ses planches l’aspect de la correction, sans leur ôter l’apparence
d’improvisation qui convient aux œuvres de cette espèce,
Callot détermina les caractères et les conditions spéciales de la gravure à l’eau-forte. Grâce à lui, l’art français attira pour la première fois l’attention des Italiens :
Stefano della Bella, Cantarini et jusqu’à Canta Gallina,
qui ne dédaigna pas de copier les estampes de son ancien élève, le Génois Benedetto Castiglione, beaucoup
d’autres tentèrent, avec plus ou moins de succès, de

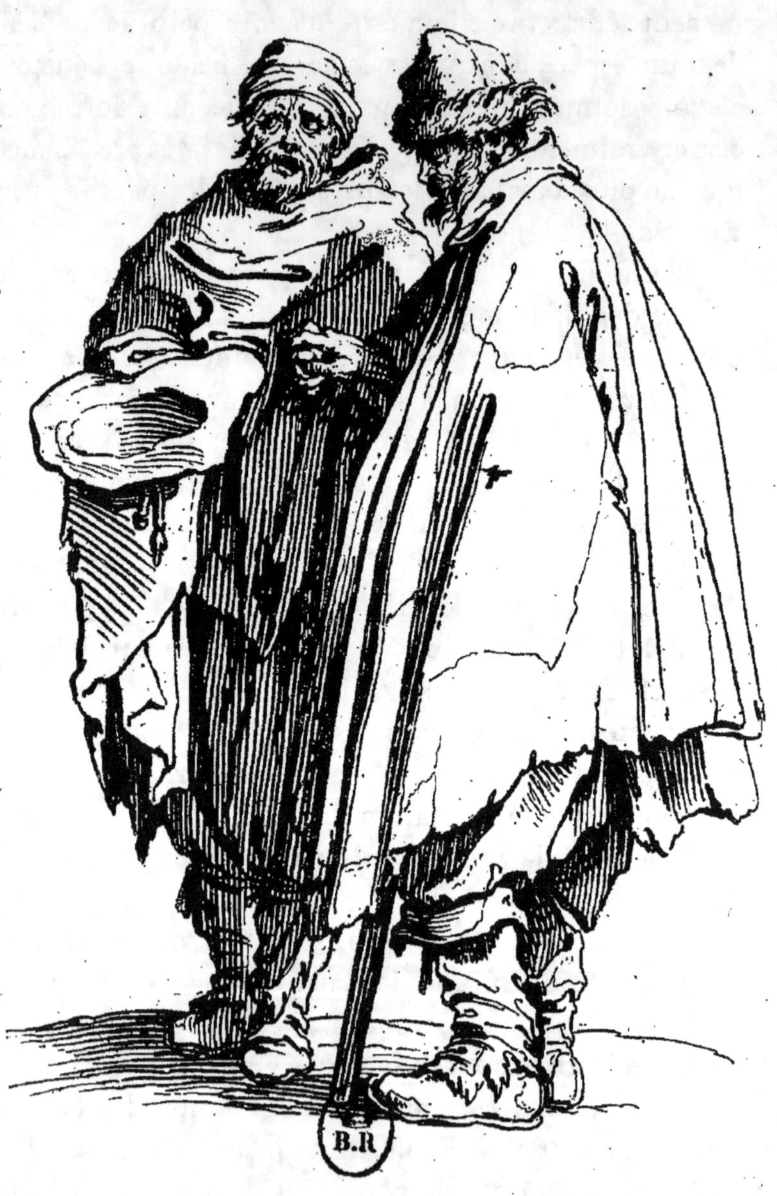

FIG. 77. — J. CALLOT.

Pièce tirée de la suite intitulée *les Gueux*.

s’approprier la manière du graveur de Nancy, et lorsque celui-ci revint se fixer en France où sa réputation l’avait devancé, il y trouva des admirateurs et bientôt des imitateurs plus nombreux encore.

Présenté à Louis XIII, qui, dès cette première entrevue, lui commanda de graver le *Siège de la Rochelle,* il fut accueilli à la cour avec une considération singulière, qu’on lui retira d’ailleurs quelques années plus tard, lorsqu’il eut le courage de résister aux volontés du cardinal. Après la prise de Nancy (1633) sur le duc de Lorraine, souverain de Callot, Richelieu, pour perpétuer le souvenir de cette conquête, avait ordonné au graveur d’en faire le sujet d’un pendant à la planche sur le *Siège de la Rochelle,* qu’il venait de terminer ; mais Callot s’indigna à l’idée de consacrer par ses talents l’humiliation de son prince, et il répondit à l’envoyé de Richelieu « qu’il aimerait mieux se couper le pouce que d’obéir ». La réponse n’était pas de nature à maintenir celui qui l’avait faite dans les bonnes grâces du cardinal ; Callot le sentit, il alla prendre congé du roi, et, peu de temps après, il se retirait dans sa ville natale, où il mourut à l’âge de quarante-trois ans.

La gravure à l’eau-forte, introduite à vrai dire en France par Callot, y était devenue tout à fait de mode. Abraham Bosse et Israël Silvestre achevèrent d’en populariser l’usage, celui-ci en l’appliquant à la topographie et aux vues de monuments, celui-là en la faisant servir à l’*illustration* des livres de piété ou de science, à l’enjolivement des éventails ou des autres objets de luxe mis en vente alors dans cette *Galerie Dauphine du Palays* qu’une de ses estampes nous représente, et dont une

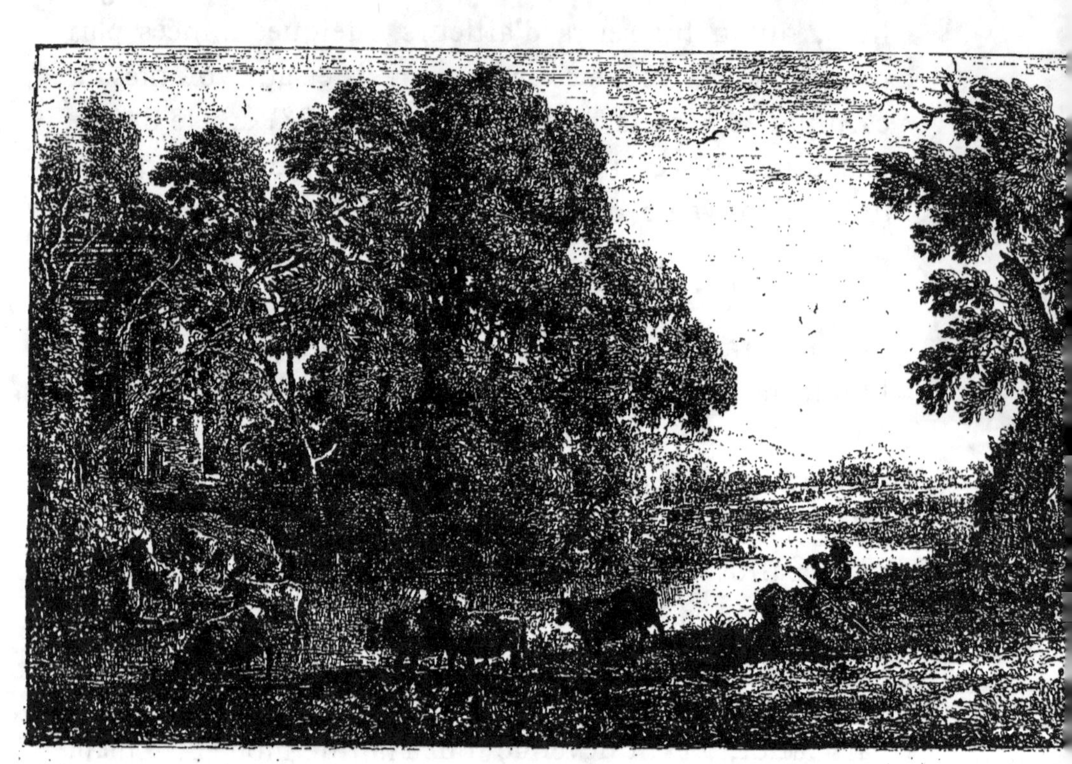

FIG. 78. — CLAUDE LE LORRAIN. — Le Bouvier.

comédie de Corneille porte le nom. Il publia encore un nombre infini de pièces de toute sorte, scènes de mœurs, portraits, costumes, ornements d'architecture, etc., — pièces gravées presque toujours d'après ses propres dessins, quelquefois d'après ceux du peintre normand Saint-Ygny.

Abraham Bosse est sans doute un artiste de second ordre; il s'en faut qu'il soit un artiste sans mérite. Observateur intelligent, sinon très délicat, il sait donner à ses figures et à l'ensemble d'une scène un caractère de vraisemblance qui n'est pas tout à fait la vérité, mais qui est bien près d'en avoir le charme. Il possède l'instinct du dessin juste, à défaut d'un sentiment et d'un goût raffinés; enfin, à ne le prendre que comme graveur, il a beaucoup de la pratique ferme, accentuée, de Callot, avec quelque chose déjà de cette habileté sereine et toute française qui va se développer de plus en plus dans notre école de gravure, pour arriver à la perfection dans la seconde moitié du xvii° siècle.

On doit à Abraham Bosse des améliorations importantes dans la construction des presses, dans la composition des vernis, dans toute la partie matérielle de l'art; on lui doit aussi quelques écrits techniques dont le plus intéressant, le *Traité des manières de graver sur l'airain par le moyen des eaux-fortes* est, sinon le premier, au moins un des premiers livres que l'on ait publiés en France sur la gravure. Ajoutons que les estampes d'Abraham Bosse, comme celles au reste de presque tous les graveurs à l'eau-forte de son époque, dénotent une tendance continuelle à simuler avec la pointe les travaux du burin : tendance digne de remarque, mais

blâmable à certains égards, puisqu'elle aurait pour résultat d'ôter à chaque genre le caractère qui lui est

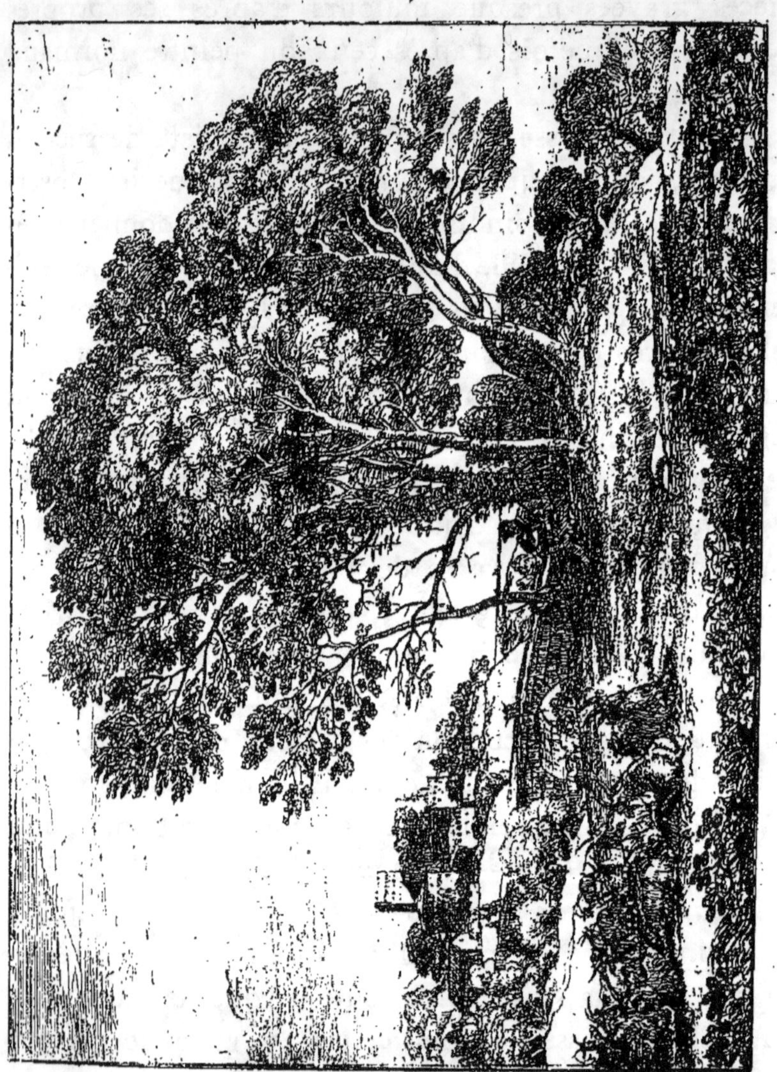

FIG. 79. — CLAUDE LE LORRAIN. — Le Chevrier.

propre, à la gravure à l'eau-forte en particulier son
apparence libre et facile.

Nous touchons au moment où l'école française de gravure entre pour n'en plus sortir dans la voie du progrès, où nos graveurs, après s'être mis d'abord à la suite des graveurs étrangers, marchent déjà à leurs côtés et sont bien près de les laisser à distance. Il est nécessaire, avant de passer outre, de jeter un coup d'œil sur ce qui venait de se passer dans les écoles dont on a vu plus haut les commencements.

Les grands peintres de l'Italie avaient fini avec le xvie siècle. Le Dominiquin, il est vrai, Annibal Carrache et quelques autres honoraient encore le siècle suivant; mais leurs ouvrages, tout empreints qu'ils sont de sentiment ou de savoir, se ressentent au moins autant du fâcheux *éclectisme* de l'époque et de la décadence générale du goût. Après eux, tous les arts s'étaient abaissés. La sculpture et l'architecture se dépravaient de plus en plus sous l'influence de Bernin et de Borromini. On en était venu graduellement, par soif du nouveau, à trouver ingénieuses les fantaisies les plus extravagantes. Pour mieux déconsidérer la ligne droite, les statues et les bas-reliefs s'agitaient comme des corps tourmentés par un coup de vent; attitudes, draperies, et jusqu'aux accessoires le plus nécessairement immobiles, tout était flottant et contourné. Les graveurs se montraient dignes des peintres, des sculpteurs et des architectes. A force de vouloir enchérir sur les doctrines *idéalistes,* on était tombé en démence, et, au milieu de cet avilissement de tous les arts, on ne songeait, en se servant du burin, qu'à se montrer impétueux et inventif; c'est-à-dire que la puissance d'invention se traduisait par le désordre ou l'allongement excessif des tailles, l'impétuosité par l'incorrection du dessin. Les graveurs

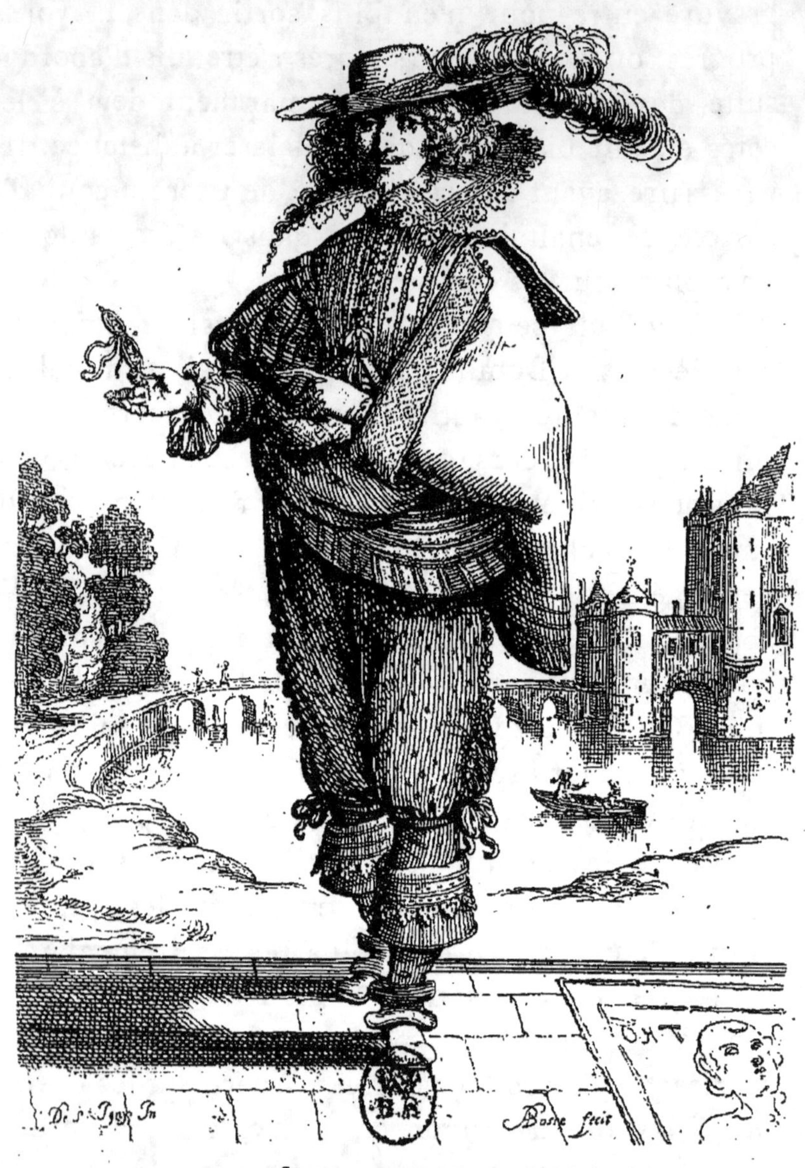

FIG. 80. — ABRAHAM BOSSE.

Pièce tirée de la suite intitulée *le Jardin de la Noblesse française.*

italiens s'éloignant chaque jour un peu plus de la route

qu'avaient tracée les maîtres, arrivèrent, par l'abus du procédé, à l'oubli presque complet des conditions essentielles de leur art, — si bien qu'à de très rares exceptions près, on ne trouve plus jusqu'à la fin du xviiie siècle qu'une stérile adresse de main dans les œuvres de l'école qui, au temps de Marc-Antoine et de ses élèves, avait prévalu sur toutes les autres.

Depuis les « petits maîtres », héritiers d'une partie des talents et de la réputation d'Albert Dürer, l'Allemagne avait vu naître un nombre considérable de graveurs habiles, mais la plupart d'entre eux s'étaient expatriés. Les uns, confondus aujourd'hui avec la seconde génération des disciples de Marc-Antoine, avaient, nous l'avons dit, abandonné le style national pour la manière italienne; les autres étaient venus s'établir en France ou dans les Pays-Bas. La guerre de Trente ans acheva la ruine de l'art allemand, qui bientôt n'eut plus guère de représentants qu'à Francfort, où s'étaient réfugiés, outre quelques graveurs des pays environnants, le Bâlois Mathieu Mérian et ses élèves.

Tandis que la gravure dépérissait en Italie et en Allemagne, l'école anglaise commençait à se former : école peu riche encore, mais dont les origines et les premiers essais ne doivent pas cependant être passés sous silence.

L'Angleterre avait semblé d'abord ne participer au mouvement des beaux-arts en Europe que par le commerce qu'elle faisait de leurs produits ou par l'hospitalité que, depuis Holbein jusqu'à Van Dyck, elle avait successivement donnée à plusieurs artistes célèbres. Il y avait bien à Londres un certain nombre de marchands de tableaux et d'estampes, mais il ne s'y trouvait, sous le règne de Charles Ier, ni peintres ni graveurs de quelque mérite qui ne fussent nés hors de l'Angleterre[1]. Le fameux peintre de portraits, Peter Lely, dont les Anglais se glorifient, était Allemand comme Kneller, qui hérita de sa réputation, comme le graveur Hollar, dont le talent n'avait pu être égalé[2]. Cependant quelques rares élèves de cet habile artiste cherchaient de leur mieux à suivre ses exemples, lorsque le goût de la gravure au burin ou à l'eau-forte que leurs ouvrages développaient à grand'peine, se changea en passion pour un autre procédé auquel l'école anglaise a dû depuis ses principaux succès.

Le prince palatin Robert, que son courage et les aventures romanesques de sa vie ont rendu si célèbre, eut la bonne fortune d'importer à Londres ce mode de gravure, dit « gravure en manière noire »; mais l'honneur de l'invention, quoi qu'on ait prétendu, ne lui appartient pas. Ludwig von Siegen, lieutenant-colonel au

---

1. Le premier graveur au burin qui mérite d'être mentionné dans l'histoire de l'art anglais, William Faithorne, ne commença à se faire connaître qu'à une époque postérieure au règne de Charles Ier. Après la chute de ce prince dont il avait embrassé la cause, Faithorne se rendit en France, où il se perfectionna sous la direction de Nanteuil, et ne revint se fixer en Angleterre que vers la fin de l'année 1650.

2. Hollar n'est pas seulement un des graveurs les plus distingués de l'Allemagne; peu d'artistes, dans les autres pays, ont usé de la pointe avec autant d'intelligence et d'habileté : il n'en est pas un peut-être qui, dans ce genre de travail, ait excellé comme lui à rendre les détails d'ajustement et les objets les plus délicats. Son œuvre se compose de plus de deux mille pièces qui, malgré l'exiguïté des dimensions et, en général, malgré la futilité des sujets, méritent d'être classées parmi les plus remarquables qu'ait produites, au xviie siècle, la gravure à l'eau-forte.

service du landgrave de Hesse-Cassel, avait découvert la gravure en manière noire avant la fin de l'année 1642, puisque, dans le cours de cette année même, il faisait paraître une pièce de ce genre, — le portrait de la *princesse Amélie-Élisabeth de Hesse,* la première estampe en manière noire qui ait été mise sous les yeux du public. Quant au procédé lui-même, von Siegen refusa d'abord de le divulguer, et il écrivait au landgrave de Hesse en lui dédiant le portrait de la princesse, sa femme : « Il n'y a pas un seul graveur, un seul artiste quelconque, qui puisse deviner comment cet ouvrage a été exécuté. »

Personne en effet ne réussit à le deviner, et ce ne fut qu'après un silence de douze années que von Siegen consentit à donner communication de son secret. Le prince Robert, alors à Bruxelles, y fut initié le premier. A son tour, il choisit pour confident le peintre Wallerant Vaillant, qui ne se crut pas apparemment tenu à une discrétion fort grande, car presque aussitôt plusieurs graveurs flamands s'essayèrent dans la gravure en manière noire. Les procédés une fois mis en circulation, on ne s'inquiéta plus de celui qui les avait imaginés. On l'oublia si vite et si bien que, en 1656 déjà, von Siegen était obligé de réclamer le titre que personne ne songeait plus à lui donner, et de signer ses ouvrages : « Von Siegen, premier et véritable inventeur de ce genre de gravure. » Ce fut bien pis à Londres lorsqu'on y eut vu les planches gravées par le prince Robert, et que les artistes anglais eurent appris de lui à l'aide de quels moyens ils pouvaient en produire de semblables. On se mit à l'œuvre, sans rechercher d'autres modèles; on se

préoccupa beaucoup plus des résultats que de l'historique de la découverte, dont on attribua tout l'honneur

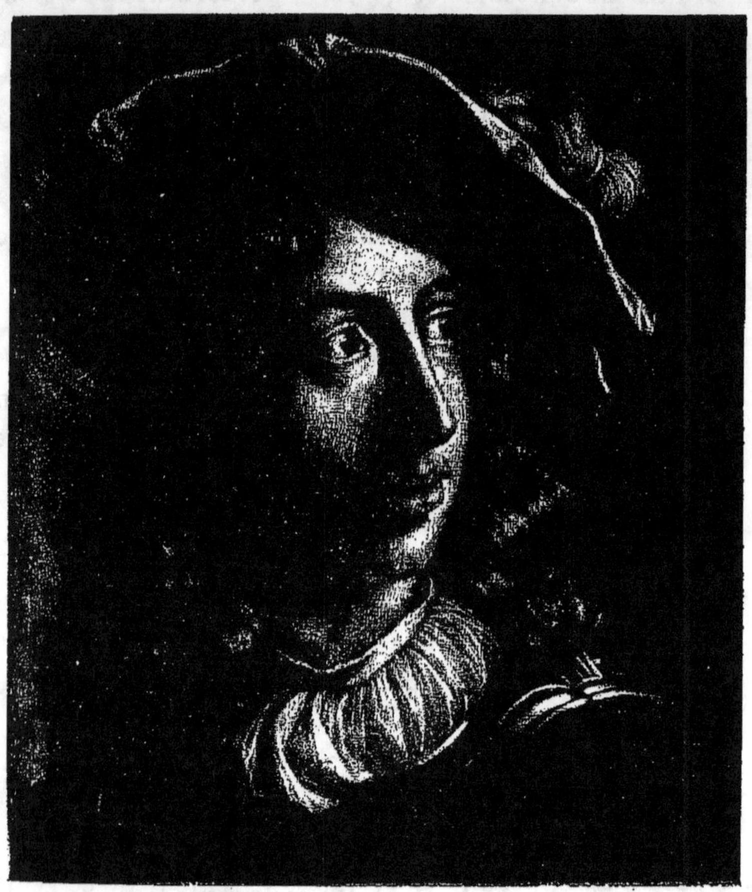

FIG. 81. — LE PRINCE ROBERT.

Tête de jeune homme. (Gravure en manière noire).

au prince Robert, c'est-à-dire à celui qui, en réalité,
l'avait seulement propagée.

Le talent des premiers imitateurs du prince Robert, comme le talent de l'initiateur lui-même, ne s'élève guère au-dessus de la médiocrité. Parmi leurs successeurs directs et les successeurs de ceux-ci, il en est peu dont les ouvrages aient une valeur plus grande; mais au xviiie siècle, à l'époque où Joshua Reynolds entreprendra, comme autrefois Rubens à Anvers, de diriger lui-même les travaux de la gravure, le nombre des habiles graveurs en manière noire deviendra considérable en Angleterre. Earlom, Ardell, Smith, Dickinson, Green, Watson, beaucoup d'autres qui mériteraient aussi d'être cités, étendent alors singulièrement les ressources du procédé, en l'appliquant à la traduction des œuvres du maître. La manière noire, réservée d'abord pour la gravure des portraits, sert à reproduire des modèles de tous genres, — tableaux de fleurs, sujets de genre, d'histoire même, — et, de progrès en progrès, elle finit par acquérir une perfection matérielle dont les Anglais, au commencement de notre siècle, semblaient encore avoir gardé le privilège.

Les moyens employés pour graver en manière noire diffèrent complètement des opérations du burin et de la pointe. Avec ces deux instruments, on indique sur le cuivre, par des tailles ou par des traits, les ombres et les demi-teintes : dans la gravure en manière noire, au contraire, l'outil dont on se sert râcle le métal, afin d'y figurer les lumières, et laisse intactes les parties de la planche correspondant aux ombres à obtenir. Au lieu d'offrir une surface plane et lisse, comme les planches destinées à être gravées en taille-douce, cette planche doit avoir été préalablement grenée par un instrument d'acier nommé *berceau* qui a la forme d'un ciseau, et dont la partie tranchante, taillée en biseau et dentelée, est semi-circulaire, — ou bien (et c'est en général ce qui se pratique aujourd'hui) la *grenure* de la surface sur laquelle le graveur opérera aura été le résultat de l'action exercée par un appareil mécanique combiné à cet effet.

Lorsque le dessin se trouve décalqué, suivant la méthode ordinaire, sur ce champ ainsi préparé, on use plus ou moins avec le grattoir le grain produit par le berceau dans toutes les parties que l'on veut rendre ou tout à fait claires, où très légèrement teintées. Les parties que le grattoir n'a pas aplanies reportent les ombres sur l'épreuve, et ces ombres sont d'autant plus denses, d'autant plus veloutées, qu'elles résultent du grain même, c'est-à-dire d'une préparation d'ensemble propre à se charger d'encre facilement; et qu'elles ne se composent pas seulement, comme dans les gravures au burin, de tailles plus ou moins serrées ou entre-croisées.

Sous ce rapport, la gravure en manière noire présente un avantage sur les autres procédés, mais en dehors de cela elle leur est fort inférieure. Les aspérités qui couvrent une planche préparée au berceau et le simple grattage par lequel on les supprime ou on les modifie sont des obstacles matériels à la fermeté du dessin; ce n'est qu'au burin où à la pointe qu'il appartient de tracer des contours d'une netteté parfaite. La précision et la délicatesse dans le modelé, le fini des détails, ne sauraient être non plus le produit des travaux du grattoir. Enfin si la manière noire convient à la gravure des tableaux où la lumière est rare et concentrée, elle est impuissante à rendre les œuvres d'un aspect calme et d'un effet limpide.

Vers le temps où les graveurs anglais commençaient à prendre rang parmi les artistes, où Callot et, un peu après lui, quelques graveurs français déjà remarquablement habiles réussissaient à fonder l'école qu'allaient bientôt illustrer les maîtres proprement dits, alors que les graveurs italiens ou allemands déméritaient de plus en plus, chez les autres nations qu'y avait-il? En Espagne, une brillante phalange de peintres, dont quelques-uns, comme Ribera, ont laissé des eaux-fortes : peu ou point de graveurs de profession ; en Suisse, après Jost Amman, né à Zurich en 1539 et mort en 1591, un certain nombre de graveurs de vignettes, héritiers de son habileté superficielle et de ses habitudes d'industriel plutôt que d'artiste, — graveurs confondus d'ailleurs, pour la plupart, avec les graveurs allemands de la même époque. Enfin le peu de Suédois ou de Polonais qui avaient étudié l'art, soit dans les Flandres soit en Allemagne, ne réussirent pas à en populariser le goût dans leurs pays, et leurs noms ne pourraient guère figurer que pour mémoire parmi ceux des graveurs que nous avons mentionnés jusqu'ici.

La première des deux grandes phases de l'histoire de la gravure prend fin à peu près au milieu du xviiᵉ siècle. On a vu l'influence de Marc-Antoine, combattue d'abord par l'influence d'Albert Dürer, triompher sans peine de celle-ci, et régner seule en Italie, en Allemagne, en France même, jusqu'à l'apparition des œuvres de Callot et de ses contemporains, tandis que dans les Pays-Bas l'art conserve une physionomie à part, se développe lentement et finit par subir, sous l'autorité de Rubens, une transformation complète, mais de peu de durée. L'école flamande va bientôt s'absorber dans la nôtre, et c'est alors qu'une seconde phase, qu'on pourrait appeler *l'époque française,* s'ouvrira pour la gravure.

S'il était permis, en s'autorisant d'exemples donnés ailleurs, de rapprocher les uns des autres tant d'hommes séparés par la diversité de leurs talents et par la distance des âges, on pourrait distribuer les graveurs anciens dans un ordre analogue à celui qu'ont adopté, pour une série d'artistes beaucoup plus grands, le peintre de l'*Apothéose d'Homère* et le peintre de l'*Hémicycle du palais des beaux-arts.* On essayerait de se les représenter à part soi comme un maître réussirait à nous les montrer. Au centre, Finiguerra, le premier de la race ; auprès de lui, d'un côté, le maître de 1466, Martin Schongauer, Albert Dürer ; de l'autre, Mantegna et Marc-Antoine, entourés, comme les trois maîtres allemands, de la foule de leurs disciples et gardant, au milieu de ceux-ci, leur attitude de chefs. Entre les deux groupes, mais un peu plus rapproché des Allemands que des Italiens, Lucas de Leyde occuperait parmi les graveurs hollandais la première place qui lui revient de droit, et dont lui seul ne se jugeait pas digne. Au-dessous de ces maîtres primitifs que nous nous figurons portant sur leurs fronts l'expression de sévérité qui caractérise leurs œuvres, se presseraient, non sans quelque turbulence, ces hardis novateurs dont le mérite consiste surtout dans la verve de l'exécution : Bolswert, Vorsterman, Pontius, Corneille Visscher, Van Dalen et leurs rivaux. Rembrandt méditerait à l'écart, sombre, et comme enveloppé de mystère. Enfin, on entreverrait au second plan les graveurs seulement spirituels : les *petits maîtres* hollandais et Callot, Hollar et Israël Silvestre.

Si, au contraire, pour résumer les progrès réalisés jusqu'au moment où nous sommes parvenus, il faut s'interdire le domaine des abstractions et demeurer dans les termes du fait, on pourrait aisément indiquer la marche de l'art en ne prenant pour spécimens que quelques estampes d'une beauté achevée. On conseillerait alors de choisir, parmi les productions de la gravure ancienne : *la Mise au tombeau,* de Mantegna, et *le Massacre des Innocents,* de Marc-Antoine, — *la Mort de la Vierge,* de Martin Schongauer, et *la Mélancolie* d'Albert Dürer, — *le Calvaire,* de Lucas de Leyde, et *Jésus guérissant les malades,* de Rembrandt, — *le Couronnement d'épines,* de Bolswert, et *le Portrait de Rubens,* par Pontius, ou celui de *Gellius de Bouma,* par Corneille Visscher, — enfin *la Foire de Florence,* ou *le Parterre de Nancy,* de Callot, et *le Bouvier,* ou, mieux encore, *le Soleil levant,* de Claude le Lorrain. Heureux celui qui posséderait ce petit nombre de chefs-d'œuvre, et qui, plus sagement inspiré que la plupart des amateurs, préfèrerait quelques morceaux exquis à une collection volumineuse !

CHAPITRE VII

Nous avons suivi la marche et les progrès successifs
de l'art de la gravure, depuis le moment où il commence
à se révéler dans des essais plus ou moins heureux, jusqu'à celui où des progrès importants ont été partout
accomplis. Quelque brillante que soit cette première
phase, elle ne comprend cependant, à vrai dire, que les
origines de l'art : l'époque que nous allons parcourir
est celle de ses perfectionnements décisifs et de son entier épanouissement.

On a vu que les écoles d'Italie et des Pays-Bas
avaient, chacune dans un sens différent, puissamment
étendu les ressources de la gravure ; mais ni l'une ni
l'autre ne les avait épuisées. Les qualités de dessin sem-
bleraient portées à une perfection inimitable dans les
œuvres de Marc-Antoine, si l'on ne trouvait dans celles
des maîtres français du xviie siècle les exemples d'une
intelligence plus pénétrante de la forme et d'une correction plus irréprochable encore. Les estampes produites
sous l'influence directe de Rubens ne furent les meilleurs

modèles de la science du coloris et de l'effet que jusqu'au jour où parurent les planches gravées à Paris par Gérard Audran. Enfin, si les graveurs anciens s'étaient appliqués à mettre en relief un certain genre de beauté conforme au goût et aux aptitudes particulières de l'école à laquelle chacun d'eux appartenait, aucun n'avait cherché, ou du moins n'avait réussi, à présenter dans leur ensemble tous les genres de beautés propres à l'art. Il était réservé aux graveurs français du siècle de Louis XIV de réunir, par un effort suprême, des conditions qui jusque-là semblaient s'exclure. En se montrant dessinateurs aussi savants, coloristes aussi habiles que leurs prédécesseurs, quels qu'ils fussent, ils l'emportèrent sur eux par l'harmonie de toutes les qualités, par la souplesse de leurs doctrines et de leur manière.

Les graveurs du règne de Louis XIII avaient annoncé dans leurs ouvrages ce mérite nouveau et préparé la venue des maîtres par excellence. A partir du moment où notre école de peinture commence à s'affranchir de l'imitation systématique, pour faire, dans une certaine mesure, acte d'indépendance, l'art du burin s'avance résolument dans la voie qui lui est ouverte et se signale par des progrès de plus en plus significatifs. Sans parler de Thomas de Leu, qui d'ailleurs, n'était peut-être pas né en France [1], ni même de Léonard Gaultier, parce qu'ils ont l'un et l'autre travaillé surtout sous le règne de Henri IV, Jean Morin, dont la manière, à la fois si pit-

1. Ses premières planches sont signées tantôt *de Leeuw* tantôt *Tomaes de Leu,* ce qui a fait supposer à plusieurs écrivains, à M. Robert-Dumesnil entre autres, que Thomas de Leu était venu de quelque ville des Flandres s'établir à Paris.

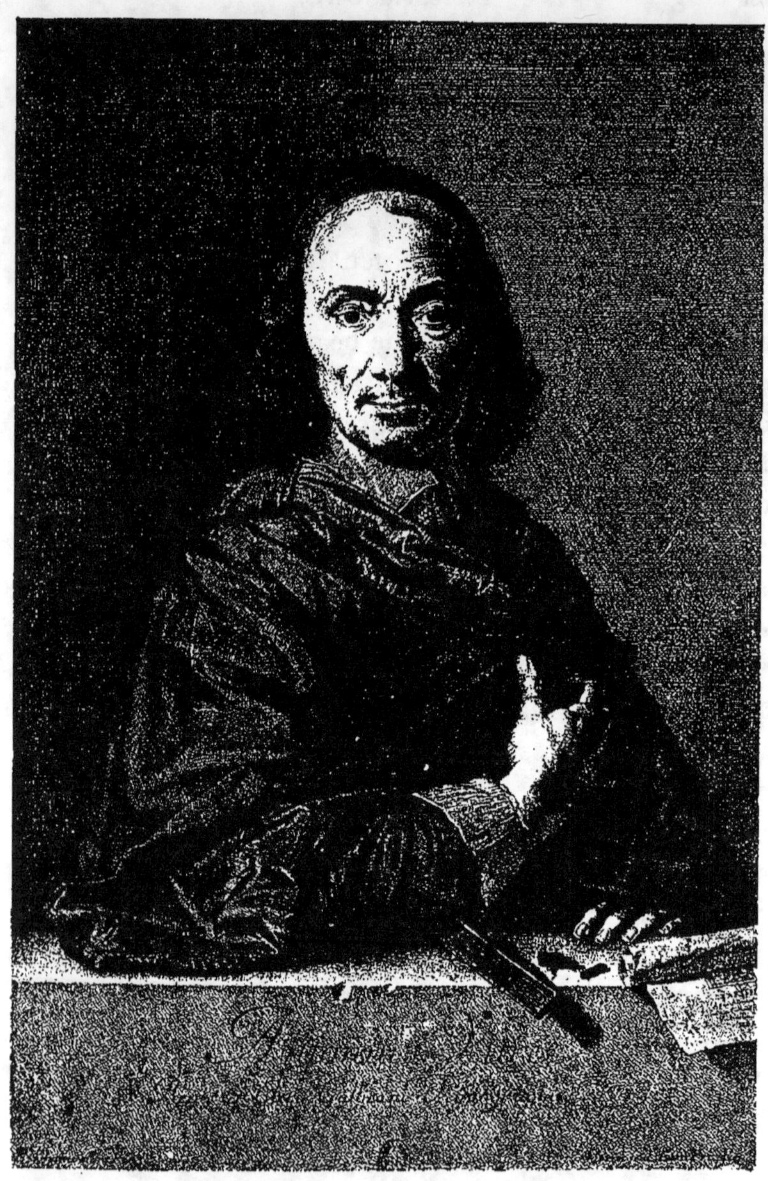

FIG. 82. — JEAN MORIN.

Antoine Vitré, d'après Philippe de Champaigne.

toresque et si ferme, procède d'un mélange particulier
de travaux à l'eau-forte, à la pointe sèche et au burin ;
Michel Lasne, Claude Mellan, — quelles que soient la
facilité un peu prétentieuse et l'adresse trop souvent
affectée de sa pratique, — d'autres graveurs au burin
diversement habiles n'empruntent plus rien des exemples étrangers. Leurs travaux font déjà mieux que pré-
sager l'essor de l'art français ; mais bientôt les graveurs
remarquables ne se comptent plus dans notre école, et
nous ne citerons ici que ceux dont les noms ont gardé
une importance exceptionnelle dans ce riche ensemble
de talents.

L'un des plus éminents en mérite et aussi l'un des premiers suivant l'ordre chronologique, Robert Nanteuil,
que ses parents destinaient au barreau, n'annonçait pas
dans les inclinations de sa jeunesse cette vocation irré-
sistible pour les arts, indice ordinaire des grands talents.
Tout en étudiant les lettres et les sciences à Reims, où
il était né en 1626, il s'occupait bien de dessin et de
gravure, mais sans volonté de s'y appliquer avec suite.
Il paraît cependant qu'après avoir traité si légèrement,
et à ses moments perdus, l'art qui devait un jour le
rendre célèbre, il jugea de bonne heure en avoir fait un
apprentissage suffisant, puisqu'il entreprit, à dix-neuf
ans, de graver le frontispice de sa thèse de philosophie.

C'était alors l'usage d'orner ces sortes de pièces de
figures et d'attributs relatifs soit à la qualité du candidat,
soit à la matière sur laquelle il s'agissait pour lui d'argu-
menter. Les peintres les plus distingués ne dédaignaient
pas d'en dessiner les modèles, et les frontispices gravés
d'après Philippe de Champaigne, Lesueur et Lebrun,

ne sont indignes ni du talent ordinaire ni de la renommée de ces artistes. Nanteuil voulut à leur exemple produire une œuvre magistrale, et prétendit assez ambi-
tieusement lui donner une apparence de pompe aussi
peu conforme à la condition du récipiendaire qu'à sa
médiocre expérience de l'art. Quoi qu'il en soit, la
thèse fut soutenue par lui à la satisfaction des juges, et
la très mauvaise gravure qui en accompagnait le texte
admirée dans le monde qu'il fréquentait [1]. Quelques
pièces de vers qu'il adressa à des dames [2] accrurent
encore sa réputation, et lui valurent auprès de ses con-
citoyens celle d'un homme universel. Malheureusement,
à tous ces succès publics d'autres s'étaient ajoutés d'un
caractère plus intime qui ne tardèrent pas à s'ébruiter,
et de nouvelles aventures ayant, à ce qu'il paraît, amené
un fâcheux éclat, Nanteuil, qui peu auparavant avait
épousé la sœur du graveur Regnesson, se vit obligé de
quitter presque furtivement la ville où il ne comptait
naguère que des admirateurs et des amis. Par une coïncidence fatale, la famille du fugitif se trouva ruinée à
la même époque : il fallut que celui-ci songeât à vivre

1. Cette gravure, représentant une *Sainte Famille*, porte ces
mots inscrits sur une pierre, à droite : *R. Nanteuil Philosophiæ
auditor sculpebat Rhemis An° dni 1645.*

2. Nanteuil ne s'en tint pas aux essais poétiques de sa jeunesse. On a de lui une sorte de placet en vers qu'il présenta un
jour à Louis XIV pour s'excuser de n'avoir pas achevé, au jour
dit, la gravure d'un portrait commandé par le roi. Ces vers que
cite l'abbé Lambert dans son *Histoire littéraire du règne de
Louis XIV*, et quelques autres composés par Nanteuil à la
louange de Mlle de Scudéry, ne sont pas de nature à faire regretter
que le célèbre graveur n'ait pas plus souvent quitté le burin pour
la plume.

de son propre travail et à chercher une source de fortune dans la pratique professionnelle des arts du dessin.

Renonçant à l'étude du droit, il se met en route pour
Paris, où il arrive pauvre, inconnu, mais déterminé à
réussir. Comment, toutefois, sans aucune recommandation préalable, se créer des protecteurs dans cette
grande ville? Comment y former des liaisons utiles? Au
bout de quelques jours perdus à la recherche d'une
chance favorable, Nanteuil, dit-on, s'avisa d'une ruse
singulière. Il avait apporté de Reims, comme échan-
tillon de son savoir-faire, quelques portraits au crayon;
il en choisit un, attend à la porte de la Sorbonne l'heure
où les jeunes étudiants en théologie sortent du cours,
entre à leur suite chez un traiteur du voisinage où ils
avaient coutume de prendre leur repas, et feint de chercher parmi eux celui dont il avait, disait-il, fait le portrait la semaine précédente. Il ne connaissait ni son
nom ni sa demeure, et il pensait que ses condisciples
voudraient bien lui donner quelque indication à ce sujet,
lorsqu'ils auraient jeté les yeux sur le dessin. Il serait
superflu d'ajouter que le prétendu original ne put être
reconnu, mais le portrait passa de main en main et parut
agréable; on en demanda le prix à l'auteur qui n'eut
garde de se montrer exigeant, et quelques-uns de ces
jeunes gens, séduits par la modicité de la somme, offrirent
à Nanteuil de poser devant lui. Les premiers dessins achevés, avec l'approbation des modèles, d'autres étudiants
à leur tour voulurent avoir leurs portraits et les montrèrent à leurs familles et à leurs amis. Cela valut au
jeune artiste des travaux plus fructueux. De proche en
proche, ses relations s'étendirent; il en vint bientôt à

être chargé de reproduire sur le cuivre les dessins qui
lui avaient été commandés par des membres du parle-
ment et des personnages de la cour ; enfin, le roi, dont
ensuite il grava le portrait jusqu'à onze fois dans des
formats différents, lui accorda dès lors plusieurs séances,
au bout desquelles Nanteuil reçut le brevet d'une pension et le titre de dessinateur du cabinet[1].

Louis XIV ne se contenta pas de récompenser un
talent déjà hors ligne ; il voulut aussi par des mesures
générales stimuler le développement de l'art lui-même
qu'il déclara « libéral »[2]. Il permit aux graveurs de
l'exercer sans être soumis « à des maîtrises, ni assujettis
à d'autres lois qu'à celles de leur génie », et, sept années
plus tard (1667), l'établissement royal des Gobelins devint une véritable académie de gravure. Tandis que
Lebrun, qui en eut le premier la direction générale, y
réunissait des peintres, des dessinateurs, des sculpteurs
même, et y faisait exécuter d'après ses cartons les tapis-
series des *Éléments* et des *Saisons*, Sébastien Leclerc
présidait aux travaux entrepris, aux frais du roi, par de
nombreux graveurs français ou étrangers.

1. La plupart des dessins de Nanteuil sont exécutés aux trois
crayons, renforcés dans certaines parties de légères teintes de
pastel. La couleur en est sobre et fine ; elle offre beaucoup d'a-
nalogie avec celle des charmants *crayons* français du xvie siècle.
Nanteuil a sans doute dessiné beaucoup de portraits qu'il n'a pas
gravés ensuite, mais il en a gravé bien peu qu'il n'ait préalablement dessinés. Il est à remarquer aussi que dans son œuvre,
composé de plus de deux cent trente pièces, on ne trouve que
dix-huit sujets ou vignettes et, — particularité singulière, — que
huit portraits où les mains ne soient pas cachées. Encore six de
ceux-ci ne laissent-ils voir qu'une seule main.

2. *Édit de Saint-Jean-de-Luz*. 1660.

Edelinck, l'un de ceux-ci, avait été appelé en France par Colbert. Né à Anvers en 1640, contemporain des élèves formés par les graveurs disciples de Rubens, il se distinguait comme eux par la vigueur du faire et par la science de l'effet. Une fois à Paris, il avait ajouté à ces qualités flamandes les qualités propres à notre école, et il s'était bientôt placé au premier rang des graveurs de l'époque. Doué d'une souplesse d'intelligence et d'une pénétration singulières, il savait s'assimiler, pour l'améliorer quelquefois, la manière des peintres dont il reproduisait les tableaux, et changer de sentiment, pour ainsi dire, aussi souvent que de modèle. Après avoir débuté ici par sa *Sainte Famille* dite *la Vierge de François Ier*, d'après Raphaël, planche d'un aspect sévère et d'un dessin tout italien, il grave successivement, d'après Lebrun, *la Madeleine, le Christ aux anges, la Famille de Darius*, traductions admirables où les défauts des originaux sont atténués et les mérites accrus par des moyens qui n'en laissent pas moins ressortir le caractère particulier et essentiel. Edelinck, en interprétant les œuvres de Lebrun, n'en change ni la signification ni le style; il leur donne seulement plus de vraisemblance et de naturel, comme lorsqu'il grave d'après Rigaud, dont la pompe et *le flamboyant* deviennent sous son burin de la richesse et de la verve. S'agit-il, au contraire, de rendre une peinture où l'habileté se montre calme et mesurée? Ce talent si hardi, si brillant tout à l'heure, s'empreint de sérénité, et produit, avec une merveilleuse tempérance dans l'exécution, le portrait de *Philippe de Champaigne,* objet, dit-on, de la prédilection du graveur, et l'un des chefs-d'œuvre de la gravure.

A l'époque où Edelinck arriva à Paris, Nanteuil, plus âgé que lui de près de quinze années, occupait aux Gobelins un atelier voisin de celui où s'installa le nouveau venu. Il y aurait lieu de s'étonner de cette apparence d'égalité entre les faveurs accordées à deux hommes alors si inégaux en réputation et en titres acquis, si l'on ne se rendait compte du dessein dans lequel ils étaient réunis et de l'esprit même de l'institution.

Dans cet établissement des Gobelins, les choses se passaient à peu près comme au temps de Laurent de Médicis, dans les jardins de Saint-Marc, à Florence. Les artistes en renom se trouvaient mêlés aux débutants ; ils ne travaillaient pas tous ensemble, mais ils travaillaient assez près les uns des autres pour que l'expérience des maîtres profitât incessamment aux artistes moins avancés, et que l'émulation excitée par l'exemple entretînt chez tous la continuité des efforts. L'art français venait d'être honoré par des peintres de premier ordre, — Poussin, Claude le Lorrain, Lesueur ; mais les deux premiers avaient vécu isolés et loin de la France[1] ; le troisième était mort sans laisser d'élèves ni, par conséquent, de tradition. Il semblait urgent dès lors, pour perpétuer la gloire de l'école, de rapprocher des talents achevés les talents plus jeunes et encore incomplets, et de les diriger tous vers un même but dans une certaine communauté de travaux. Colbert en conçut le projet et le réalisa en choisissant parmi les pein-

1. Claude, il est vrai, existait encore en 1667 ; mais après l'époque de sa seconde installation à Rome (1627), il ne revit jamais sa patrie.

tres, les sculpteurs et les graveurs, tout ce qu'il y avait alors d'artistes consommés ou paraissant déjà dignes d'encouragement. Il les rassembla aux Gobelins et leur donna pour chef l'homme qui, par caractère, convenait le mieux à ce rôle d'organisateur et de directeur souverain. « Il y avait entre Louis XIV et Lebrun harmonie préétablie », dit M. Vitet[1], et quand le peintre mourut (1690), « ni son maître ni lui n'avaient encore laissé entamer leurs frontières ». Lebrun eût donc pu s'approprier le mot fameux du roi en l'appliquant à son propre absolutisme, et dire qu'à lui seul il représentait l'art national. Tout ce qui, de près ou de loin, se rattachait aux arts du dessin, depuis les statues et les tableaux destinés à décorer les monuments jusqu'aux meubles et aux objets d'orfèvrerie, tout fut soumis à son autorité et subit son influence : influence regrettable à certains égards, qui donna aux peintures et aux sculptures de l'époque un aspect trop invariablement fastueux, mais qui, du moins, ne put être défavorable à la gravure, puisque le burin transforma souvent en chefs-d'œuvre les peintures contemporaines.

D'ailleurs, au moment où Lebrun fut appelé au gouvernement des arts, le nombre des graveurs expérimentés était déjà considérable dans notre pays. Jean Pesne, le traducteur par excellence des œuvres de Poussin, avait fait paraître plusieurs de ces mâles estampes qui, de nos jours encore, maintiennent si justement en honneur le nom du graveur de *l'Évanouissement d'Esther*, du *Testament d'Eudamidas* et des

---

1. Vitet. *Eustache Lesueur.*

Sept Sacrements. Claudine Bouzonnet, dite Claudia

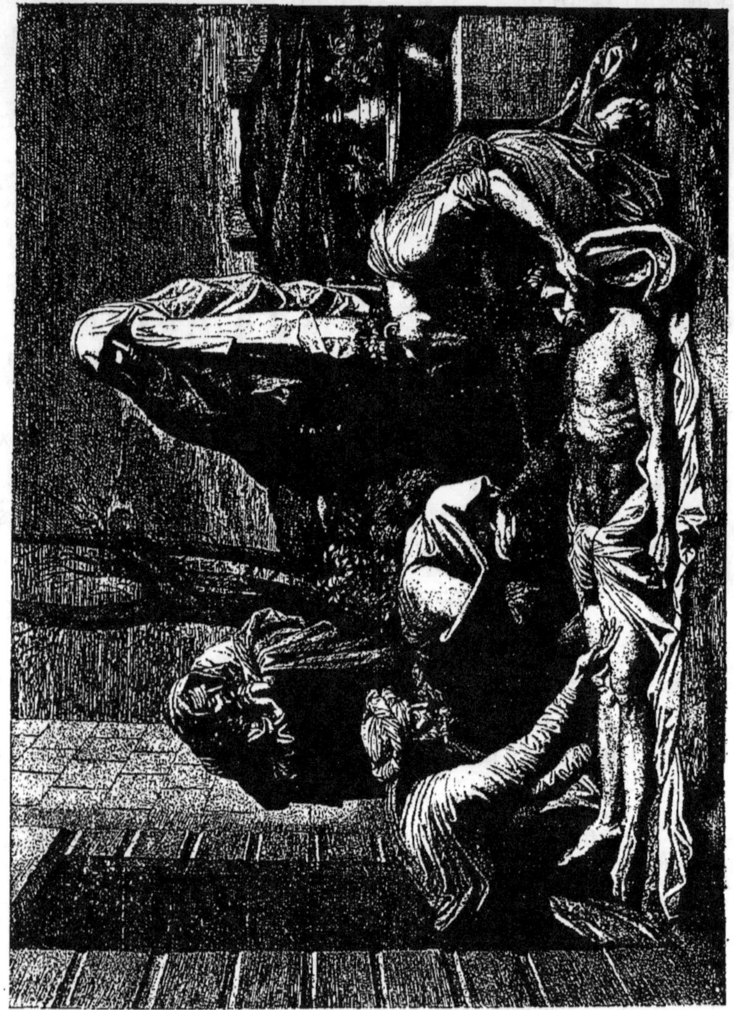

FIG 83. — JEAN PESNE. — L'Ensevelissement de Jésus-Christ, d'après Poussin.

Stella, qui par l'énergie extraordinaire de son talent, s'est mise au premier rang des femmes graveurs, Étienne

Baudet, Gantrel, s'étaient, comme Jean Pesne, presque
exclusivement appliqués à reproduire les compositions
du noble peintre des Andelys. De leur côté, François
de Poilly, Roullet, Masson que son portrait du *comte
d'Harcourt* et *ses Pèlerins d'Emmaüs,* d'après Titien,
ont rendu si célèbre, plusieurs autres dont les noms ne
sont pas moins connus, avaient fait leurs preuves de
talent avant de se consacrer à la reproduction des
tableaux de Lebrun. Enfin, Nanteuil qui n'a gravé
d'après celui-ci que quelques portraits, jouissait déjà
d'une grande réputation lorsque Colbert institua aux
Gobelins cette espèce de confrérie d'artistes et voulut
qu'il y entrât l'un des premiers. Edelinck, dès qu'il y
fut admis à son tour, s'empressa de profiter des conseils
du maître qu'il lui était donné d'approcher ; à son exemple et sous ses yeux, il s'essaya bientôt dans la gravure
de portrait.

Qui en effet pouvait mieux que Nanteuil enseigner
l'art spécial où il n'a eu que bien peu de rivaux, où personne ne l'a surpassé ? Aujourd'hui encore, lorsqu'on
regarde ces portraits admirables, on en constate la res-
semblance comme si l'on avait connu les modèles. Le
caractère des traits de chaque personnage y est si nette-
tement défini, la physionomie y paraît rendue avec tant
de justesse qu'on ne saurait douter de la vérité absolue
de l'aspect. Dans les détails, nulle trace de prétentions
pittoresques ; point de recherche excessive du moyen,
point de ruse ni d'affectation d'aucune sorte ; toujours
un faire clair et limpide, une manière mesurée, si mesurée même qu'au premier coup d'œil elle a je ne sais
quel air de froideur où ne se méprennent point les dé-

licats, mais qui peut tromper les esprits pressés, ceux
qu'il faut émouvoir et conquérir tout d'abord. Les portraits de Nanteuil se présentent à l'état de calme extérieur
dans lequel on est accoutumé à voir la nature, et il est
possible qu'ils semblent presque dépourvus d'art parce
qu'ils n'étalent pas d'artifice; mais qu'on les examine
avec quelque attention, on y découvrira l'habileté véritable et la plus rare : celle qui se cache sous les dehors
de la simplicité.

Si le *Turenne,* le *président de Bellièvre (Pomponne),*
si les portraits de *Van Steenberghen* (dit *l'Avocat de
Hollande*), de *Pierre de Maridat,* de *Lamothe Le Vayer,*
de *Loret,* etc., sont des chefs-d'œuvre de finesse dans
le dessin et dans l'expression, — au point de vue de l'exécution matérielle, ils attestent encore le goût exquis et
la merveilleuse dextérité du graveur ; mais il faut les
étudier de près pour discerner la diversité des travaux
et pour s'apercevoir que cette manœuvre est aussi sûre
que facile, aussi savante que modeste.

Le plus ordinairement, Nanteuil fait usage, dans les
demi-teintes, de points espacés selon le degré de colo-
ration nécessaire et accompagnés de tailles très fines et
très courtes. Quelquefois ce procédé lui suffit, non seulement pour modeler les parties les plus voisines de la
lumière, mais pour établir les ombres mêmes, comme
dans le portrait de *Christine de Suède,* gravé entièrement
de la sorte. Celui d'*Édouard Molé,* au contraire, n'est
gravé qu'en tailles pures. Souvent le soyeux des cheveux
est exprimé par des traits souples et continus, dont
quelques-uns, se détachant de la masse principale pour
se jouer sur le fond, rompent la monotonie du travail et

simulent le mouvement par l'indécision des contours. Souvent aussi, des tailles déliées, interrompues, ou dirigées en sens contraire sans pour cela s'entre-croiser, caractérisent en perfection l'espèce de certains corps et imitent le moelleux des fourrures ou le lustre de la moire. Néanmoins il peut se faire que le même mode de pratique produise, sous la main du maître, les résultats les plus opposés ; telle estampe accuse dans le grain des chairs une méthode appliquée ailleurs, et avec un succès égal, à l'exécution des draperies. En un mot, Nanteuil ne réserve pas l'emploi d'un moyen pour des occasions fixes et déterminées à l'avance. Tout en le subordonnant judicieusement à la convenance, il en tire à volonté les ressources dont il a besoin, et, quelle que soit la voie suivie, il semble toujours qu'il ait pris la plus sûre pour arriver précisément au but.

Les enseignements de Nanteuil ne furent pas les seuls auxquels Edelinck crut devoir recourir ; il améliora encore sa manière en étudiant celle de son compatriote Nicolas Pitau, que Colbert avait aussi appelé d'Anvers pour l'établir aux Gobelins, puis en acquérant le secret d'un faire brillant auprès de François de Poilly. Auquel de ces graveurs dut-il le plus ? C'est ce qu'on ne saurait apprécier avec certitude ; l'élève, après s'être enrichi des qualités de chacun de ses maîtres, n'imita pas l'un plus particulièrement que l'autre : il ne fit que s'inspirer des exemples de tous.

Nanteuil et Edelinck, rapprochés d'abord par leurs travaux, se lièrent bientôt d'une étroite amitié, malgré la différence des âges et la différence, plus grande encore, de leurs inclinations. Le graveur français avait fait venir sa femme de Reims à Paris, dès qu'il s'y était vu en veine de succès et de fortune; mais il avait en même temps à peu près repris le train de sa jeunesse. Fort recherché dans le monde où il brillait, en commerce ordinaire avec les beaux esprits du cercle de Mlle de Scudéry aussi bien qu'avec des gens amis de distractions moins strictement intellectuelles, Nanteuil, par un étrange contraste avec les apparences recueillies de son talent, menait dans les salons ou dans les cabarets à la mode une vie de dissipation qui rend d'autant plus surprenant le nombre des œuvres qu'il a produites. L'altération même de sa santé ne modifia pas ses habi-tudes. Il continua jusqu'à la fin de partager son exis-tence entre le travail et les plaisirs du monde, et lors-qu'il mourut en 1678, à l'âge de cinquante-deux ans, Nanteuil ne laissa rien ou à peu près rien à sa femme, malgré les sommes considérables qu'il avait gagnées depuis son arrivée à Paris.

La destinée d'Edelinck fut bien différente. Il vécut dans la retraite, tout entier aux travaux de son art, sans autre ambition que celle de devenir marguillier de sa paroisse : dignité qui lui avait été refusée, dit-on, sous prétexte qu'elle était réservée aux marchands et aux procureurs, et dont il ne fut à la fin revêtu que parce que, sur sa plainte, le roi ne dédaigna pas d'intervenir. Cette faveur, la seule peut-être qu'Edelinck ait personnelle-ment sollicitée, n'était pas au reste la première qu'il dût à la protection de Louis XIV. Avant d'être marguillier, il portait le titre de « premier dessinateur du cabinet »; comme Lebrun, comme Mansart, comme Le Nôtre, il était chevalier de l'ordre de Saint-Michel, et l'Académie de peinture l'avait admis au nombre de ses conseillers. Sa vieillesse fut calme, laborieuse, semblable au reste de sa vie, et, lorsqu'il mourut en 1707, ses deux frères, son fils Nicolas qui, tous trois, avaient été ses élèves, héritèrent d'une fortune aussi sagement ménagée qu'elle avait été honorablement acquise.

Edelinck survécut aux principaux graveurs du règne de Louis XIV. François de Poilly, Roullet, Masson, Jean Pesne, avaient, de plus ou moins près, suivi Nanteuil dans la tombe. Déjà, cet établissement des Gobelins, naguère si riche en talents de premier ordre, avait vu les élèves succéder aux maîtres, les artistes seulement habiles aux artistes hautement inspirés. Van Schuppen y avait remplacé Nanteuil, comme Mignard y avait pris la place de Lebrun, par nécessité plutôt que par droit d'héritage. Enfin, le plus éminent des graveurs de l'époque, Gérard Audran, dont nous n'avons pas parlé encore de peur d'introduire quelque confusion dans l'exposé des faits, Gérard Audran était mort en 1703, et si plusieurs membres de sa famille portaient avec honneur le nom qu'il avait illustré, aucun d'eux cependant ne pouvait en soutenir toute la gloire.

On n'oserait dire que Gérard Audran fut un graveur de génie, parce qu'il ne semble pas permis d'appliquer ce mot à un homme dont le rôle était de traduire les inventions d'autrui et de se conformer à des modèles qu'il n'avait pas lui-même tracés ; pourtant comment qualifier ce talent plein de sève, cette puissance de sentiment éclatante, cette méthode d'exécution si ample, si imprévue, si originale ? Lorsqu'on regarde les estampes du maître, n'y reconnaît-on que des témoignages tout extérieurs d'habileté ? N'y sent-on pas aussi un mérite

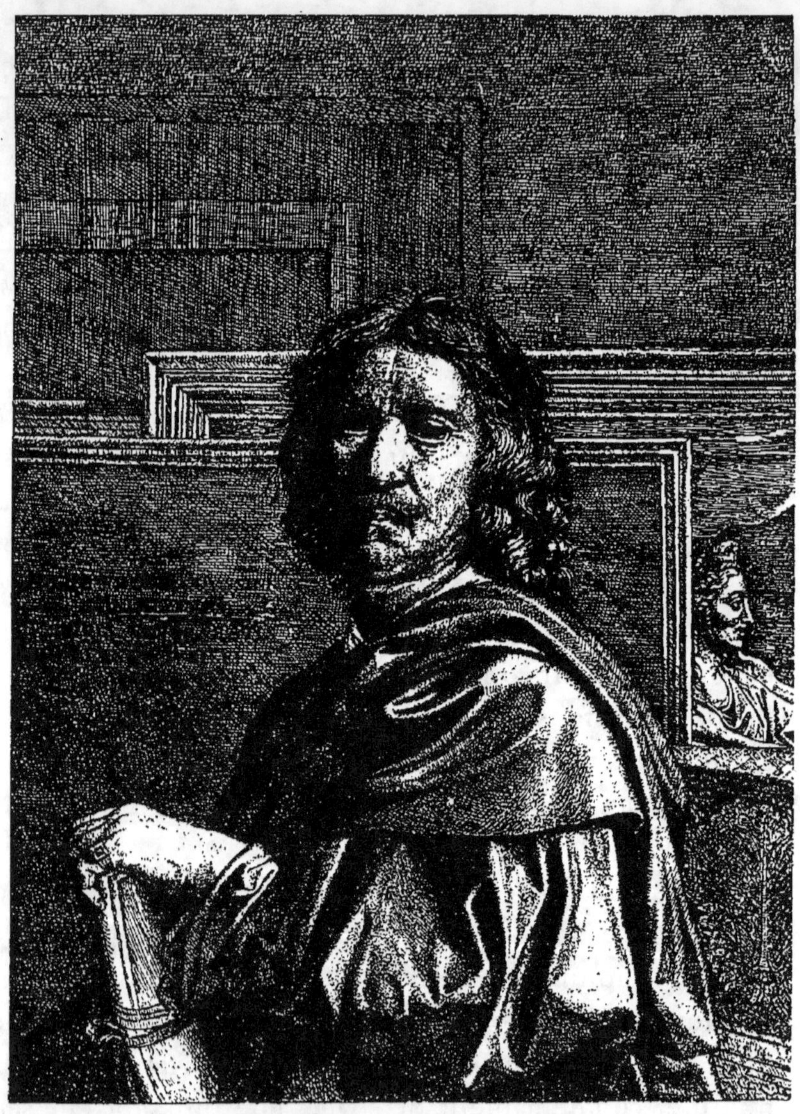

FIG. 84. — JEAN PESNE.

Portrait de Nicolas Poussin,

plus secret, quelque chose de personnel et d'animé qui

les élève au rang des œuvres de l'imagination ? Il ne leur manque peut-être — à celles du moins qui reproduisent les tableaux de Lebrun ou de Mignard, — que d'avoir été faites d'après des modèles d'une beauté plus pure. Encore ceux-si s'ennoblissent-ils tellement dans ces traductions créatrices qu'ils semblent eux-mêmes dignes d'une admiration sans réserve, et que l'on conçoit la méprise des Italiens, croyant, à la vue des *Batailles d'Alexandre* gravées d'après Lebrun, que la France avait aussi son Raphaël, tandis que, à la différence près des manières, elle ne pouvait se glorifier que d'un autre Marc-Antoine.

Gérard Audran, né à Lyon en 1640, y avait reçu de son père les premiers enseignements de l'art. Il vint ensuite à Paris se placer sous la direction des maîtres les plus renommés de l'époque, et se trouva, par leur entremise, en relation avec Lebrun qui lui donna d'abord à graver une composition de Raphaël. En entreprenant ce travail, Audran n'avait pas devant les yeux le tableau même, comme Edelinck lorsqu'il grava la *Vierge de François I*er. Le modèle n'était qu'une copie dessinée que Lebrun avait rapportée de son voyage en Italie ; de là sans doute le caractère moderne et le style français dont la gravure garda, à ce qu'il paraît, l'empreinte. Mécontent de son ouvrage, le jeune artiste ne le publia point ; il résolut d'aller étudier les maîtres italiens sur place, de se perfectionner directement à leur école, et de ne graver dorénavant d'autres peintures que celles dont il pourrait juger sans le danger d'un intermédiaire. Il partit donc pour Rome et y passa trois ans, durant lesquels il fit au Vatican plusieurs copies peintes, une

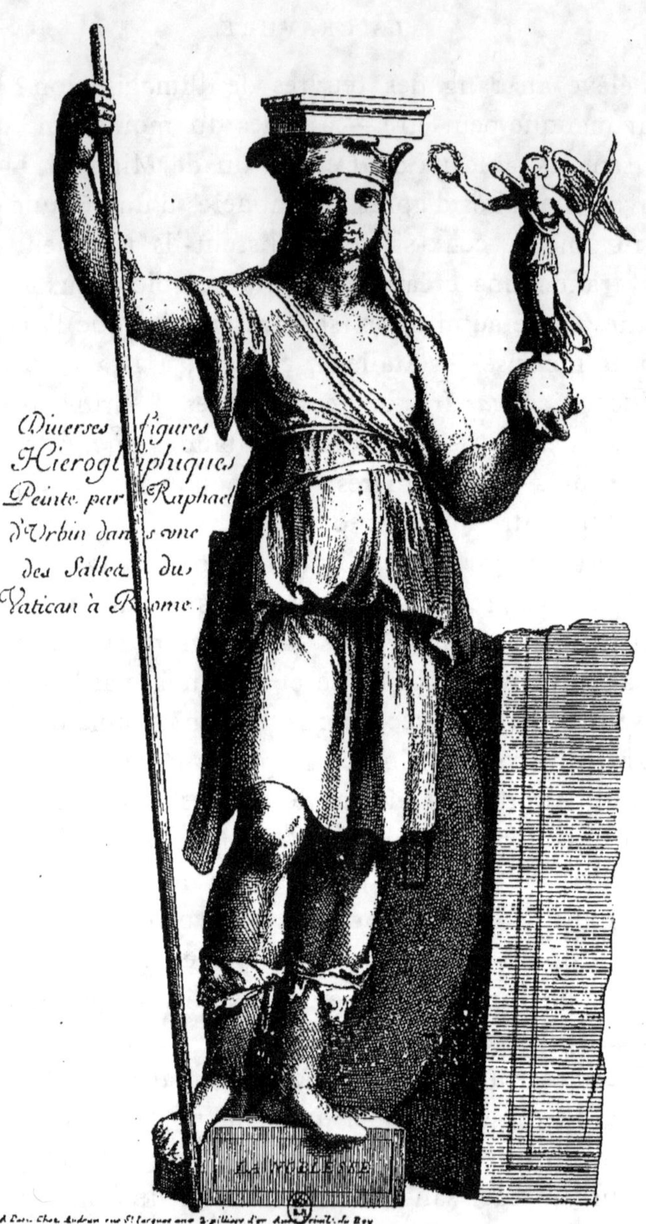

FIG. 85. — GÉRARD AUDRAN.

La Noblesse, d'après Raphaël.

multitude de dessins d'après l'antique, quelques planches d'après Raphaël, le Dominiquin, les Carrache, et la gravure d'un plafond de Pietro da Cortona, estampe qu'il dédia à Colbert.

En rendant cet hommage au ministre qui l'avait protégé dès son arrivée à Paris, et qui lui avait, à la sollicitation de Lebrun, fourni les moyens de séjourner en Italie, il s'acquittait d'un devoir de reconnaissance : de la part de Colbert, ce fut un acte de justice que de rappeler Audran en France et de le charger de graver, pour le grand ouvrage dit le *Cabinet du roi,* la suite, récemment terminée, des *Batailles d'Alexandre.* Une pension et un atelier aux Gobelins, récompense ordinaire des talents qui se manifestaient avec éclat, furent en outre accordés au graveur, alors âgé de vingt-neuf ans. Il ne sera pas superflu d'ajouter que six années (1672-1678) suffirent à Audran pour l'accomplissement de la vaste tâche que Colbert lui avait confiée.

Traité en ami, et presque sur le pied de l'égalité, par Lebrun qui ne se départait en faveur de nul autre de ses habitudes de suprématie officielle, Audran exerça sur le premier peintre du roi une influence considérable, bien que secrète. Lebrun, quoi qu'on en ait dit[1], n'était pas d'humeur à douter ouvertement de son infaillibilité et à afficher sa déférence pour les avis d'un artiste

---

1. On prétend que Lebrun proclama un jour qu'Audran avait « embelli ses tableaux ». Peut-être aura-t-il dit « qu'il ne les avait pas gâtés », et ce mot dans la bouche d'un homme comme lui paraîtrait déjà bien modeste ; mais il est au moins difficile de se représenter Lebrun faisant publiquement acte d'humilité complète.

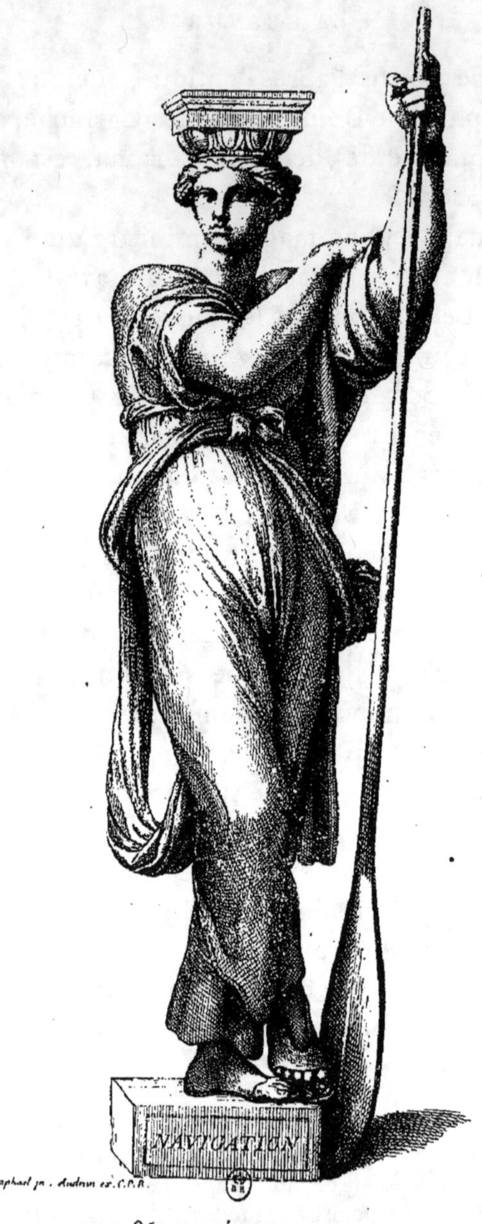

FIG. 86. — GÉRARD AUDRAN.

La Navigation, d'après Raphaël.

beaucoup plus jeune que lui, à peu près son élève, et par conséquent sans autorité hiérarchique ; mais il le consultait souvent et l'écoutait à porte close. En outre, — ce qui était suffisamment significatif — lorsqu'avaient paru les estampes des *Batailles,* estampes infidèles à certains égards puisque les originaux s'y trouvaient assez notablement modifiés, le peintre, en ne se plaignant pas, avait semblé reconnaître à Audran un droit de correction et s'y soumettre implicitement.

Lebrun, en cela, se conduisait en homme habile et qui comprenait bien les intérêts de sa gloire. Il avait tout à gagner en laissant pleine liberté au graveur dont le goût sûr corrigeait les erreurs de son propre goût, et convertissait en coloris harmonieux un coloris assez ordinairement criard ou lourd, en fermeté de dessin et de modelé une expression souvent molle de la forme. Aussi les planches des *Batailles* offrent-elles, outre les grandes qualités de composition propres aux modèles, une résolution dans l'aspect général et dans les détails qu'il appartenait à Audran seul d'y ajouter. Force et transparence des tons, ampleur de l'effet, et, par-dessus tout, sentiment franchement accentué des vérités caractéristiques, il n'est pas une seule des conditions de l'art qu'il remplisse imparfaitement. Marc-Antoine ne dessinait pas avec plus de sûreté ; les Flamands ne possédaient pas une science plus profonde du clair-obscur ; les graveurs français, sans excepter même Edelinck[1], n'ont

---

1. Edelinck, nous l'avons dit, était né à Anvers ; mais, comme il vint fort jeune s'établir en France et qu'il ne retourna jamais dans son pays, il peut être permis de le comprendre parmi les artistes appartenant à notre école, au même titre que son com-

jamais traité la gravure d'histoire avec cette aisance et cette *maestria*. En un mot, aucun des graveurs les plus renommés de l'Europe n'a été, nous le croyons, aussi richement doué de tous les instincts de l'artiste et n'en a mieux su tirer parti.

Les *Batailles d'Alexandre* d'après Lebrun une fois terminées, Audran grava, d'après Lesueur le *Martyre de saint Protais*, plusieurs tableaux de Poussin, le *Pyrrhus sauvé* entre autres, *la Femme adultère* et ce radieux *Triomphe de la vérité*, — une des plus belles planches d'histoire, sinon la plus belle qui ait jamais paru, — puis, d'après Mignard la *Peste d'Égine* et les peintures de la *Coupole du Val-de-Grâce*.

Ces divers ouvrages, où l'élévation du sentiment et du goût ne se manifeste pas avec moins d'éclat que dans les précédents, sont aussi des modèles accomplis de gravure, à prendre ce mot dans le sens le plus littéral. Audran dédaigne de faire montre d'adresse et d'étonner le regard par l'étalage de ses procédés, mais il connaît à fond tous les secrets, toutes les ressources du métier, et il en use avec plus d'habileté que personne. Alliant le travail du burin à celui de l'eau-forte, il raffermit par d'énergiques retouches les traits de la pointe qui ont indiqué les contours, les masses d'ombre ou les demi-teintes. Quelquefois des tailles courtes, libres comme des coups de crayon et, en apparence, dirigées presque au hasard, des points de différentes grosseurs jetés avec un semblant de négligence, lui suffisent pour modeler

patriote Philippe de Champaigne, qu'on y rattache ordinairement.

la forme; quelquefois il procède par tailles rigoureuse-
ment entre-croisées. Ici, des travaux bruts à l'eau-forte
se heurtent dans un désordre turbulent pour ainsi dire;
là, des sillons presque parallèles, creusés dans le cuivre
avec une précision méthodique, produisent un effet tout
contraire; partout le choix et la marche des instruments
sont réglés sur les conditions que comporte la nature
des différents objets et les plans où ils se trouvent. Audran n'attire particulièrement l'attention sur aucun des
moyens employés; il les fait valoir les uns par les autres,
et les entremêle tous sans ostentation de facilité comme
sans confusion.

Tant d'œuvres admirables valurent à Audran une
notoriété qu'Edelinck et Nanteuil lui-même n'avaient
pas obtenue au même degré. L'Académie de peinture,
qui l'avait admis dans son sein dès la publication de ses
premières planches, le nomma conseiller en 1681.
L'école de gravure qu'il avait ouverte devint plus nombreuse qu'aucune autre, et plusieurs de ses élèves se
faisant remarquer même à côté de lui ajoutèrent encore
à la réputation du maître qui les avait formés [1].

Audran, vers la fin de sa vie, quitta le burin pour la
plume. A l'exemple d'Albert Dürer, il se proposait de
réunir sous la forme de traités les observations faites
dans le cours de sa vie sur l'art qu'il avait si bien pra-

---

[1]. Nous nous contenterons de citer parmi les élèves les plus
distingués de Gérard Audran : Gaspard Duchange, Dorigny qui
fut appelé à Londres par la reine Anne, Louis Desplaces, et Nicolas-Henri Tardieu, chef à son tour d'une famille de graveurs
habiles dont le dernier, digne du nom qu'il portait, est mort
en 1844.

tiqué. Malheureusement la mort interrompit ces travaux, et, à l'exception d'un *Recueil des proportions du corps humain*, il ne nous est rien resté des enseignements que voulait léguer à la postérité le plus puissant des graveurs français, et peut-être des graveurs de toutes les écoles.

Nanteuil, Audran et les autres maîtres du règne de Louis XIV avaient, par leurs ouvrages, popularisé en France la gravure de portrait et d'histoire. Le goût des estampes se répandant de plus en plus, quelques curieux commencèrent à former des collections. On s'en tint d'abord aux purs chefs-d'œuvre, puis on voulut posséder l'œuvre entier d'un graveur. La manie des pièces rares devint un travers à la mode, et La Bruyère nous apprend qu'avant la fin du siècle, certains amateurs en étaient venus déjà à rechercher, de préférence aux estampes les plus belles, les estampes qui n'avaient « presque pas été tirées », celles qui semblaient moins propres « à être gardées dans un cabinet qu'à tapisser, un jour de fête, le Petit-Pont ou la rue Neuve. » D'autres, préoccupés avant tout du volume de leur collection, amassaient confusément toutes sortes de gravures bonnes ou mauvaises. Il y en avait qui faisaient cas exclusivement de celles dont les dimensions n'excédaient pas une mesure fixe, et l'on a cité quelquefois un étrange ami de l'art, qui ne voulant admettre dans ses portefeuilles que des pièces de forme ronde et d'une certaine circonférence, taillait impitoyablement sur ce patron tout ce qui tombait sous sa main. Ajoutons qu'à côté de pareils maniaques, quelques hommes éclairés, comme l'abbé de Marolles et le marquis de Béringhen, n'augmentaient leurs recueils qu'à bon escient, et se contentaient de réunir aux principaux spécimens de la gravure ancienne ceux qui servaient le mieux à caractériser les progrès de l'art moderne.

Cependant la gravure n'était pas envisagée en France au point de vue seulement des grandes œuvres qu'elle peut produire. Au-dessous des graveurs de premier ordre, se pressait la foule des graveurs secondaires. On publiait, indépendamment des planches d'histoire et de portraits, mille estampes diverses : sujets de mœurs, vues de villes et de monuments, costumes, fêtes et solennités publiques. La gravure des cartes géographiques se perfectionnait sous la direction d'Adrien et de Guillaume Sanson, fils du célèbre « géographe ordinaire » de Louis XIII. Jacques Gomboust, qui portait le titre d' « ingénieur ordinaire du roi pour l'élévation des plans de villes, » avait fait paraître dès 1652 un plan en neuf feuilles de Paris et de ses faubourgs, — plan beaucoup plus exact et plus soigneusement gravé que tous ceux qui avaient été publiés sous les règnes précédents. Les estampes de modes se multipliaient à l'infini, et une publication périodique, *le Mercure galant,* donnait régulièrement des spécimens d'ajustements nouveaux et de tous les objets de parure. Enfin des recueils destinés à perpétuer le souvenir des événements du règne ou des actions personnelles du roi, étaient édités, « sur l'ordre et aux frais de Sa Majesté », avec un luxe justifié d'ailleurs par l'importance des artistes qui y participaient. Il n'est pas jusqu'aux calendriers mis en vente au commencement de chaque année où l'on ne retrouve souvent l'empreinte du talent, et il arrive même qu'au bas de plusieurs de ces pièces on lise les noms de graveurs renommés, tels que Lepautre, François Spierre, Chauveau, Sébastien Leclerc ou de Poilly.

Les calendriers étaient, au temps de Henri IV et de Louis XIII, imprimés sur une seule feuille de papier qu'encadraient parfois quelques figures allégoriques, mais, le plus ordinairement, de simples attributs, disposés suivant l'ordre des saisons. Sous Louis XIV, ils parurent d'abord dans un format plus grand, puis en plusieurs feuilles, et l'on y voyait reproduits les faits les plus mémorables de l'année qui venait de s'écouler, ou bien quelque cérémonie, quelque fête de la cour. Ici, c'est à la *Victoire de Senef* ou à la *Signature du traité de Nimègue* qu'on assiste ; là, le roi est représenté *dansant le menuet de Strasbourg* ou *offrant une collation aux dames*. Sans doute, la plupart de ces estampes, d'un caractère avant tout commercial, ne se recommandent pas par les mérites de l'exécution ; mais les plus médiocres même au point de vue de l'art, sont encore dignes d'intérêt, parce qu'elles offrent sur les hommes et sur les usages du temps des renseignements d'une exactitude incontestable.

Tandis qu'un nombre considérable d'artistes français se consacrait à la gravure des sujets de mœurs, à *l'illustration* des calendriers ou des livres, quelques autres retraçaient sous une forme satirique les faits ou les personnages contemporains. La gravure de caricature, dont les progrès ne datent guère que du milieu du xviie siècle, avait été cependant pratiquée longtemps avant cette époque en France et dans les pays étrangers. Sans parler des *danses macabres*, sortes de satires religieuses ou tout au moins philosophiques, on pourrait citer certaines caricatures publiées en Italie, même avant les Carrache, dans les Pays-Bas au temps de Jérôme Bosch et de Breughel, en Allemagne sous le règne de Maximilien II, enfin en France sous le règne de Charles IX; mais toutes ces caricatures sont ou platement licencieuses comme celles que l'on fit ensuite sur Henri III et ses courtisans, ou lourdement grotesques comme celles qui parurent à l'époque de la Ligue ou vers la fin du règne de Henri IV.

. Au moment où Louis XIII monte sur le trône, l'esprit des caricaturistes n'est pas beaucoup mieux aiguisé, si l'on en juge par les grossiers *lazzi* pittoresques que leur inspirent la disgrâce et la mort du maréchal d'Ancre, et par les estampes espagnoles ou hollandaises qui prétendent ridiculiser les Français; mais, quelques années plus tard, après que Callot eut introduit dans le genre burlesque une finesse qu'il ne semblait pas devoir comporter, les facéties prirent sous le burin de quelques graveurs une apparence moins rude et des formes plus ingénieuses.

Il va sans dire qu'au commencement du règne de Louis XIV, tant que durent la Fronde et l'occupation par l'étranger d'une partie de notre territoire, ce sont « le Mazarin » et les Espagnols qui demeurent l'objet de toutes les épigrammes. Dans les caricatures de cette époque, les Espagnols sont invariablement représentés avec d'énormes fraises, des vêtements en lambeaux orgueilleusement portés et, pour compléter l'allusion à leur misère, des bottes de raves ou d'oignons suspendues à la ceinture. Tout cela n'est encore ni d'une grande force comique ni d'une exécution très-délicate. Les plaisanteries sur les mœurs et la nourriture des Espagnols rappellent, pour le mordant ou la justesse, celles que l'on fit peu après en Angleterre sur les Français, tous inévitablement *maîtres de danse* et *mangeurs de grenouilles*. Cependant, lorsqu'on rapproche les pièces facétieuses de cette époque des charges outrées ou obscènes qui les avaient précédées, il semble que le domaine de la caricature s'ouvre à des précurseurs plus dignes des spirituels dessinateurs qui devaient se succéder dans le siècle suivant et dans le nôtre, et que quelque atticisme pénètre déjà en Béotie.

Le progrès est sensible dans les estampes satiriques publiées vers la fin du règne de Louis XIV. La *Procession monacale,* recueil de vingt-quatre gravures, qui parut en Hollande où beaucoup de protestants s'étaient réfugiés, flétrit avec assez de vigueur la révocation de l'édit de Nantes et les principaux personnages qui avaient participé à cette mesure. Louvois, Mme de Maintenon, tous les conseillers privés de Louis XIV, sont représentés sous le froc, et avec des attributs significatifs. Le roi lui-même figure dans cette suite des héros de la nouvelle Ligue; il porte comme les autres le costume de moine; seulement, un soleil, allusion à la devise altière, remplace son visage, et ce soleil encapuchonné tient à la main un flambeau pour s'éclairer dans les ténèbres qui l'environnent. Les estampes dont se compose ce recueil et beaucoup d'autres du même genre, sont inventées et gravées avec une certaine verve. Elles prouvent que, dans les arts futiles comme dans la littérature comique, on cherchait alors le secret de faire rire les « honnêtes gens » et de railler avec mesure; en un mot, elles semblent, par rapport aux caricatures antérieures, l'équivalent à peu près des vaudevilles de la Comédie-Italienne comparés aux farces que l'on représentait naguère sur les tréteaux des théâtres forains.

Tous les genres de gravure étant cultivés dans notre pays avec plus de succès que partout ailleurs, le commerce des estampes devint, sous Louis XIV, une des branches les plus florissantes de l'industrie française. Les grandes planches d'histoire, il est vrai, celles du moins qui, comme les *Batailles d'Alexandre,* étaient éditées aux frais du roi, se vendaient principalement en France, et n'étaient guère exportées qu'à titre de cadeaux offerts aux souverains ou aux ambassadeurs; mais les portraits gravés, les scènes de mœurs, les sujets de modes, sortaient de France par milliers et se répandaient dans l'Europe entière. Avant la seconde moitié du XVIIᵉ siècle, les principaux marchands d'estampes, graveurs pour la plupart et éditeurs de leurs propres œuvres, étaient établis, à Paris, sur le quai de l'Horloge, ou, comme Abraham Bosse, dans l'intérieur même du Palais. Un peu plus tard, les magasins les plus achalandés se trouvaient dans le voisinage de l'église de Saint-Séverin. En examinant les estampes publiées à Paris à cette époque, on peut compter jusqu'à trente noms d'éditeurs habitant la seule rue Saint-Jacques, et, dans le nombre, ceux de plusieurs graveurs célèbres, tels que Gérard Audran, *à l'enseigne des deux piliers d'or,* François de Poilly, *à l'enseigne de saint Benoît,* etc.

De là, soit dit en passant, l'erreur qui attribue à des graveurs du plus haut talent des planches défectueuses

auxquelles ils n'auront mis en réalité la main que pour
en tirer des épreuves. Les mots, par exemple, *Gérard
Audran excudit* qu'on lit au bas de plusieurs de ces
planches, ne signifient pas qu'elles ont été gravées par
le maître ; ils indiquent seulement que c'est lui qui les
a éditées. Souvent aussi des pseudonymes, — dont le
bon goût n'avait pas toujours dicté le choix, — cachaient
le nom de l'éditeur et le lieu de la publication : mesure
de prudence facilement explicáble, puisqu'elle s'appliquait ordinairement à des ouvrages un peu plus que
galants, à ces estampes à pièces mobiles ou « à surprise » qui commençaient à être nombreuses et qui devaient se multiplier à l'infini dans le siècle suivant. Du
reste, l'art se trouve fort peu intéressé en tout ceci, et
le mieux est d'en rechercher les témoignages ailleurs
que dans des curiosités de cette espèce.

La supériorité avec laquelle la gravure était traitée
par les maîtres de notre école avait attiré à Paris une
foule d'artistes étrangers. Plusieurs d'entre eux s'y
étaient fixés, comme Van Schuppen et les Flamands
chargés de graver les *Victoires du roi,* peintes par Van
der Meulen ; d'autres, leurs études achevées, retour-
naient dans leur pays et y répandaient les doctrines et
la manière françaises. Il résulta de cette unité d'influence une similitude presque complète dans toutes les
œuvres du burin, quels que fussent les modèles donnés
et la nationalité de ceux qui les reproduisaient. Ainsi
les portraits gravés par l'Allemand Jean Hainzelmann
d'après Ulrich Mayer et Joachim Sandrart ne diffèrent
guère de ceux qu'il avait gravés auparavant d'après des
artistes français, — les portraits, par exemple, de *Michel*

Le Tellier et du *président Dufour*. Les planches d'histoire publiées vers la même époque en Allemagne, témoignent d'un zèle d'imitation aussi vif. L'art s'y montre naturalisé français, pour ainsi dire, et Gustave Ambling, Barthélemy Kilian [1], plusieurs autres de leurs compatriotes, élèves comme eux de François de Poilly, pourraient être rangés parmi les graveurs de notre école, si l'on ne considérait que le caractère de leurs travaux.

L'examen des estampes publiées par les artistes flamands ou hollandais postérieurs aux graveurs de l'école de Rubens et à Van Dalen autoriserait une observation analogue. Il est permis de ne voir dans Van Schuppen qu'un habile élève de Nanteuil, dans Corneille Vermeulen qu'un imitateur moins heureux, mais tout aussi docile. Et quant aux graveurs italiens du xviie siècle, leurs œuvres ont en général une physionomie si négative, elles semblent si uniformément procéder de certaines conventions une fois admises, qu'on pourrait les croire en quelque sorte inspirées par la même pensée et gravées par la même main.

Tandis que l'influence française régnait presque sans partage en Allemagne comme dans les Pays-Bas et que l'art italien s'asservissait de plus en plus à la routine, la gravure en Angleterre ne se ressentait pas encore des progrès accomplis ailleurs depuis le commencement du siècle. Le temps était proche toutefois où les graveurs venus de Londres se former à Paris sous le règne de

---

1. Auteur de *l'Assomption*, d'après Philippe de Champaigne. Il ne faut pas le confondre avec un autre Barthélemy Kilian, son aïeul, et chef de cette famille dans laquelle on ne compte pas moins de vingt graveurs.

Louis XV allaient rapporter dans leur pays et pratiquer avec succès les enseignements reçus. Nous aurons donc bientôt à nous occuper d'eux; mais avant de parler des élèves, il faut dire en quelques mots ce qu'avaient fait les maîtres et indiquer ce qu'était devenue la gravure en France après la mort des excellents artistes du siècle de Louis XIV.

CHAPITRE VIII

Morin, Nanteuil, Masson, tous les autres graveurs
portraitistes de l'époque, avaient, malgré la diversité
de leurs talents, laissé à leurs successeurs directs des
doctrines à peu près identiques et une même tradition.
Cependant les ouvrages du peintre Rigaud, dont l'importance s'était considérablement accrue vers la fin du
règne de Louis XIV, nécessitaient de la part des artistes
chargés de les graver quelques modifications à cette
tradition sévère. On n'avait plus à reproduire des figures
le plus ordinairement en buste, et se dessinant presque
toujours sur un fond peu accidenté; il s'agissait, au
contraire, pour les graveurs de rendre une multitude
d'accessoires qui, à force d'orner la composition, la
chargeaient parfois outre mesure et l'encombraient :
problème difficile, que résolurent avec succès Pierre

Drevet, son fils Pierre-Imbert et son neveu Claude Drevet, l'auteur, entre autres planches fort recherchées aujourd'hui, du portrait de *Guillaume de Vintimille* et de celui du comte de *Zinzendorff*.

Le premier de ces trois graveurs, élève à Lyon de Germain Audran et, à Paris, d'Antoine Masson, ne grava, à quelques rares exceptions près, que des portraits, dont les plus connus, ceux de *Louis XIV* en pied, de *Louis XV, enfant,* du *cardinal de Fleury,* du *comte de Toulouse,* attestent une extrême habileté de main et une vive intelligence des caractères propres aux peintures originales. Le second, que la similitude des prénoms a souvent fait confondre avec son père, se montra, dès ses débuts, plus habile et plus sûr de lui-même encore. Il n'avait que vingt-six ans lorsqu'il achevait ce portrait en pied de *Bossuet,* où la certitude du faire, où la précision et le brillant du burin semblent indiquer un talent parvenu à sa maturité. Peut-être dans cette planche et dans quelques autres du même graveur, — *le cardinal Dubois, Adrienne Lecouvreur,* etc.,—certaines parties paraîtront-elles dignes de Nanteuil lui-même. Le moelleux de l'hermine, la délicatesse des dentelles, le poli et l'éclat des dorures ne sauraient être plus exactement imités ; mais on ne retrouve pas dans les physionomies cette finesse, dans les chairs cette souplesse de la vie, que respirent les portraits des maîtres antérieurs. De telles œuvres résultent d'un art encore supérieur ; elles ne sont plus le produit d'un art suprême.

C'est ce qu'on peut dire aussi des meilleures planches d'histoire gravées en France sous la Régence ou dans les premières années du règne de Louis XV. L'ancienne manière y est toujours sensible, mais elle commence à s'altérer, et ne tardera pas à se voiler de plus en plus sous les artifices d'une pratique spirituelle à outrance et d'une élégance recherchée jusqu'à l'affétérie. _

Les graveurs français appartenant à l'époque de Louis XV se divisent en deux groupes distincts : l'un, sous l'autorité de Rigaud et conservant en partie la tradition du siècle précédent; l'autre, plus important en nombre et, à certains égards, plus habile, mais cherchant, à la suite de Watteau ou de ses continuateurs, le succès dans les gentillesses des intentions et du faire, dans l'expression du joli en toutes choses, bien plutôt que dans la stricte imitation du vrai.

Les mœurs du temps, on le sait de reste, n'étaient point de nature à contrarier une pareille tendance; aussi se généralise-t-elle de plus en plus chez les artistes dans tout le cours du xviiie siècle, pour aboutir, par une révolution aussi radicale que la révolution politique, au culte exclusif d'une simplicité quelque peu aride et de l'antique étroitement compris.

En 1750, c'est-à-dire à peu près à l'époque même où naissait David, le futur réformateur de l'école, le public ne demandait aux œuvres de l'art rien de plus qu'une amusante distraction. Les successeurs immédiats de Lebrun avaient fort discrédité le genre héroïque. On était fatigué de ce pompeux étalage d'allégories, de cette tyrannie de la grandeur, de cette monotonie dans le faste; on se jeta, par un autre excès, dans l'éxagération de la grâce et dans les coquetteries du sentiment. Les scènes pastorales ou prétendues telles, les sujets tirés d'une mythologie galante, remplacèrent

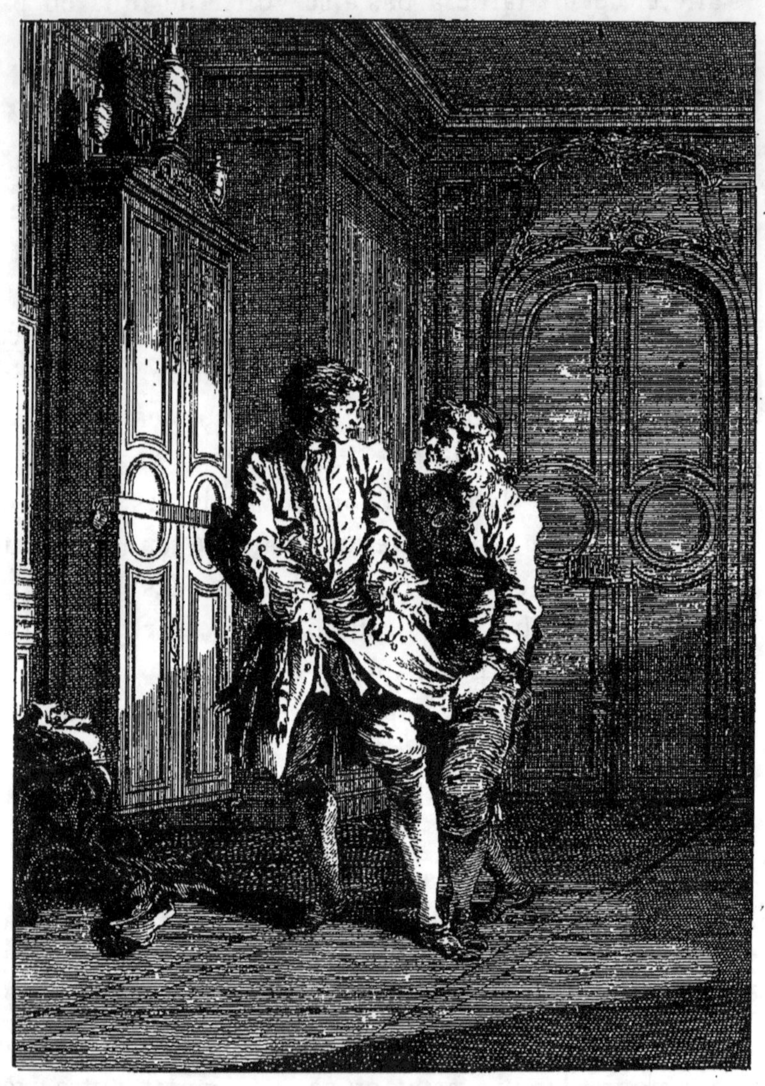

FIG. 87. — LAURENT CARS.

L'*Avare* de Molière, d'après Boucher.

les hauts faits et les apothéoses académiques; il n'y eut pas dans les ouvrages nouveaux plus de naturel que dans les ouvrages surannés, mais il y eut du moins plus d'agrément pour l'intelligence et plus d'intérêt pour les yeux.

A ne parler que de la gravure, les estampes publiées en France à cette époque sont, pour la plupart, des modèles d'esprit et de délicatesse, comme celles qu'ont laissées les maîtres du siècle de Louis XIV sont des modèles d'exécution savante et de vigueur dans les intentions. Encore, sous ces formes si peu sévères qu'affecte la gravure française au xviiiᵉ siècle, quelque chose survit souvent de l'habileté magistrale et de la science des devanciers. Laurent Cars ne se souvenait-il pas des exemples de Gérard Audran et ne réussissait-il pas à les continuer à sa manière, quand il gravait d'après Lemoyne *Hercule et Omphale* ou la *Délivrance d'Andromède?* Là même où il s'agissait pour lui de reproduire soit des scènes toutes de fantaisie comme la *Fête vénitienne* de Watteau, soit de modestes scènes bourgeoises comme *les Amusements de la vie privée* et *la Serinette* d'après Chardin, n'avait-il pas l'art de suppléer par les ressources que lui fournissait son propre goût à ce qui pouvait manquer à ses modèles en force véritable ou en dignité? N'était-ce pas aussi en s'appropriant les doctrines ou, tout au moins, les procédés d'Audran, — c'est-à-dire en mélangeant librement comme lui les travaux du burin et ceux de la pointe, — que Nicolas de Larmessin, Lebas, Lépicié, Aveline, Duflos, Dupuis, d'autres encore, produisaient leurs charmantes estampes d'après Pater, Lancret, Boucher lui-même, — malgré les impertinences de

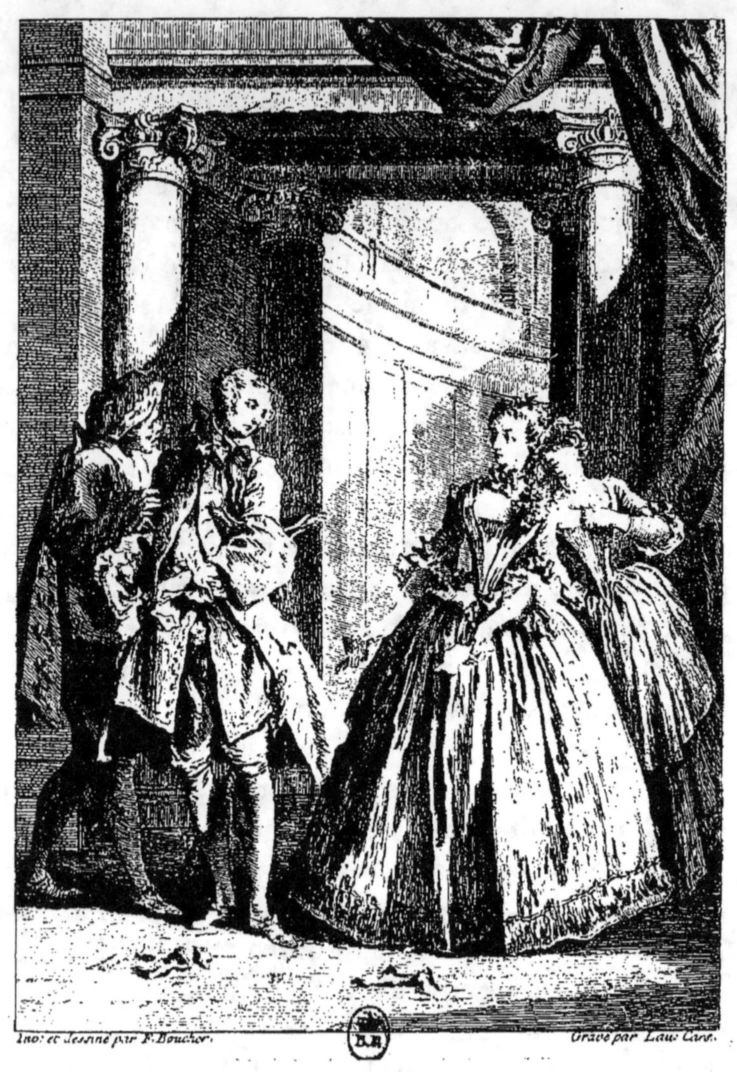

FIG. 88. — LAURENT CARS.

Le *Dépit amoureux*, d'après Boucher.

15

sa manière et les mensonges déplaisants de son coloris,
— et surtout d'après Watteau, celui de tous les peintres
du xviiie siècle qui a eu le privilège d'être le mieux compris et le plus brillamment traduit par les graveurs? Un
peu plus tard, c'était à Greuze que revenait l'honneur
d'occuper ceux-ci le plus habituellement, et quelques-
uns d'entre eux, comme Levasseur et Flipart, ne lais-
sèrent pas d'accomplir avec talent une tâche que rendait
particulièrement difficile l'exécution à la fois molle et
martelée des peintures originales.

Quelque rapide que doive être ici l'indication du
mouvement de la gravure en France pendant tout le
règne de Louis XV ou au commencement du règne
de Louis XVI, comment ne pas mentionner pourtant,
à côté des planches d'histoire ou de genre, ces innombrables vignettes pour les romans, les recueils de
fables ou de chansons, pour les publications de toute
espèce, dont l'ensemble atteste si bien la fécondité et la
grâce de l'art français à cette époque? Comment ne pas
rappeler au moins les noms de ces aimables graveurs,
dessinateurs bien souvent des petites compositions qu'ils
reportaient sur le cuivre, de ces *poetæ minores* ou, si
l'on veut, de ces vaudevillistes de la gravure, qui depuis
les traducteurs des dessins de Gravelot, d'Eisen et de
Gabriel de Saint-Aubin jusqu'à Choffard, depuis Cochin
jusqu'à Moreau, nous ont laissé tant de pièces empreintes
de l'imagination la plus abondante et la plus souple, ou
de l'esprit d'observation le plus fin? Artistes inventifs et
ingénieux entre tous, au goût délicat même dans les
inventions les plus capricieuses, au talent spirituel par
excellence, et dont l'habileté exquise, très savante sous

des apparences frivoles, ne trouverait son équivalent

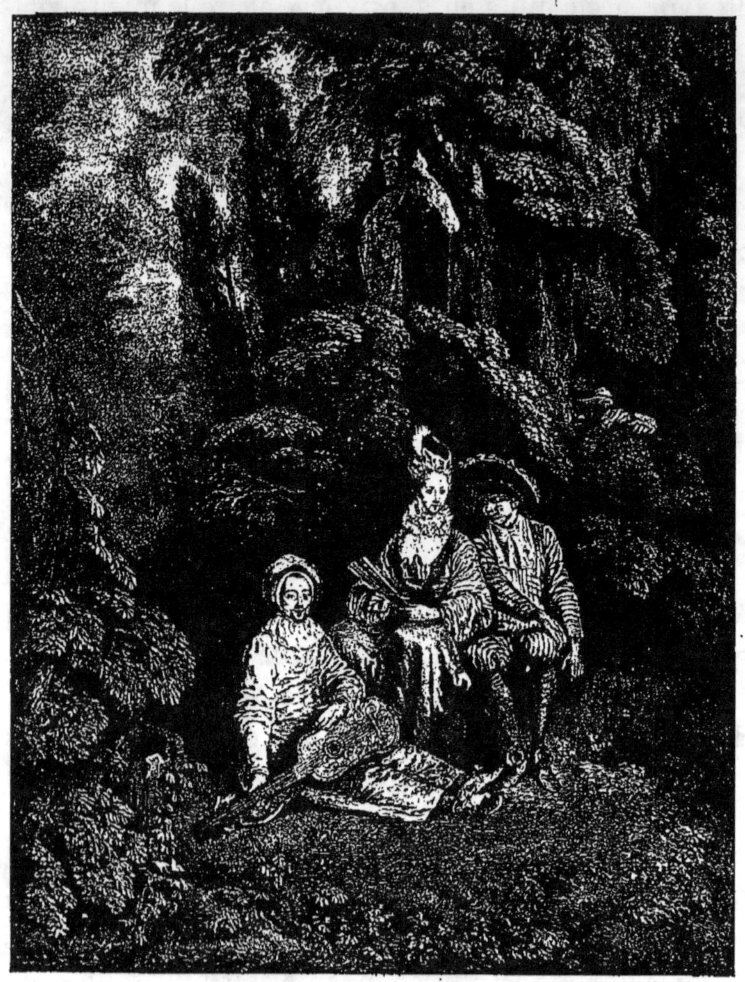

FIG. 89. — CHEDEL.

Arlequin jaloux, d'après Watteau.

dans les œuvres d'aucune autre époque ni dans l'école d'aucun pays.

Placés en quelque sorte à égale distance des graveurs
d'histoire contemporains et des graveurs de vignettes,
et comme partagés entre les souvenirs du passé et les
exemples que leur fournissait le présent, Ficquet et,
quelques années plus tard, Augustin de Saint-Aubin,
gravaient ces petits portraits auxquels s'est attaché de
nos jours un succès au moins égal à celui qui les avait
accueillis originairement. Les *portraits* de Ficquet sont
surtout recherchés ; cependant ceux de Saint-Aubin
offrent, malgré l'exiguïté de leurs dimensions, une largeur et une fermeté de modelé qui manquent aux œuvres
qu'on leur préfère. En outre, les planches gravées par
Ficquet ne sont presque toujours que des copies ré-
duites d'estampes publiées antérieurement par d'autres
graveurs, Nanteuil, Edelinck, etc., tandis que les *portraits* de Saint-Aubin ont le mérite d'avoir été directement faits d'après des originaux peints ou dessinés;
mais ces portraits se découpent le plus souvent sur un
fond noir, sans transition graduée, sans variété d'effet,
et c'est probablement à cet aspect un peu dur et monotone qu'il convient d'attribuer la défaveur relative où
on les tient.

Il est permis de supposer aussi que les estampes
presque microscopiques de Ficquet, comme celles de
ses imitateurs, Savart et Grateloup, doivent à leur extrême fini bon nombre de suffrages. Lorsque l'esprit
n'est pas exercé à discerner les parties essentielles de
l'art, l'œil considère comme la marque assurée de la
perfection la propreté minutieuse du travail. De même
que bien des gens ordinairement assez insensibles à la
peinture s'extasient de confiance devant les tableaux de

Carlo Dolci, de Gérard Dow ou de Denner, peut-être

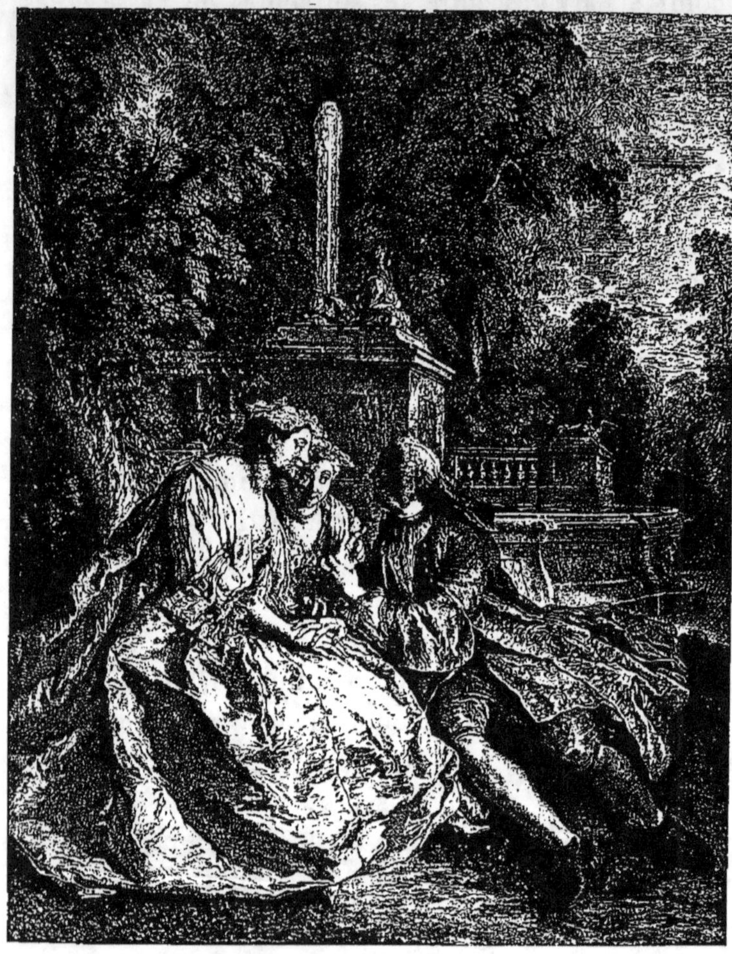

FIG. 90. — C.-N. COCHIN.

La Main chaude, d'après de Troy.

certains admirateurs de Ficquet jugent-ils de son talent
sur l'apparence nette et soignée à l'excès de ses planches.

Cependant le mérite du graveur ne ressort pas seulement de ces témoignages secondaires. Plusieurs de ses petits portraits, destinés pour la plupart à orner des livres, se distinguent par la précision du dessin, par la finesse de la physionomie, et si le travail était en général un peu moins compliqué, un peu moins chargé de demi-teintes, on pourrait les classer, comme miniatures au burin, à côté des émaux de Petitot.

L'analogie, du reste, ne saurait exister entre les deux artistes que sous le rapport du talent; leurs mœurs différèrent de tous points. Le peintre Petitot, calviniste zélé, et dont la vie contraste avec le caractère mondain des œuvres qu'il a laissées, eut l'honneur d'attirer l'attention de Bossuet qui tenta, dit-on, de le convertir. Emprisonné au For-l'Évêque après la révocation de l'édit de Nantes, il n'en sortit que pour consacrer le reste de ses jours à la retraite et à l'étude. Le graveur Ficquet ne se préoccupa nullement des questions religieuses et sacrifia à ses plaisirs tous les moments qu'il ne donna pas à son art; toujours à court d'argent d'ailleurs, toujours poursuivi par ses créanciers qui, de guerre lasse, finissaient ordinairement par l'installer chez eux, pour l'achèvement de quelque planche.

C'est ainsi qu'il passa près de deux mois dans la maison de Saint-Cyr, et qu'il grava, au sein même de la communauté, le portrait de *Mme de Maintenon,* d'après Mignard. Ce portrait, intégralement payé depuis longtemps, n'avançait pas, et, pour en voir la fin, la supérieure, à bout de sollicitations et de reproches, crut devoir s'adresser à l'évêque métropolitain. Elle obtint de lui la permission de faire venir l'artiste dans la maison

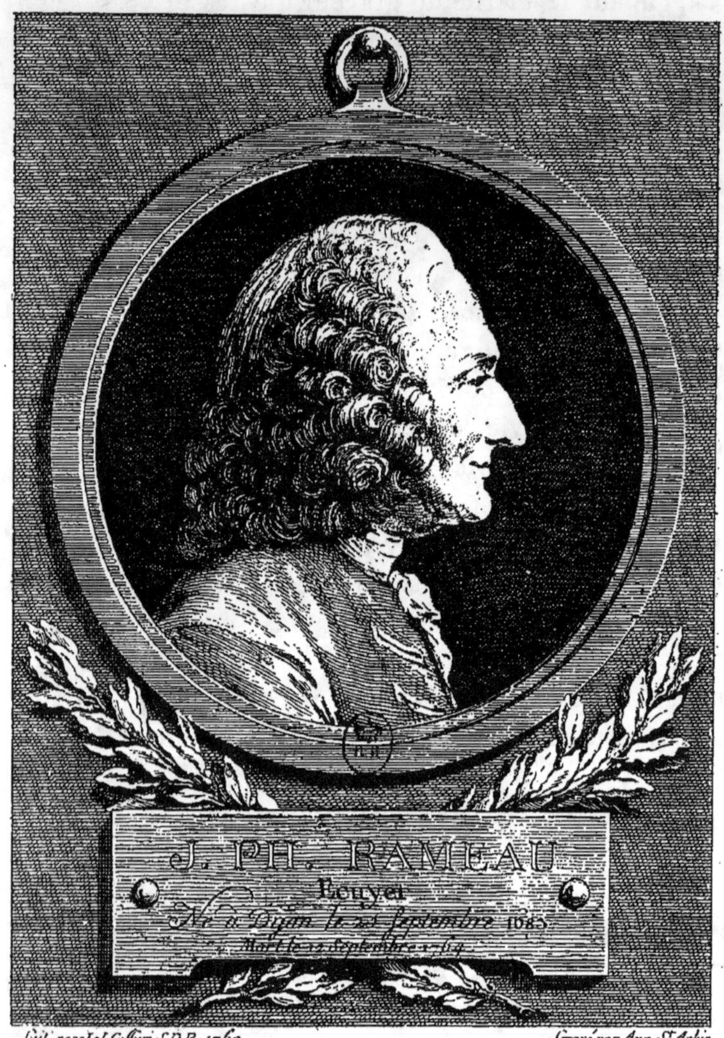

'FIG. 91. — AUGUSTIN DE SAINT-AUBIN.

Rameau, d'après Caffieri.

qu'elle dirigeait, et de l'y garder jusqu'à l'entier accomplissement de sa tâche; mais les choses n'en allèrent
ni mieux ni plus vite. Ficquet, ennuyé de sa réclusion,
dormait pour abréger le temps et ne touchait pas le
burin. Un jour, il fit appeler la supérieure et lui déclara
que, dût-il rester éternellement à Saint-Cyr, il ne tra-
vaillerait pas dans la solitude où on le laissait; qu'il
lui fallait des distractions, et, à défaut d'autres, celle de
la conversation des religieuses; qu'en un mot, il ne
terminerait le portrait que si quelques-unes de celles-ci
venaient, chaque jour, lui tenir compagnie. On accepta
ses conditions. Pour surcroît d'encouragement, des
pensionnaires se joignirent aux religieuses et vinrent
faire de la musique dans la chambre du graveur. Enfin,
la planche tant attendue allait être livrée, lorsque Ficquet, mécontent de son ouvrage, le détruisit et ne voulut
consentir à le recommencer que sur la promesse d'une
mise en liberté immédiate et d'une somme d'argent plus
forte que la somme déjà reçue. Moyennant cet accom-
modement, les religieuses de Saint-Cyr arrivèrent à posséder enfin l'image de leur bienfaitrice, et le petit portrait de *Mme de Maintenon,* — le chef-d'œuvre peut-être
de Ficquet — les dédommagea des bizarres exigences
qu'elles avaient subies.

A mesure que s'était répandu parmi les artistes l'u-
sage d'employer principalement l'eau-forte pour l'exécution de leurs travaux, la tentation de recourir à ce
procédé de gravure rapide avait gagné de proche en
proche jusqu'à ceux-là mêmes que leur situation sociale
ou leurs occupations antérieures semblaient avoir le
moins prédestinés à de pareils essais. Les graveurs ama-

teurs devinrent bientôt presque aussi nombreux que les graveurs de profession. Il fut de mode, à la cour et à la ville, d'apprendre à manier la pointe pour tracer une *bergerie* comme de s'habituer à tourner un madrigal, et l'exemple que le régent avait donné l'un des premiers en gravant queques vignettes pour une édition de *Daphnis et Chloé*, fut suivi par une foule de personnages de tous les rangs : grands seigneurs, comme le duc de Chevreuse, le marquis de Coigny et bien d'autres, hommes de robe comme le président de Gravelle, financiers, érudits ou écrivains, comme Watelet, le comte de Caylus et d'Argenville[1]. Les essais de gravure occupaient aussi les loisirs des femmes de la cour et des simples bourgoises. Depuis la duchesse de Luynes et la reine elle-même jusqu'à Mme de Pompadour, jusqu'à Mlle Reboul qui, plus tard, épousa le peintre Vien, on pourrait citer, sous le règne de Louis XV, bien des femmes qui gravaient par goût, sans compter toutes celles qui gravaient par état.

De pareils passe-temps, assez innocents en eux-mêmes, avaient cependant cet inconvénient de dégrader l'art en le transformant en divertissement futile, et de donner le change sur ses ressources et sur sa portée véritable. C'est ce qui a lieu presque toujours lorsque, sur la foi de certaines dispositions que l'on prend pour du talent, on veut, sans réflexion et sans étude, arriver

---

1. Quelques-unes des petites estampes faites sans prétention par ces amateurs ne sont pas dépourvues de charme ; il en est même qui dénotent un certain talent d'exécution, et les *portraits* dessinés et gravés par Carmontelle, l'auteur des *Proverbes*, méritent entre autres d'être remarqués à ce titre.

aux mêmes résultats que par l'expérience et le savoir. Les auteurs de ces œuvres improvisées croient l'art facile parce qu'ils en ignorent les conditions, et le public, s'abusant à son tour sur ces conditions essentielles, confond l'apparence avec la réalité, s'habitue aux semblants du mérite, et n'a plus de goût pour ce qui est supérieur. Tous les arts peuvent se pervertir ainsi, et, de notre temps, les aquarelles, les statuettes ou les valses d'amateurs sont aussi nuisibles à la peinture, à la sculpture, à la musique, que le furent jadis à la gravure les petites estampes qu'on faisait en se jouant.

D'ailleurs, ce n'était pas à l'art seulement que celles-ci commençaient à devenir préjudiciables. Inspirées souvent par la galanterie, comme l'entendaient Crébillon fils ou Voisenon quand ils écrivaient leurs *contes*, elles présentaient aux regards des femmes mêmes des scènes dont elles se seraient refusées peut-être à souffrir le récit; on sait le mot de cette dame au baron de Besenval qu'embarrassait la narration d'une aventure : « Dessinez-moi en *rébus* ce que vous ne pourrez me raconter. » Souvent aussi, la gravure, telle qu'on la pratiquait dans les salons, s'adressait à des idées ou à des passions d'un tout autre ordre. Pour soutenir la grande cause à l'ordre du jour, — la cause de la philosophie, — toutes les armes paraissaient bonnes, et l'on se servait de la pointe comme d'un instrument favorable à la propagation des doctrines nouvelles. Quand Mme de Pompadour, dans une petite gravure dont ses courtisans se disputaient les épreuves, essayait de montrer *le Génie des arts protégeant la France,* elle ne donnait pas des exemples fort dangereux et ne prouvait qu'une chose : c'est que ce génie n'étendait pas si bien sa protection sur le royaume qu'il n'y laissât, le cas échéant, passer les platitudes ; mais lorsque quelques habitués de la maison de Mᵐᵉ d'Épinay ou de celle du baron d'Holbach s'attaquaient dans leurs petites estampes à certaines prétendues superstitions de l'esprit, ils ouvraient, à leur insu, la voie à des gens d'une philosophie bien autrement radicale. Avant la fin du siècle, des estampes plus crûment énergiques paraissaient sur le même sujet, et les graveurs de cabaret commentaient à leur tour le *Père Duchêne,* comme les graveurs de salon avaient commenté l'*Essai sur les mœurs* et l'*Encyclopédie.*

Bien que la gravure de vignettes ou, tout au moins, de compositions légères, fût, au xviiiᵉ siècle, presque exclusivement pratiquée en France, même par les artistes les plus éminents, quelques-uns de ceux-ci cependant donnaient à leurs travaux une signification plus sévère et une physionomie moins en désaccord avec celle des œuvres antérieures. Plusieurs, élèves de Nicolas-Henri Tardieu ou de Dupuis, luttaient avec constance contre les envahissements du genre à la mode et transmettaient à leurs élèves de toutes les nations les enseignements qu'ils avaient eux-mêmes reçus dans leur jeunesse. Les Allemands Joseph Wagner, Martin Preisler, Schmidt, Jean-Georges Wille, l'Italien Porporati, les Espagnols Carmona et Pascal Molès, les Anglais Strange, Ingram, Ryland, etc., vinrent, à peu d'intervalle les uns des autres, s'instruire ou se perfectionner à cette école. Ils publièrent à Paris des planches diversement estimables, mais dans la plupart desquelles la nationalité et le sentiment personnel de ceux qui les ont faites s'effacent sous les habitudes acquises du goût et de la main.

Les estampes de Wille, par exemple, — même celles qui ont le plus contribué à la notoriété de son nom, *l'Instruction paternelle*, d'après Terburg ou *la Tricoteuse hollandaise*, d'après Miéris, — auraient pu tout aussi bien, à ce qu'il semble, être les œuvres d'un graveur français du même temps. Elles ne diffèrent guère des planches au bas desquelles on lit le nom de Beauvarlet ou celui de Daullé que par un surcroît de froideur un peu germanique, il est vrai, dans le faire, par je ne sais quoi de plus compassé, de plus métallique, pour ainsi dire, dans la disposition des travaux. Les portraits de *François Boucher* et de *Colin de Vermont* par Carmona, d'après Roslin, ou *Tancrède et Clorinde* par Porporati, d'après Carle Vanloo, portent encore moins l'empreinte de l'originalité. Enfin, sauf Ryland, à cause du procédé spécial de gravure qu'il employa et dont nous parlerons tout à l'heure, sauf surtout Strange, qui a bien une manière de sentir à lui et un genre de mérite très particulier, il n'est pas jusqu'aux artistes anglais, formés à l'école de nos graveurs, qui ne semblent le plus souvent en étroite parenté avec eux. Pour trouver, parmi les étrangers, des hommes dont le talent ait plus d'indépendance, il ne faut les chercher ni dans la classe des graveurs d'histoire ou de portrait ni même dans celle des graveurs de genre; c'est aux petites vignettes que Chodowiecki gravait à Dantzig ou à Berlin pour l'ornement des almanachs et des livres, c'est aux grandes planches d'après les monuments antiques de Rome gravées à l'eau-forte par Piranesi, — non sans emphase

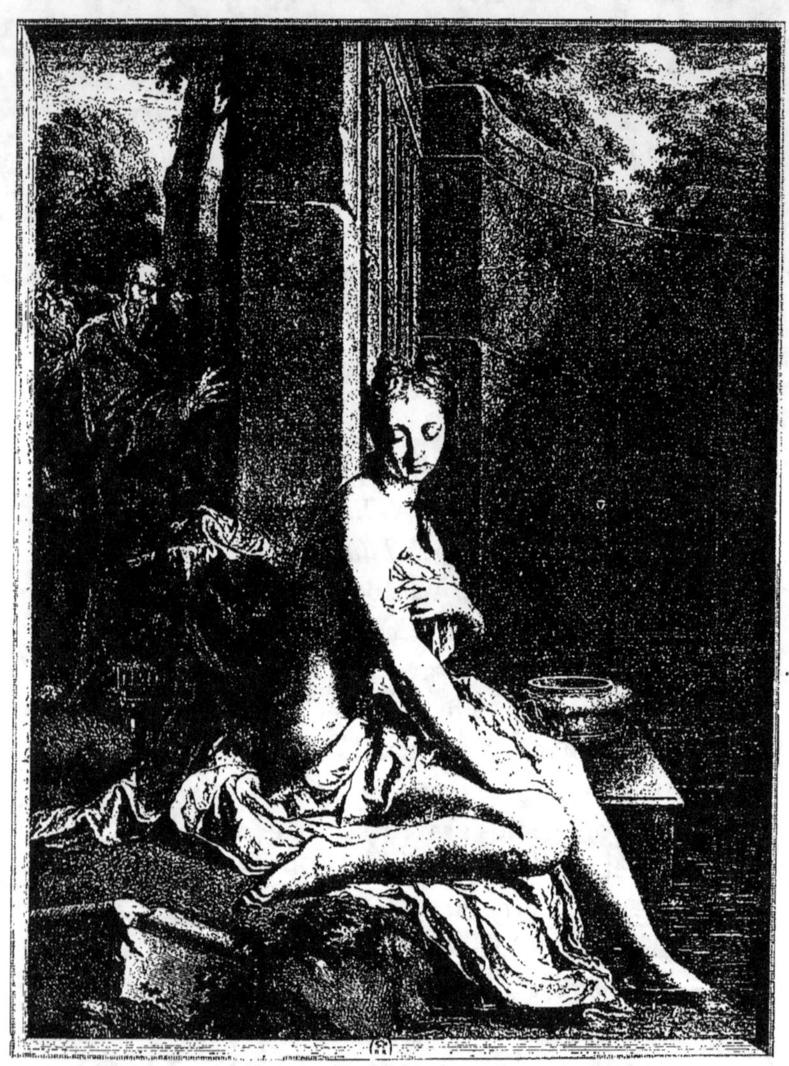

FIG. 92. — PORPORATI.

Suzanne au bain, d'après Santerre.

d'ailleurs, — qu'il conviendra plutôt de demander des
renseignements sur l'état de l'art, au xviiie siècle, en
dehors de notre école et de notre pays.

Quant à d'autres graveurs étrangers de second ou
de troisième ordre appartenant à la même époque, quant
à ces artistes seulement *ragionevoli*, comme aurait dit
Vasari, dont les œuvres, sans mériter l'oubli, ne méritent
pas non plus un examen fort attentif, n'aurons-nous pas
assez fait, en ce qui les concerne, quand nous aurons
nommé parmi eux : Jacques Houbraken, qui travaillait
à Dordrecht, Dominique Cunego, à Rome, Weirotter,
à Vienne, et Fernand Selma, à Madrid?

Cependant, au delà de nos frontières comme en
France, de grands recueils étaient édités, par ordre des
souverains ou aux frais de riches amateurs, pour consacrer le souvenir des événements contemporains; d'autres
offraient la collection des tableaux ou des statues con-
servés dans des galeries ou des cabinets célèbres. *La
Galerie de Versailles,* commencée par Charles Simon-
neau, continuée par Massé, terminée enfin en 1752,
après vingt-huit ans de travaux consécutifs, avait ouvert la série de ces précieux recueils dont le *Cabinet de
Crozat, les Peintures de l'hôtel Lambert,* etc., étaient
venus bientôt grossir le nombre. Un peu plus tard,
l'exemple donné en France était suivi dans les autres
pays, et l'on vit paraître successivement le *Museo Pio-
Clementino,* la *Galerie royale de Dresde,* celle du comte
de Bruhl, les recueils de Boydell, — publications ma-
gnifiques qui honorèrent la seconde moitié du xviiie siècle
en Italie, en Allemagne et en Angleterre. Enfin, la gravure de paysage, qui jusqu'à cette époque n'avait été

considérée que comme un accessoire de la gravure d'histoire, commençait à rivaliser avec celle-ci, grâce à Vivarès et à Balechou. C'est aux Français qu'appartient l'honneur d'avoir créé ce genre. On oublie trop souvent qu'ils
y ont excellé les premiers, et que l'Angleterre, à qui l'on
attribue généralement le mérite de l'initiative, n'aurait
peut-être pas pu se glorifier de Woollett et de ses élèves,
sans les exemples de Vivarès.

Depuis Claude le Lorrain et Gaspard Dughet, les
peintres exclusivement paysagistes avaient été rares dans
notre école; aucun du moins, n'avait fait preuve d'une
habileté supérieure. Joseph Vernet fut le premier qui
rendit à l'art délaissé l'éclat dont il avait brillé jadis.
Observateur surtout spirituel, Joseph Vernet manque,
il est vrai, de cette gravité et de cette force qui caractérisent les grands maîtres. Il y a dans ses ouvrages plus
d'intelligence que de sentiment profond, plus d'élégance
que de vraie beauté. La nature y apparaît, comme dans
les poèmes descriptifs de l'époque, un peu trop vernis-
sée ou parfois accentuée un peu emphatiquement; elle
semble un thème sur lequel l'artiste disserte plutôt
qu'un modèle qu'il étudie avec amour et qui l'inspire.
Cependant, là même où elle est le plus arbitrairement
traitée, cette nature conserve sous le pinceau de Vernet
assez de charme pour que l'image en plaise et intéresse,
si elle ne réussit pas à émouvoir. On conçoit donc les
succès du brillant artiste et l'influence qu'il exerça sur
l'école française et sur le goût public.

Dans la haute situation où l'avaient placé ses talents,
Joseph Vernet était plus capable qu'aucun autre peintre
de donner à l'art de la gravure une impulsion heureuse;

aussi les graveurs paysagistes qu'il forma devinrent-ils presque aussitôt les maîtres du genre. Nous avons cité tout à l'heure Balechou et Vivarès; le premier, élève d'abord de Lépicié, avait commencé par graver des portraits dont le plus connu, le portrait en pied du roi de Pologne, *Auguste III,* attira sur l'auteur la honte d'une punition méritée. Convaincu d'avoir détourné un certain nombre des premières épreuves pour les vendre à son profit, Balechou fut rayé de la liste des membres de l'Académie et obligé de se retirer à Arles, sa ville natale, puis à Avignon, où il s'adonna à la gravure de paysage. Ce fut là qu'il fit, d'après Joseph Vernet, ses estampes des *Baigneuses,* du *Calme,* et de *la Tempête.* Dans ses dernières années, il revint à la gravure d'histoire, et exécuta, d'après Carle Vanloo, cette fâcheuse *Sainte Geneviève* si vantée autrefois, si admirée, même aujourd'hui, de plus d'un amateur, et qui serait en effet un chef-d'œuvre si l'adresse du burin, si l'extrême facilité de la manœuvre pouvaient suffire et tenir lieu du reste. Quoiqu'il n'ait pas, comme Vivarès, enseigné luimême la gravure de paysage en Angleterre, Balechou contribua puissamment par ses ouvrages à instruire les graveurs de ce pays, et le plus habile d'entre eux, Woollett, avouait qu'il avait sous les yeux une épreuve de *la Tempête,* lorsqu'il travaillait à sa planche de *la Pêche.*

Quant à Vivarès, après avoir gravé à Paris quelques planches d'après Joseph Vernet et les anciens maîtres, il alla se fixer à Londres, où se rendirent aussi, mais un peu plus tard, Loutherbourg et plusieurs autres Français. Il y importa un nouvel art, comme avait fait Hollar un siècle auparavant, et fonda cette école de graveurs paysagistes dont les talents devaient être et rester jusqu'à nos jours l'honneur principal de la gravure anglaise.

Cependant, avant que les élèves ou les imitateurs de Vivarès prissent à sa suite possession de ce vaste domaine, la gravure en Angleterre s'était considérablement développée, dans un autre ordre de travaux, sous l'influence de deux artistes éminents nés à vingt-cinq ans d'intervalle, Hogarth et Reynolds. Fils d'un prote d'imprimerie qui l'avait mis en apprentissage chez un ciseleur de vaisselle, William Hogarth passa presque toute sa jeunesse dans l'obscurité et la misère. A vingt ans, il gravait des cartes d'adresse pour les marchands de Londres ; quelques années plus tard, il peignait des enseignes de boutique et se consumait dans des travaux indignes de lui, lorsqu'il attira l'attention publique par la mise au jour d'une estampe satirique où figuraient des personnages aisément reconnaissables. D'autres compositions de même sorte parurent ensuite, et confirmèrent ce premier succès ; Hogarth en profita pour produire son talent dans des travaux plus sérieux. En peu de temps, il acheva de se faire connaître, s'enrichit par son mariage avec la fille de sir James Thornhill, peintre du roi, et demeura jusqu'à la fin de sa vie (1764) un des hommes les plus renommés de son pays.

Peintre et graveur, Hogarth avait profondément étudié l'art sur lequel il a laissé quelques écrits recommandables, mais il ne parvint jamais à en remplir toutes les conditions. Préoccupé outre mesure du sens philosophique qu'il entend donner à ses œuvres, il ne sait pas toujours s'arrêter à temps dans l'exposition de sa pensée; il l'obscurcit en la surchargeant de commentaires; à force de vouloir être compris, il devient souvent inintelligible, et l'on pourrait citer de lui telle composition allégorique où la recherche de l'ingénieux a multiplié les détails jusqu'à la confusion.

Toutefois, lorsque l'excès de l'analyse n'affaiblit pas, en le décomposant, son sentiment premier, Hogarth frappe juste et arrive à de puissants effets. Ces suites d'estampes où sont représentées les actions successives d'un ou de plusieurs personnages, — *le Mariage à la mode, la Vie d'un libertin, la Vie d'une courtisane*, enfin *l'Industrie et la Paresse*, sorte de biographie en partie double retraçant la vie opposée de deux artisans, dont l'un devient lord-maire de Londres, et l'autre finit par être pendu à Tyburn, — toutes ces suites qu'il a, en grande partie, gravées lui-même tant à l'eau-forte qu'au burin, ne sont pas, sous le rapport de l'exécution, des ouvrages irréprochables, ni même, le plus souvent, de bons ouvrages; mais l'expression et le geste s'y montrent presque toujours d'une justesse saisissante, et la signification morale, l'esprit intime de chaque scène y sont compris et rendus avec une sagacité supérieure. A l'époque même où le génie de Richardson opérait dans les lettres une révolution analogue, Hogarth, — et c'est là son mérite principal, — introduisit dans l'art le drame familier. Créateurs du genre l'un et l'autre, le peintre-graveur et le romancier ont eu, en Angleterre et ailleurs, des imitateurs nombreux; on ne saurait dire qu'ils aient nulle part trouvé des rivaux.

Le talent de Reynolds est d'une nature bien différente. Essentiellement pittoresque, en ce sens qu'il con-

siste surtout dans le sentiment de l'effet et dans l'habile
disposition des tons, il offre un caractère de résolution
que les graveurs pouvaient facilement apprécier et reproduire. Il ne s'agit plus ici d'intentions subtiles ni d'accessoires morcelant plus ou moins l'ensemble. Tout
procède, au contraire, d'une méthode synthétique, tout
est largement tracé et établi par masses où se laissent
à peine entrevoir quelques détails. L'expression réside
dans l'attitude générale, dans la tournure caractéristique
d'une figure plutôt que dans la finesse de sa physionomie, et l'imagination du peintre a moins de délicatesse
que d'éclat. Parfois même, cette imagination dégénère
en mauvais goût et en bizarrerie; mais, le plus souvent,
dans les *portraits* de Reynolds, la pose a de l'aisance,
de l'inattendu, et l'aspect de l'ensemble respire une véritable grandeur. Les qualités qui distinguent ces toiles,
comme celles qu'a laissées Gainsborough, — vigueur
des oppositions, franchise ou opulence du coloris, —
qualités à la traduction desquelles le travail délié du
burin ne pouvait qu'imparfaitement convenir, devaient
être interprétées avec plus de facilité et de succès par la
gravure en manière noire. Aussi, nous l'avons dit plus
haut, faut-il attribuer surtout à l'influence exercée par
le célèbre peintre l'extension immense que ce procédé
a prise, en Angleterre, dans la seconde moitié du
XVIIIᵉ siècle.

Les graveurs-paysagistes et les graveurs en manière
noire commençaient donc à vivifier l'école anglaise,
et les premiers surtout lui donnaient par leurs talents
une sérieuse importance. A partir de 1760 à peu près,
Woollett publiait, d'après son compatriote Wilson

ou d'après Claude le Lorrain, ces beaux *paysages* qui semblent moins des estampes que des tableaux, tant est suave l'harmonie de l'effet, tant l'atmosphère y a de transparence et le coloris de souplesse[1]. Un peu plus tard, il achevait de se rendre célèbre par des travaux d'un autre genre, et reproduisait d'après Benjamin West la *Mort du général Wolfe,* puis la *Bataille de la Hogue,* la meilleure composition du peintre américain, et aussi la meilleure planche historique qui ait jamais été gravée en Angleterre. Enfin, vers le même temps, Robert Strange, qui avait été élève, à Paris, de Philippe Le Bas, gravait en taille-douce, d'après Corrège et d'après Van Dyck, le *Saint Jérôme,* le portrait de *Charles Ier,* ou, d'après les mêmes maîtres, d'autres estampes aussi séduisantes, qu'il faudrait louer sans réserve, si la correction du dessin y était égale à la grâce du modelé et à la flexibilité du ton.

Tant de progrès accomplis en quelques années attirèrent l'attention des hommes d'État et du gouvernement anglais. On comprit qu'il était temps de ne plus payer une sorte de tribut à la supériorité de nos graveurs et de laisser grandir à Londres même les talents

---

1. Woollett mélangeait dans ses *paysages* les procédés de l'eau-forte, du burin et de la pointe sèche. Philippe Le Bas avait le premier imaginé de se servir de la pointe sèche pour rendre les tons vaporeux des lointains et la limpidité du ciel. Ce moyen de gravure, amélioré par Vivarès, fut porté par Woollett à sa dernière perfection. Quelques artistes anglais tentèrent, à la même époque, d'appliquer à la gravure de paysage les procédés de la manière noire ; mais les paysages gravés de la sorte par Watson et Brookshaw d'après le peintre allemand Kobell, ne peuvent supporter l'examen à côté des estampes de Woollett.

que jusqu'alors on avait envoyés se former à l'école des

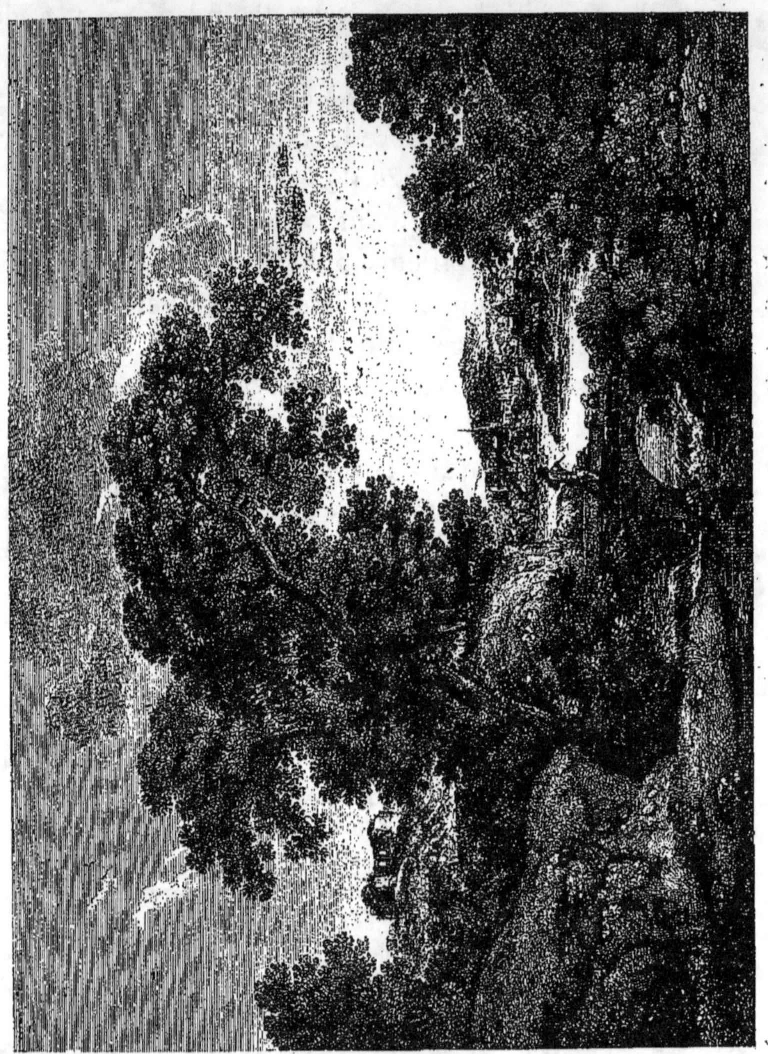

FIG. 93. — WOOLLETT. — Paysage, d'après George Smith.

maîtres français. Georges III venait de fonder l'Académie royale (janvier 1769) et de placer à sa tête Joshua

Reynolds; il résolut de stimuler l'essor de l'art plus efficacement encore en ordonnant de grandes entreprises de gravure, et comme il espérait que le pays pourrait en retirer autant d'avantage commercial que d'honneur, il accorda des primes pour l'exportation des estampes anglaises. L'importation des estampes françaises fut au contraire frappée de droits énormes.

Cette question du progrès de l'art national devenue ainsi une question politique, chacun s'empressa de seconder les vues de Georges III. Des souscriptions s'élevant à un chiffre considérable avaient été recueillies avant la publication des planches de Woollett; celles que l'on ouvrit pour l'*illustration* des *Voyages* de Cook et de Banks se trouvèrent remplies en quelques jours. Enfin, lorsqu'il fut question de faire graver, d'après le tableau de Copley, la *Mort de lord Chatam*, la souscription monta aussitôt à 90,000 francs, et, les premières épreuves une fois retirées, on abandonna le produit à venir de la planche au graveur, qui se vit, en moins de deux années, en possession d'une somme à peu près équivalente. Cette ardeur de protection ne se refroidit pas; elle suscita de nouveaux talents, et attira à Londres une foule d'artistes étrangers, sûrs d'y obtenir les encouragements qui commençaient à leur manquer ailleurs. Cipriani, Angelica Kauffmann, Catherine Prestel, le Suisse Moser et sa fille, cent autres peintres ou graveurs vinrent successivement contribuer par leurs travaux aux succès de l'école et à l'extension du commerce anglais [1].

---

[1]. Dans un ouvrage dédié au ministre Pitt, et intitulé *De*

Parmi les graveurs étrangers qui étaient venus ainsi chercher fortune en Angleterre, il s'en trouvait un, le Florentin Bartolozzi, dont les ouvrages avaient tout d'abord rencontré la vogue, moins peut-être en raison de leur mérite intrinsèque qu'à cause de la nouveauté du moyen employé. Ce procédé de gravure, dit « gravure au pointillé », consistait, à l'exclusion des tailles ou des hachures, dans la distribution par masses de points plus ou moins fins, plus ou moins serrés, destinés, en proportion de l'espace laissé entre eux ou de leur juxtaposition, à figurer la légèreté des demi-teintes, l'intensité des ombres, et même jusqu'à la continuité de chaque contour.

A vrai dire, il n'y avait là que l'application à l'ensemble du travail, à l'exécution de l'œuvre tout entière, d'un procédé adopté depuis assez longtemps déjà par les graveurs à l'eau-forte et par les graveurs en taille-douce comme moyen d'exécution partiel. Jean Morin, Boulanger, Gérard Audran lui-même, plusieurs autres encore, s'étaient habituellement aidés des points pour soutenir les travaux de leur burin ou de leur pointe, ou pour ménager une transition soit entre les ombres et les lumières, soit entre les indications énergiques et les détails subtils du modelé. En outre, et avant eux, un orfèvre hollandais, Jan Lutma, avait imaginé un

<hr>

l'origine du commerce et de son histoire jusqu'à nos jours (Londres 1790), on lit qu'à cette époque les estampes exportées d'Angleterre étaient, par rapport aux estampes importées de France, dans la proportion « de cinq cents à un, selon le calcul le plus exact », et que le commerce des gravures anglaises, loin d'être restreint à un ou deux pays, s'étendait à toute l'Europe.

mode de « gravure en points » qu'il pratiquait en commençant par établir ces points au moyen de la pointe et de l'eau-forte, et en les reprenant ensuite pour les creuser davantage ou pour les élargir, avec un ciselet et un marteau : d'où le nom d'*opus mallei* donné aux produits de ce genre de gravure. Bartolozzi et les graveurs anglais qui, comme Ryland, employèrent à la même époque la gravure au pointillé, ne firent donc que renouveler et qu'étendre à leur manière les termes d'une méthode déjà connue; mais l'habileté qu'ils montrèrent dans leurs travaux ne laisse pas de mériter qu'on la remarque, quelles que soient d'ailleurs, ici comme dans toutes les œuvres de même espèce, la mollesse presque inévitable des formes et la froideur inhérente à la nature même du procédé.

Pour graver au pointillé, on se sert alternativement du burin et de la pointe sèche, suivant le degré de vigueur ou de délicatesse qu'exigent les parties à modeler. Celles qui doivent apparaître claires sur l'épreuve se traitent à la pointe sèche; celles, au contraire, qui seront privées de lumière se couvrent de points plus énergiquement creusés dans le métal à l'aide du burin. Ces points, par le fait même du forage qui les a produits, soulèvent autour de leurs bords une sorte de bourrelet ou, suivant un terme du métier, une « rebarbe » que le graveur est obligé de rabattre avec le grattoir pour rentrer en possession de l'espace ainsi envahi et pour y pratiquer de nouveaux trous, jusqu'à ce qu'il obtienne un grain suffisamment serré.

La gravure au pointillé, dont le succès avait été grand pendant les dernières années du xviiie siècle, ne

tarda pas à passer de mode, non seulement en France
où elle ne survécut guère aux premiers essais de Copia,
mais même en Angleterre où les exemples de Bartolozzi
et de Ryland avaient été suivis avec tant d'empressement au début. C'est ce qui advint aussi, bien qu'un
peu plus tard, d'un procédé analogue — la « gravure en
manière de crayon » — dont un Liégeois, établi à Paris
depuis sa jeunesse, Gilles Demarteau, peut être regardé
sinon comme l'inventeur, au moins comme le vulgari-
sateur le plus actif et le plus habile[1].

La gravure en manière de crayon a pour objet de
simuler l'effet produit par la sanguine ou par le crayon
noir sur un papier grenu qui, en raison même de ses
aspérités, n'a gardé qu'une empreinte inégale et comme
discontinue des traits ou des hachures dont il a été
chargé. Elle participe de la gravure au pointillé en ce
que, pour exprimer cette sorte d'interruption de chaque
trait dans les modèles, elle remplace par une succession
de points juxtaposés le travail ordinaire du burin ou de
la pointe ; mais elle en diffère par la manière dont on
opère et même par la nature des instruments que l'on
emploie ; car on se sert ici, pour tracer les contours sur
un cuivre verni, d'une pointe divisée en plusieurs parties inégales et, pour imiter les hachures intérieures,

---

1. C'est à Jean-Charles François, né à Nancy en 1717, que
revient en réalité le mérite de l'invention. Toutefois l'application
que François avait faite de sa découverte était encore si incom-
plète, eu égard aux perfectionnements introduits peu après par
Demarteau, qu'il semble assez juste d'attribuer à celui-ci une
part principale dans les premiers succès de la gravure en manière
de crayon.

soit de cette pointe encore, soit d'une *roulette,* c'est-à-dire d'un cylindre en acier dont la surface est hérissée de petites dents inégales aussi, et qui, percé dans le centre, est monté sur un axe rivé autour duquel il tourne facilement. On dirige cette roulette pourvue d'un manche, de manière que les dents dont elle est armée portent bien sur la surface du cuivre verni et l'entament plus ou moins profondément : après quoi l'on fait mordre, et lorsque l'eau-forte a produit son effet, on reprend, s'il y a lieu, avec les mêmes instruments le travail sur le cuivre nu.

Les premiers spécimens de la gravure en manière de crayon furent présentés en 1757 à l'Académie royale de peinture, qui « approuva fort ce genre de gravure, est-il dit dans une pièce officielle [1], comme très propre à perpétuer les dessins des bons maîtres et à multiplier les exemples des plus belles manières de dessiner ». Pour reproduire des dessins, le nouveau procédé valait mieux en effet que la gravure à l'eau-forte, au moins telle que la pratiquaient en pareil cas le comte de Caylus et l'abbé de Saint-Non ; le malheur est seulement que, au XVIII siècle comme dans les premières années du XIX, les graveurs en manière de crayon aient paru songer moins habituellement à « perpétuer les dessins des bons maîtres » qu'à se conformer dans le choix de leurs modèles aux goûts qui prédominaient alors. Si ingénieuse qu'en fût l'exécution, les nombreux fac-similés mis en circulation par Demarteau ne servaient guère en réalité d'autre

---

1. *Lettre de Cochin, secrétaire perpétuel de l'Académie, au sieur François.* (26 novembre 1757.)

cause que celle des Boucher, des Fragonard, et de quelques autres experts du même ordre dans la « belle manière de dessiner ». Les études au crayon de ceux-ci, reproduites par la gravure, devinrent les moyens ordinaires d'enseignement dans les écoles spéciales comme dans les lycées, et la popularité attachée dès le début à ces fâcheux modèles persista si bien que, même après la révolution opérée dans l'art par David, même sous l'empire et à l'époque de la restauration, les apprentis dessinateurs demeurèrent à peu près tous soumis au régime que l'on avait adopté pour leurs prédécesseurs, au temps de Louis XV ou de Louis XVI.

Survint la lithographie, que l'on ne tarda pas à appliquer à la fabrication des modèles dont la gravure en manière de crayon avait jusqu'alors fait les frais. Et ce ne fut pas de ce côté seulement que les procédés de François et de Demarteau reçurent une grave atteinte ; on cessa peu à peu de les employer là même où il s'agissait, non plus de modèles de dessin pour les écoliers, mais de reproduction, à l'usage des amateurs et des artistes, de croquis laissés par les maîtres : ou si parfois ces procédés vinrent à être utilisés encore, ce fut, — comme dans les pièces gravées, il y a une trentaine d'années, d'après les dessins du Louvre et du musée de Lille, — avec de telles modifications, avec un mélange si compliqué de procédés tout différents, que la gravure en manière de crayon, d'indépendante qu'elle avait été, se trouva réduite, en attendant pis, à la fonction de simple auxiliaire. De nos jours les progrès de la photographie ont achevé la ruine de ce mode de gravure, et, après tout, puisqu'il n'avait d'autre objet que la copie littérale, l'effigie absolue des modèles, il était naturel qu'on lui préférât, en vue de la certitude des résultats, un procédé de reproduction tout mécanique. Autant la photographie, par son essence même, nous semble incapable de remplacer la gravure dès que l'œuvre à reproduire, tableau ou peinture murale, implique à un degré quelconque chez le traducteur l'obligation d'interpréter ce qu'il a devant les yeux, autant elle est en mesure de satisfaire à la seule condition imposée au copiste d'un dessin ou d'une gravure, — la stricte fidélité de l'imitation.

L'intention qu'avaient eue successivement François, Demarteau, Bonnet et quelques autres, cette préoccupation d'une sorte de « trompe-l'œil » à obtenir par le fac-similé gravé d'un dessin, un artiste né à Francfort de parents français, Jean-Christophe Leblond, l'avait eue, lui aussi, et avant eux, mais avec l'ambition en plus d'étendre à l'imitation du coloris ce qu'ils devaient se contenter d'appliquer à l'imitation des formes monochromes. Dès le commencement du xviiie siècle, Leblond avait réussi à produire des estampes à plusieurs tons suivant un procédé qualifié d'abord par lui de « gravure en pastel » et que l'usage a consacré sous la dénomination plus générale de *gravure en couleur*. Peut-être eût-il été mieux d'employer ici, au lieu du premier de ces trois mots, celui d'*impression,* car la gravure dite *en couleur* n'est pas en réalité un genre particulier de gravure. Toute l'originalité du procédé consiste dans l'application successive sur une même épreuve de plusieurs planches (ordinairement au nombre de quatre) à la préparation desquelles le berceau, la roulette, quelquefois

même le burin, ont concouru. De ces planches enduites
chacune d'une couleur entière que vient ensuite rompre
ou nuancer la superposition des couleurs dont les autres planches ont été chargées, résulte sur l'épreuve, au
moyen de points de repère, un ensemble de formes coloriées analogue à l'aspect que présente une peinture au
pastel, à l'aquarelle ou à la gouache. C'est à peu près
ainsi qu'on procède, et c'est aussi un résultat à peu près
semblable qu'on obtient aujourd'hui avec la chromo-
lithographie ; mais la gravure en couleur avait sur celle-
ci cet avantage que, par la diversité même des travaux
préalables exécutés sur le cuivre, elle courait moins le
risque de fournir des épreuves ayant l'apparence inerte
ou la crudité de simples enluminures.

Quelques-unes des estampes qu'a laissées Leblond,
— particulièrement un grand portrait de *Louis XV* en
buste, — permettent bien d'apprécier les ressources que
comporte le procédé dont il a été l'inventeur. Leblond
mérite, en effet, d'être tenu pour tel, en ce sens qu'il
acheva de trouver un secret que l'on n'avait guère su
avant lui que pressentir ou que deviner à demi. Néanmoins les tentatives faites dans les premières années du
XVII° siècle par le Hollandais Lastman, un peu plus tard
par le Flamand Seghers, ne doivent pas être complètement mises en oubli, pas plus qu'il ne serait juste de
méconnaître certains perfectionnements matériels introduits après Leblond dans la gravure en couleur, à Paris
par Gautier Dagoty, à Londres par Taylor. Toute propor-
sition gardée entre l'importance des deux découvertes,
Leblond a dans l'histoire de ce procédé de gravure
le même rôle à peu près que Daguerre dans l'histoire

de l'héliographie. Ils ont, l'un et l'autre, réalisé un progrès assez décisif pour clore la période des tâtonnements et pour déterminer les progrès partiels à venir; mais il ne s'ensuit pas qu'ils n'aient rien dû aux essais de leurs prédécesseurs, et si le titre d'inventeurs leur reste justement acquis, c'est parce qu'ils ont trouvé la solution du problème, sans avoir été pour cela les premiers à la chercher.

Leblond, d'ailleurs, ne tira de sa découverte d'autre profit que l'honneur de l'avoir faite. Après avoir vainement tenté de l'exploiter en Angleterre, il ne réussit pas davantage à Paris. Il y vécut pendant quelques années dans une extrême détresse, et mourut à l'hôpital en 1741.

Quelques années après l'époque où la gravure en couleur était venue s'ajouter aux procédés déjà connus, un autre mode de gravure ou plutôt un autre mode de reproduction pittoresque inventé par Jean-Baptiste Leprince et très habilement employé par lui dès le début, la *gravure au lavis,* augmentait à son tour, — et la gravure à l'aquatinte allait bientôt compléter, — la série des innovations introduites dans la pratique de l'art depuis la fin du xviiᵉ siècle.

Fort simple en apparence, puisque, le trait une fois gravé et mordu suivant les procédés ordinaires de l'eau-forte, elle consistait dans le travail d'un pinceau dont on se servait pour laver sur la planche avec un liquide corrosif, comme on lave sur le papier avec de la sépia délayée ou de l'encre de Chine, la gravure au lavis exigeait pourtant dans les opérations préparatoires beaucoup de soin, beaucoup d'adresse, et jusqu'à un certain point des connaissances scientifiques. La qualité

particulière du cuivre à employer, la composition des
vernis et des mordants, d'autres conditions encore dans
le détail desquelles il n'est pas possible d'entrer ici, ne
laissaient pas de rendre assez difficile l'usage du nouveau moyen. Aussi la gravure dite au lavis ne tarda-
t-elle pas à décourager les efforts de ceux qui avaient
tenté d'abord de suivre les exemples donnés par Leprince.

Malgré la valeur de ces exemples et l'habileté personnelle de l'inventeur, malgré les explications techniques fournies par lui et présentées en 1780 à l'Académie
royale de peinture, sous ce titre : « Plan du traité de la
gravure au lavis », les graveurs français avaient paru
attacher peu de prix à sa découverte et négliger d'en
approfondir les ressources. Ce ne fut qu'après d'assez
notables modifications et des perfectionnements dus à
l'initiative d'artistes étrangers, que la gravure au lavis,
devenue à Londres la *gravure à l'aquatinte,* reparut
en France. Grâce aux travaux de Debucourt[1], et un peu
plus tard, de M. Jazet, elle y acquit une popularité d'autant plus grande que ses produits, en raison de leur
caractère même, se rapprochaient davantage de l'esprit
qui avait inspiré et du genre d'exécution qui distinguait
certaines peintures particulièrement en faveur à cette

---

1. Avant de se livrer presque exclusivement à la pratique de
l'aquatinte, Debucourt avait produit un grand nombre de gravures en couleur, *le Jardin* et *la galerie de bois au Palais-Royal,*
la *Promenade aux Tuileries, l'Escalade,* etc. On sait avec quel
empressement assez voisin de la manie, ces pièces, d'une
médiocre valeur au point de vue de l'art, sont recherchées
aujourd'hui.

époque. M. Jazet, par exemple, ne contribua-t-il pas singulièrement aux succès chez nous de l'aquatinte en l'appliquant, dès les premières années de la restauration, à la traduction des tableaux d'Horace Vernet ? Des planches telles que *le Bivouac du colonel Moncey*, *la Barrière de Clichy*, *le Soldat laboureur*, et tant d'autres, ne trouvaient-elles pas une sorte de laisser-passer auprès de tous dans les souvenirs qu'elles réveillaient, au moins autant que dans leurs propres mérites ?

Peut-être depuis lors le graveur a-t-il un peu trop compté sur le crédit acquis dans le monde entier au nom du célèbre peintre; peut-être s'est-il préoccupé plus que de raison des avantages d'un mode de travail expéditif, en sacrifiant au désir de se montrer fécond, la recherche de la correction et de la finesse. M. Jazet, ainsi que le prouvent ses premières estampes, la *Barrière de Clichy* en particulier, était plus qu'aucun autre capable d'élever au rang des œuvres de l'art les produits de l'aquatinte; il est regrettable que sa facilité un peu insouciante ait mis obstacle au développement complet de son talent. Il est plus regrettable encore qu'en dépit d'efforts honorables tentés par MM. Prévost, Girard et quelques autres, pour conserver à l'aquatinte un caractère sérieux, une multitude de planches dont l'unique mérite est de coûter fort peu, soient venues déshonorer ce procédé de gravure et ne lui aient laissé que son importance commerciale. Si l'on s'arrête un moment devant ces prétendues scènes bibliques traitées à l'aquatinte pour l'exportation, devant ces types d'héroïnes de roman ou devant ces figures de femmes à demi vêtues au bas desquelles on lit, en forme de commentaire, *Amour*,

Souvenir, Volupté, Désir, et tous les substantifs tirés l'un après l'autre du vocabulaire érotique, on ne sait ce qui déplaît le plus, ou de l'intention secrète, ou de la pauvre exécution de pareilles images. A coup sûr, on ne peut y voir rien qui intéresse l'art, si ce n'est le dommage qu'il en subit. La partie du public accessible au charme d'ouvrages de cet ordre n'est pas sans doute celle que persuaderait le beau, et il n'y a pas lieu de s'inquiéter beaucoup de ses suffrages; mais à force de rencontrer des objets vulgaires, les regards de tous peuvent finir par s'accoutumer à ce spectacle et négliger de chercher ailleurs. Ce danger, auquel une fâcheuse concurrence expose les travaux sévères du burin, n'est pas le seul qui compromette l'avenir de notre école de gravure; pour peu que l'on veuille se rendre compte des phases qu'elle a traversées depuis près d'un siècle et des conditions où elle se trouve aujourd'hui, on reconnaîtra que la succession des talents n'a pas été interrompue, que ces talents existent de notre temps, aussi sérieux, aussi bien munis que d'autres l'ont été dans le passé, mais que les occasions leur manquent trop souvent de donner pleinement leur mesure ou d'être appréciés à leur valeur.

CHAPITRE IX

La gravure au XIXe siècle.

Lorsque le xixe siècle s'ouvrit, l'école française de
peinture comptait encore parmi ses représentants les
plus renommés un certain nombre d'artistes appartenant,
par le caractère de leurs talents comme par la date de
leurs succès, à une époque antérieure à la révolution.
Greuze, Fragonard, Moreau, Mme Vigée-Lebrun, Vien
même, malgré ses velléités de réforme, Regnault et
Vincent, malgré l'influence qu'ils exerçaient comme
professeurs sur la jeunesse, — tous semblaient plutôt
se rattacher au passé qu'annoncer l'avenir. Un seul
nom personnifiait alors le progrès: c'était le nom de
Louis David. Les *Horaces* et *Brutus* avaient paru
depuis plusieurs années, les *Sabines,* impatiemment
attendues, allaient bientôt être exposées; à ce moment,
les jeunes artistes et le public regardaient unanimement
David comme le régénérateur de l'art national, comme
un maître à bon droit souverain. Architecture, peinture,
ameublement, costumes même, tout était soumis à sa
domination absolue; tout se produisait à l'imitation de

l'antique, mais de l'antique tel qu'il le comprenait et qu'il l'interprétait lui-même. Sous prétexte de beauté pure et de style châtié, on ne figura plus sur la toile que des statues coloriées, des corps que l'âme n'habitait pas; on ne sculpta plus que des contrefaçons de la statuaire grecque ou romaine. Enfin, depuis Lebrun, jamais unité de direction ne régna aussi complètement sur le goût français.

La gravure ne devait pas plus que les autres arts se soustraire au despotisme de David; seulement elle fut la première à secouer le joug. Avant le retour des Bourbons, c'est-à-dire à l'époque où le peintre de Marat, devenu le premier peintre de l'empereur, était encore dans la plénitude de son autorité, quelques graveurs avaient déjà traduit les maîtres italiens dont les tableaux peuplaient notre musée, avec plus de respect, à ce qu'il semble, pour les souvenirs de la manière ancienne que de soumission aux exigences de la mode présente.

Le premier par le talent parmi ces artistes nouveaux, Boucher-Desnoyers, songeait probablement beaucoup moins aux œuvres contemporaines qu'à celles des graveurs français du xviiᵉ siècle, lorsqu'il travaillait à sa planche de *la Belle jardinière*, d'après Raphaël, ou à sa *Vierge aux rochers*, d'après Léonard. De leur côté, Bervic et Tardieu, qui depuis longtemps avaient fait leurs preuves, continuaient à se montrer fidèles aux grandes traditions: celui-ci par une méthode sévère d'exécution et une fermeté de burin héréditaires dans sa famille, celui-là par une pratique savamment facile. Tous trois étaient de la descendance des maîtres, et leurs estampes, très injustement mises en oubli quelques années plus tard, lorsqu'on s'engoua de la manière anglaise, méritent certes de ne pas demeurer confondues avec les estampes froides et compassées publiées en France sous le règne de Napoléon Ier. Celles que l'on fît à cette époque d'après David obtinrent un succès d'à propos en achevant de populariser les compositions du maître; mais elles n'ont pu assurer aux graveurs une réputation durable. La faute d'ailleurs en est-elle tout entière à ceux-ci? Une part ne revient-elle pas aussi dans la médiocrité de leurs œuvres à l'action incertaine, malgré ses apparences de rigueur, exercée par le peintre lui-même?

Maître d'imposer son propre système à tous les artistes, David aurait pu, sinon restaurer notre école nationale de gravure, du moins en renouveler les éléments, et lui rendre l'unité en coordonnant à son point de vue les efforts isolés. Non seulement il ne l'essaya pas, mais il est même assez difficile d'apprécier ce qu'il attendait des graveurs de son temps. On devrait supposer que sa prédilection personnelle pour la précision des formes le portait à exiger d'eux qu'ils insistassent sur le dessin, sans se préoccuper beaucoup de la couleur et de l'effet; pourtant la plupart des estampes d'après ses tableaux, — celles entre autres de Morel et de Massard, — sont à la fois chargées de ton et mollement dessinées. On n'y retrouve rien de la manière arrêtée du peintre, on n'y retrouve pas davantage les larges procédés de l'ancienne école de gravure; ce n'est donc pas dans ces médiocres ouvrages, encore moins dans les arides estampes dont se compose le grand ouvrage de la *commission d'Égypte* qu'il faut chercher les traces des talents que possèdait alors la France.

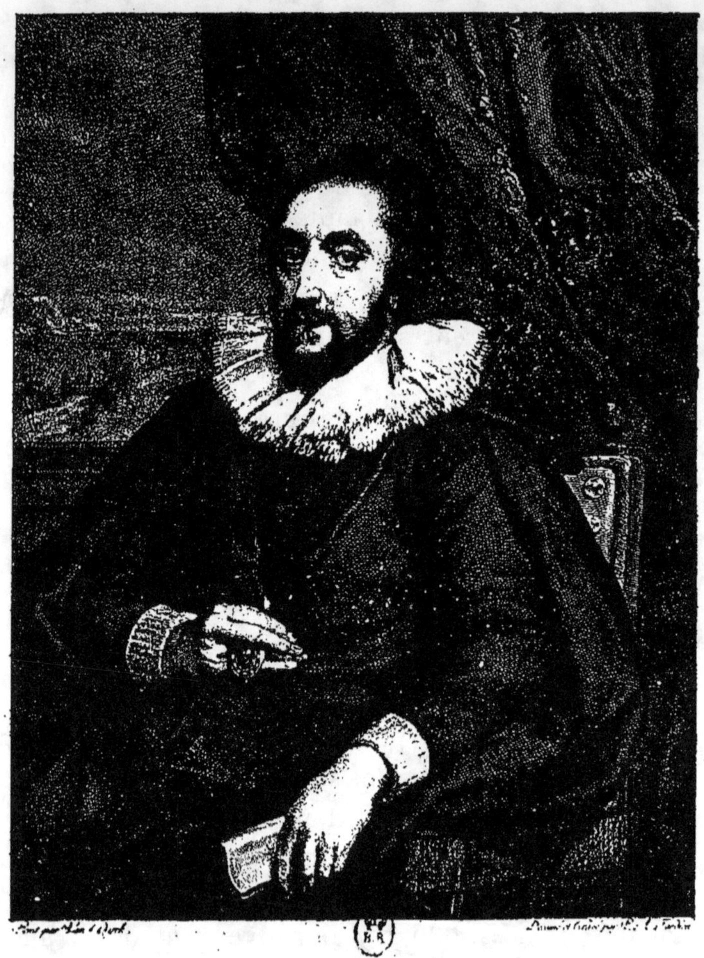

FIG. 94. — ALEXANDRE TARDIEU.

Portrait du comte d'Arundel, d'après Van Dyck.

Les rares peintres qui ne relevaient qu'indirectement
de David, comme Regnault, ou qui avaient osé, comme

·Prud'hon, se créer une méthode entièrement indépendante, étaient en faveur auprès d'un public trop restreint
pour que leurs œuvres fussent habituellement reproduites par la gravure et en favorisassent beaucoup les
progrès. Quelques-uns des dessins ou des tableaux de
Prud'hon trouvèrent cependant, avant la fin du Direc-
toire et de l'Empire, des traducteurs excellents dans
Copia et dans Barthélemy Roger; et, quant à Regnault,
il avait vu, dans les dernières années du xviiiᵉ siècle, la
gravure par Bervic d'après son tableau, *l'Éducation
d'Achille,* obtenir un succès au moins égal à celui qui
avait accueilli l'exposition de la toile originale au Salon
de 1783. Un peu plus tard, Bervic s'était proposé de
donner un pendant à cette planche justement estimée,
et il avait fait paraître son *Enlèvement de Déjanire,*
d'après le Guide, ouvrage auquel les juges du concours décennal accordèrent le prix sur toutes les gravures publiées en France de 1800 à 1810, et qui, en
confirmant la réputation de l'auteur, détermina chez
quelques graveurs un mouvement de retour dans l'ancienne voie.

Ce n'était pas toutefois que Bervic ne s'écartât un peu
lui-même de cette voie tracée par les maîtres, et l'on
peut dire que, de tout temps, il la côtoya plutôt qu'il ne
la suivit résolument. A l'époque de ses débuts, il ne
s'était pas assez défié des dangers de la facilité; plus
tard, il attacha trop d'importance à certaines qualités
toutes matérielles; mais il faut ajouter que jamais il
n'en vint à sacrifier entièrement l'essentiel à l'accessoire,
et que, plus d'une fois, — dans son beau portrait en pied
de *Louis XVI,* par exemple, — il déploya une habileté

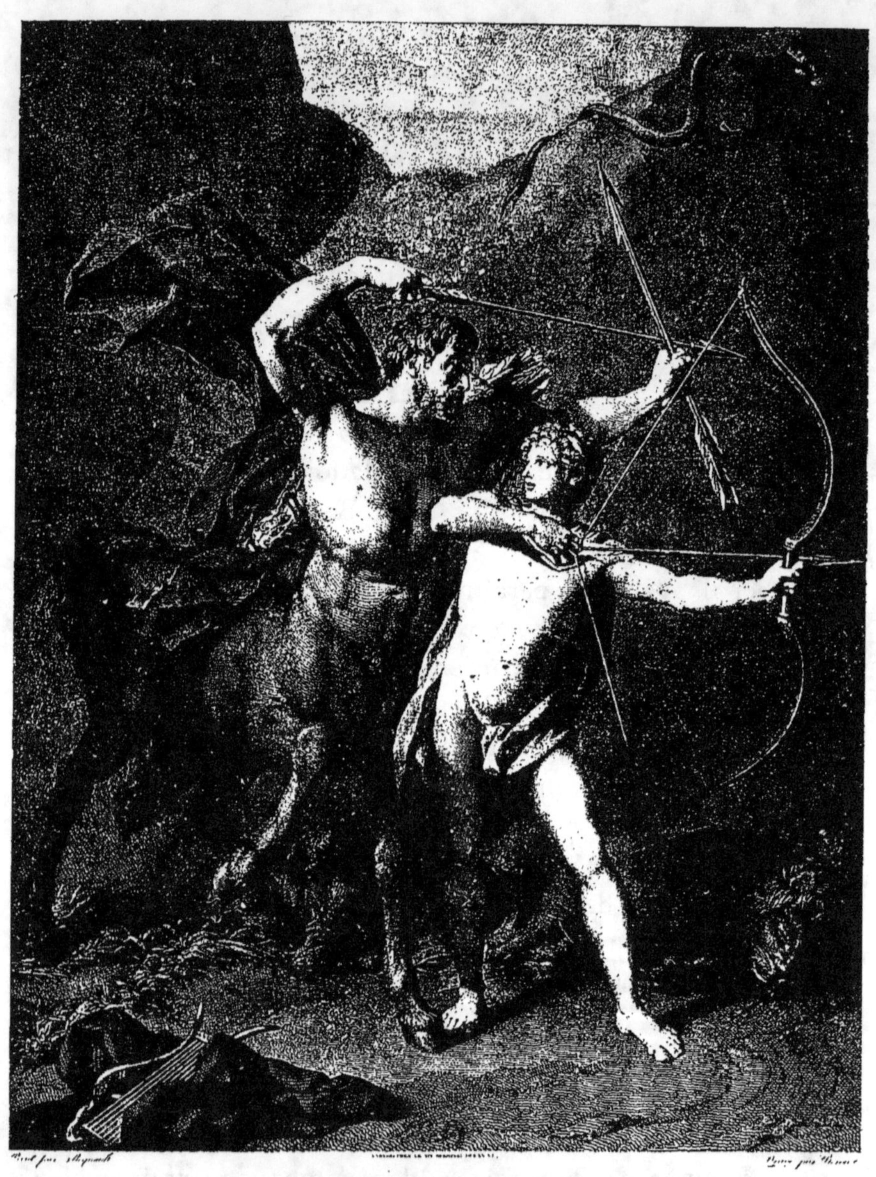

FIG. 95. — BERVIC.

L'Éducation d'Achille, d'après Regnault.

d'autant plus méritoire que le modèle à reproduire était moins fait pour la provoquer.

Le portrait gravé de *Louis XVI* ne laisse point supçonner la médiocrité du tableau original, peint par Callet. Ce tableau, aujourd'hui dans le palais de Versailles, est d'une couleur fade, d'un dessin lourd et indécis; l'estampe, au contraire, se recommande par la fermeté et la richesse de l'aspect, par un faire aisé, exempt encore d'ostentation. Les dentelles, le satin, le velours, tous les accessoires sont traités avec une largeur qui n'exclut pas la finesse, et le ton de l'ensemble est harmonieusement lumineux. Cependant on discerne déjà dans quelques parties une certaine recherche de la façon, et l'on pressent que cela pourra dégénérer en préoccupation excessive de « la belle taille » pour aboutir à l'abus du procédé. C'est ce qui arriva en effet. Bervic ne songea plus guère qu'à faire montre de dextérité, et il finit par exécuter dans son *Laocoon,* le plus connu peut-être de ses ouvrages, des tours de force du burin qui, jusqu'à un certain point, peuvent surprendre, mais qu'il faut se garder d'admirer sans réserve. Le soin avec lequel le graveur s'est efforcé d'imiter le grain du marbre par la minutie des travaux ressemble fort à une puérilité, et, bien qu'il ne fallût pas sans doute graver un groupe de statues comme des figures peintes sur la toile, il était plus important, plus nécessaire à tous égards, de reproduire le caractère et le style de l'œuvre originale que de simuler la matière d'où le sculpteur l'avait tirée.

D'ailleurs, en s'appliquant à interpréter son modèle en ce sens, Bervic a dépassé le but. Par la multiplicité des détails, par l'abus des demi-teintes destinées à soute-

nir les moindres saillies, à rendre les moindres accidents
du modelé, il a privé l'aspect général d'éclat et d'unité.
Il y avait loin de cette méthode à celle des anciens
maîtres, et Bervic vécut assez pour se repentir. « J'ai
méconnu le bien, disait-il dans sa vieillesse; si je re-
commençais ma vie, je ne ferais rien de ce que j'ai fait. »
Bervic se calomniait en s'accusant ainsi. Comme il arrive
souvent aux pénitents tardifs, il ne se rappelait qu'en les
exagérant les torts de son passé, et sacrifiait à ce souvenir celui de plus d'un acte méritoire ; mais, tout en com-
prenant ces regrets, on doit être plus juste que le graveur de *Louis XVI* et de *l'Éducation d'Achille* ne l'était
alors pour lui-même, et ne pas oublier qu'il y a dans
ses travaux bien des parties à excepter de la condamnation qu'il portait sur l'ensemble.

A l'époque où Bervic était réputé le premier des graveurs français contemporains, l'Italie s'enorgueillissait
d'un graveur en réalité inférieur à lui, mais qui, dans
la pénurie de talents où elle se trouvait alors, usurpait,
avec la complicité de tous, la gloire d'un maître. Comme
le sculpteur Canova, son aîné seulement de quelques
années, Raphaël Morghen eut le bonheur de venir à
propos. Artistes de second ordre l'un et l'autre, ils eus-
sent pu passer presque inaperçus dans un siècle plus
favorisé ; celui où ils vécurent ne leur donnant pas de
rivaux dans leur pays, on leur sut gré de cette supériorité purement actuelle comme d'une preuve de mérite
absolu. D'ailleurs, il leur était facile d'arriver au succès
en se contentant d'obéir aux injonctions en quelque sorte
des opinions régnantes et du goût public. Les écrits de
Winckelmann et ceux de Raphaël Mengs avaient remis

en faveur les statues antiques et les tableaux italiens du
XVI⁰ siècle ; Canova, en imitant plus ou moins adroitement les unes, Morghen, en gravant les autres, ne pouvaient manquer de plaire, et c'est surtout au choix qu'ils
firent de leurs modèles qu'il convient d'attribuer l'immense réputation dont ils jouirent tous les deux.

Élève et gendre de Volpato, dont chacun connaît les
molles estampes d'après les *stanze* du Vatican, Morghen
partagea avec cet artiste débile et avec Longhi le privilège de reproduire des peintures admirables qui, depuis
les grands maîtres, n'avaient plus été gravées ou qui ne
l'avaient été à aucune époque. Cela seul donne quelque
prix à ses planches défectueuses. La gravure de *la Cène*
par exemple, d'après Léonard, retrace-t-elle autre chose
que les lignes générales de la composition et l'attitude
de chaque figure? On la regarde comme on écoute un
acteur médiocre récitant les vers de *Polyeucte* ou d'*Atha-
lie,* parce que la pensée du maître se sent encore malgré
l'intermédiaire qui en altère les formes ; mais, hormis
ce genre de beauté inhérente à l'invention même et à l'ordonnance du chef-d'œuvre original, que reste-t-il de celui-
ci dans l'estampe de Morghen? Que dire de la tête du
Sauveur, *restaurée* par le graveur comme celles des apô-
tres, et que n'éclaire pas la plus faible lueur de sentiment? Comment, en examinant chaque partie du travail,
ne pas être choqué de ces jactances de la manœuvre, de
cet étalage de facilité matérielle, quand on se rappelle
la précision incomparable, la perfection du style de
Léonard?

Au reste, en substituant ainsi sa propre manière et
les caprices de son goût personnel au goût et à la ma-

nière du peintre de *la Cène,* Morghen n'a fait que traiter ce grand maître comme il avait coutume d'en user avec tous les autres. Qu'il ait eu à interpréter Raphaël ou Poussin, Andrea del Sarto ou Corrège, il n'a jamais su que procéder uniformément en face des types les plus opposés, et accommoder sans façon aux habitudes de sa main la grâce inspirée ou la fière énergie de ses modèles. Une fois pourtant, il lui arriva d'avoir des préoccupations plus hautes et d'étudier plus consciencieusement les caractères particuliers de l'œuvre qu'il devait reproduire. Ce fut lorsqu'il grava d'après Van Dyck ce portrait équestre de *François de Moncade,* dont on ne saurait sans injustice méconnaître le mérite, tant au point de vue de la fidélité intelligente qu'au point de vue de l'habileté dans l'exécution ; mais ne serait-il pas aussi injuste pour le moins d'approuver, dans les autres ouvrages du graveur, l'insuffisance de l'expression et du dessin, le dédain systématique de tout effort, en un mot, tous les témoignages d'une facilité vaniteuse qui ne s'humilie pas même devant le génie ?

Morghen garda jusqu'au dernier moment la brillante réputation que lui avaient value de bonne heure son extrême fécondité et le patriotisme complaisant des Italiens. Né à Naples, mais établi à Florence où l'avait attiré le grand-duc Ferdinand III, il y resta tant que dura l'occupation française, et, beaucoup moins implacable que ne l'était alors Alfieri, il ne repoussa ni les hommages ni les faveurs de l'étranger. Au retour du grand-duc, son ancien protecteur, il songea moins que jamais à se rendre aux instances des Napolitains, qui tenaient à honneur de rappeler l'artiste renommé dans son pays natal. Enfin, lorsque Morghen mourut en 1833, l'Italie tout entière s'émut à cette nouvelle, et d'innombrables sonnets, expression ordinaire des regrets ou de l'enthousiasme publics, célébrèrent à l'envi « la gloire impérissable de l'illustre graveur de *la Cène* ».

Trois ans auparavant, un graveur dont les premiers succès avaient eu presque autant de retentissement en Allemagne que ceux de Morghen en Italie, Jean-Godard Müller, s'était éteint dans l'isolement et la douleur. A peine se rappelait-on, au delà des murs de Stuttgart, que l'auteur, un moment célèbre, de *la Vierge à la chaise* et du *Combat de Bunkerschill* existât encore. C'est que depuis longtemps il avait renoncé au crédit qu'il s'était acquis par son talent, au travail même, et qu'il ne vivait plus que pour pleurer un fils mort en 1816, au moment où il devenait à son tour un des graveurs les plus distingués de son pays.

Ce fils, Christian-Frédéric Müller, avait été dès l'enfance voué à l'art qu'exerçait son père. Il s'y essaya avec assez de succès pour mériter d'être admis de très bonne heure dans l'école de gravure récemment fondée à Stuttgart par le duc Charles de Wurtemberg. On a vu qu'à partir de la seconde moitié du XVIIIᵉ siècle, beaucoup de graveurs allemands étaient venus se former à Paris, et que plusieurs s'y étaient fixés. Chassés de la France, leur patrie d'adoption, par la tourmente révolutionnaire, ils étaient retournés en Allemagne, et l'institution d'une école de gravure à Stuttgart avait été l'un des résultats de cette expulsion; mais, en 1802, plusieurs des artistes fugitifs étaient déjà rentrés à Paris, et les ateliers, fermés depuis dix ans, s'y rouvraient à de nombreux élèves.

Frédéric Müller, à peine âgé de vingt ans à cette époque, suivit l'exemple que lui avait donné son père : il vint à son tour se perfectionner auprès des maîtres français.

Recommandé à Wille, alors plus qu'octogénaire et qui s'honorait d'avoir eu Jean-Godard pour élève, il se trouva par son entremise en relation avec Bervic, avec Tardieu et Desnoyers, et, sans se faire en tout l'imitateur de ces habiles artistes, il leur emprunta cependant assez pour qu'on puisse le regarder, sinon comme leur rival, au moins comme un de leurs plus fidèles disciples. Les planches qu'il grava pour le *Musée français*, publié par Laurent et Robillard[1], attestent une louable soumission aux principes des maîtres et une expérience de l'art déjà solide ; mais c'est dans la *Vierge de saint Sixte* que le talent de Müller donne exactement sa mesure et qu'il semble parvenu à sa maturité.

Avant d'entreprendre cette grande planche d'après Raphaël, le jeune graveur s'était rendu en Italie pour y étudier d'autres œuvres du « divin peintre », et se préparer à la traduction du tableau de la galerie de Dresde par des copies dessinées d'après les fresques du Vatican. Revenu en Allemagne, il s'était mis aussitôt au travail, et il l'avait poursuivi avec une telle ardeur que vers la fin de 1815, c'est-à-dire au bout de trois ans, il l'avait déjà terminé. La *Vierge de saint Sixte* mérite d'être comptée parmi les meilleures gravures en taille-douce

---

1. Cette importante publication contient, divisés en quatre sections, les tableaux et les sculptures les plus remarquables du Musée du Louvre, tel qu'il existait à l'époque où Napoléon l'avait enrichi des chefs-d'œuvre de toutes les écoles. Commencée en 1802, elle fut continuée jusqu'en 1811.

qui aient paru au commencement du siècle, et le succès a depuis longtemps accueilli cette très estimable planche : succès tardif pourtant, au gré des désirs du graveur, et que malheureusement il ne sut pas attendre.

Lorsque Müller eut achevé son œuvre, il voulut l'éditer lui-même, comptant en tirer, outre l'honneur, un légitime profit. Épuisé par un travail excessif, il espérait que tant d'efforts ne resteraient pas sans récompense et qu'il suffirait de quelques jours pour l'obtenir. Ces quelques jours s'étaient écoulés, et le jeune graveur, en proie à une anxiété fiévreuse, commençait à accuser l'indifférence de ses contemporains. Bientôt il lui fallut traiter avec un éditeur pour que le fruit de ses peines ne fût pas entièrement perdu. Plusieurs connaisseurs achetèrent alors des épreuves de la *Vierge,* sans que la popularité s'attachât encore à l'estampe dont l'apparition, dans la pensée de Müller, aurait dû avoir l'importance d'un événement public. Tant de déceptions achevèrent de ruiner la santé du pauvre artiste et ne tardèrent pas à ébranler sa raison. Un moment vint où l'exaltation fut à son comble, et Müller se donna la mort en se frappant d'un coup de cet instrument dont les graveurs se servent pour ébarber les tailles creusées par le burin. Bien peu après, la *Vierge de saint Sixte* obtenait ce vaste succès que Müller avait rêvé avant l'heure. L'éditeur s'enrichissait en vendant les épreuves dont celui-ci avait eu hâte de se dessaisir, et le nom du jeune graveur acquérait dans l'Europe entière la célébrité qui lui était due.

Les travaux de Bervic et de Desnoyers, de Morghen et de Müller, peuvent résumer l'état de la gravure en

France, en Italie, en Allemagne, pendant les premières années du xixᵉ siècle. Ils prouvent qu'à cette époque les doctrines étaient à peu près les mêmes dans les trois écoles, ou, tout au moins, qu'on y étudiait les mêmes modèles; mais cette apparente conformité ne devait pas être durable. Les conditions de l'art se modifièrent bientôt sous l'empire d'autres idées, et les graveurs allemands, déplaçant le but les premiers, entrèrent dans une voie nouvelle qu'ils suivent encore aujourd'hui.

Au moment où Müller succomba, l'influence exercée par Gœthe et par Schiller sur la littérature de leur pays commençait à s'étendre sur les arts du dessin. L'étude passionnée du moyen âge se substituait au culte de l'antiquité, et, tandis que le *Dictionnaire de la Fable* était encore le seul évangile consulté par les peintres français, au delà du Rhin les peintres s'inspiraient déjà des traditions chrétiennes et des légendes nationales : réaction heureuse en un certain sens, qui a rendu à l'art ce caractère spiritualiste qu'il ne lui est jamais permis de dépouiller, mais qui, dégénérant bientôt en système archéologique, a fini par immobiliser le talent en l'opprimant sous des formes invariables. Quelques années ont suffi pour réduire l'art allemand à cet état d'ascétisme réglementaire en quelque sorte, et depuis que MM. Overbeck, Cornélius et Kaulbach sont venus ajouter l'autorité de leurs exemples aux tentatives de leurs prédécesseurs, la réforme a été aussi radicale en Allemagne qu'avait pu l'être en France la révolution accomplie, avec de tout autres vues, par David.

La peinture en Allemagne s'étant ainsi privée d'une partie de ses ressources matérielles, la gravure devait

s'y attacher uniquement à reproduire dans leur signification tout idéale l'expression et le style des originaux.
C'est ce à quoi, il faut le dire, elle réussit complètement. Les graveurs allemands décalquent en quelque
sorte et retracent trait pour trait la pensée religieuse,
philosophique ou littéraire, qui, bien plutôt que l'imagination pittoresque, donne leur raison d'être aux modèles. Ils ne produisent pas, à proprement parler, des
estampes, c'est-à-dire des œuvres où le burin ait cherché
à rendre la valeur des tons, le coloris, le clair-obscur,
— tout ce qui constitue, en dehors de la composition
et du dessin, un tableau; ils se contentent de creuser
dans le cuivre, avec une précision rigoureuse souvent
jusqu'à la sécheresse, les contours de formes peu acci-
dentées; d'ajouter à celles-ci, çà et là, quelques indications de modelé, quelques légères masses d'ombre, en
se gardant bien de pousser plus loin les concessions
aux exigences pittoresques. Il suffira de citer, entre les
nombreux spécimens de cette extrême réserve dans l'exécution, les *Scènes évangéliques* gravées d'après M. Overbeck par MM. Franz Keller, Ludy, Steinfensand, les
planches d'après M. Cornélius, publiées à Carlsruhe ou
à Munich par MM. Schaëffer, Merz et plusieurs autres,
enfin, d'après M. Kaulbach, la grande planche de
M. Thaeter représentant le *Combat des Huns.*

Bien que subdivisée en écoles partielles, l'école
allemande moderne présente donc, — au moins en
ce qui concerne la peinture dite d'histoire et la gravure
du même ordre, — un ensemble de talents à peu près
identiques, inspirés par une contemplation abstraite
plutôt que par l'étude de la réalité. Cependant la doctrine

générale n'a pas été appliquée partout avec la même rigueur. A Dusseldorf, par exemple, les graveurs ne se sont pas toujours bornés, comme ceux de Munich, à représenter des figures et les accessoires dont elles sont entourées à l'état de silhouettes à peine. renforcées d'ombres pâles. Ailleurs, on accepte parfois des conditions plus larges encore. M. Felsing, à Darmstadt, M. Mendel, à Berlin, M. Steinla, à Dresde, ont prouvé, dans leurs estampes d'après Fra Bartolommeo, Raphaël ou Holbein, qu'ils n'entendaient s'interdire aucun des moyens dont les maîtres graveurs s'étaient servis pour imiter jusqu'au bout le relief et la vie des objets figurés sur la toile; mais les efforts de ces habiles artistes et de quelques autres ne peuvent guère être signalés qu'à titre d'exceptions. Le principe, nous l'avons dit, qui régit en général l'art allemand depuis sa réforme, c'est la prédominance des intentions calculées, systématiques même, sur l'expression spontanée du sentiment; c'est l'abandon, au profit exclusif de l'intelligence, de tout ce qui tendrait à séduire les yeux. Les graveurs, en Allemagne, accordent beaucoup au raisonnement et à l'analyse, trop peu à la sensation. Quoi de plus naturel, après tout? Ce qu'on peut regretter de ne point trouver dans leurs ouvrages manque aussi aux peintures ou aux dessins d'après lesquels ils ont été faits; mais le principe une fois admis, il faut avouer qu'on n'en saurait tirer avec plus d'ensemble les conséquences logiques. On ne compte pas en Allemagne des talents isolés, indépendants les uns des autres, comme en Belgique ou en Autriche, en Suisse ou en Russie. Le but y est le même pour tous les graveurs, et tous réussissent à peu près également à l'atteindre.

C'est aussi ce qui a lieu en Angleterre. Prises en général, les œuvres de la gravure présentent dans ce pays une incontestable unité ; toutefois, en dehors de cela, la différence est grande entre les deux écoles. L'art allemand, devenu un peu valétudinaire à force de sacrifices et de macérations, est soutenu du moins par une foi fiévreuse qui lui prête l'animation de la vie : l'art anglais, malgré sa physionomie florissante, est au fond d'une constitution usée. Il n'existe plus qu'à la surface, et pour peu qu'on étudie les ressorts de cette existence, on est bien forcé d'en reconnaître la fragilité.

On a dit souvent que les arts étaient l'expression des inclinations morales d'un peuple. Sans doute, lorsque les arts ont été de tout temps une nécessité pour lui, lorsqu'ils sont, pour ainsi parler, endémiques, comme dans la Grèce ancienne ou en Italie ; mais là où ils ont pénétré par contagion seulement, il peut se faire qu'ils restent distincts des tendances nationales, qu'ils n'en représentent qu'une partie, ou même qu'ils laissent supposer des tendances toutes différentes. Une école de peinture n'existe, à vrai dire, en Angleterre, que depuis le xviiiᵉ siècle ; ce qui l'a caractérisée au début et ce qui la caractérise encore, peut-il être regardé comme l'expression naturelle du génie de la nation ? Même dans les œuvres les plus importantes qu'elle ait produites, dans les *portraits* de Reynolds, de Gainsborough ou de Lawrence comme dans les *paysages* de Turner, retrouve-t-on cette sagesse pratique, cet esprit de méthode, ce goût de l'exactitude en toutes choses, que les Anglais apportent dans les affaires de la vie privée, aussi bien que dans la conduite des affaires politiques ? La recherche de l'éclat artificiel, de l'effet à outrance au détriment de la correction, de la forme précise, de la netteté dans le style, voilà au contraire les seules traditions que l'école anglaise de peinture ait jusqu'à présent fondées ou suivies ; malgré les exemples donnés dans la première moitié de notre siècle par des artistes d'un talent ingénieux et délicat, — Wilkie, Smirke, Mulready, — malgré les efforts plus récents de la secte des préraphaélites, il ne paraît pas qu'elle soit encore en mesure ou en humeur d'y renoncer.

L'espèce de formulaire esthétique, accepté et pratiqué de génération en génération par les peintres anglais, a continué de régir aussi, et peut-être avec une autorité plus inévitable encore, les graveurs, leurs compatriotes. La gravure, en Angleterre, semble aujourd'hui se désintéresser de tout nouvel effort. On dirait que ses innombrables produits n'ont plus rien à révéler à ceux-là mêmes qui les achètent, et que, au lieu d'être réclamés par un besoin de l'esprit, ils tendent seulement à satisfaire une habitude.

George III, on l'a vu, avait encouragé de tout son pouvoir les travaux du burin, et l'exportation des estampes était devenue bientôt une source de richesses pour le commerce anglais. Comment la nation aurait-elle laissé passer avec indifférence des œuvres accueillies au dehors avec un si vif empressement ? L'aristocratie donna l'exemple. Tous les hommes occupant en Angleterre une grande position sociale crurent de leur devoir de souscrire les premiers aux publications de quelque importance. Par esprit d'imitation ou par patriotisme, la haute bourgeoisie voulut à son tour favoriser l'extension de la gravure, et lorsque, quelques années plus tard, parurent les vignettes sur acier et les *keepsake,* la modicité de leur prix permit à tout le monde d'en faire l'acquisition. Insensiblement, on s'accoutuma à avoir chez soi des estampes, comme on y avait des superfluités d'autre sorte, et, l'usage se généralisant de plus en plus, les graveurs purent à peu près compter sur le débit de leurs ouvrages, quels qu'ils fussent. Il en est de même encore aujourd'hui. A Londres, toute publication nouvelle a un certain nombre de souscripteurs assurés, et de droit, pour ainsi dire. De là cette facilité avec laquelle les travaux se multiplient, et les incessants perfectionnements mécaniques tendant à en abréger la durée; mais de là aussi cette physionomie uniforme et ce charme de convention que présentent les estampes anglaises depuis plus d'un demi-siècle.

Qu'on jette les yeux sur des planches à l'aquatinte ou en manière noire récemment publiées, qu'on ouvre un livre de fraîche date *illustré* de gravures au burin, on n'y trouvera rien qu'on ne croie avoir déjà vu dans cent autres planches ou recueils de même espèce. Toujours ces éclats de lumière au milieu de l'obscurité, toujours des corps nacrés opposés à des corps en velours. Il en est à peu près de ces formules inutilement violentes comme des ruses musicales auxquelles recourent certains chanteurs à court d'inspiration et de style. A un *piano* de quelques mesures ils font inopinément succéder un *forte* retentissant; tout l'artifice consiste dans la brusquerie du contraste et ne peut avoir d'autre raison de succès que la surprise qu'il cause. Encore, d'un côté comme de l'autre, l'étonnement se trouve-t-il bien vite supprimé par l'emploi trop fréquent du moyen. Les estampes anglaises pouvaient, d'abord, emprunter de leur aspect imprévu une certaine séduction; mais depuis que la reproduction à l'infini des mêmes effets leur a ôté leur principal prestige, il est au moins difficile qu'elles ne nous laissent pas distraits ou indifférents.

Il y aurait toutefois injustice à ne considérer ici que l'abus des pratiques générales, sans tenir compte de quelques talents particuliers. Depuis les graveurs en manière noire formés par Reynolds et les graveurs paysagistes appartenant, comme Woollett, à peu près à la même époque, l'Angleterre a produit plusieurs graveurs remarquables : Abraham Raimbach entre autres, buriniste fin, dessinateur beaucoup plus correct que la plupart de ses compatriotes, et dont les planches d'après Wilkie, — *le Colin-Maillard, le Payeur de rentes, les Politiques de village,* etc., — méritent d'être classées parmi les plus agréables œuvres de la gravure moderne; Samuel-William Reynolds et M. Cousins, qui, — le premier dans ses portraits gravés d'après plusieurs peintres anglais et dans ses planches d'après Géricault, Horace Vernet et Paul Delaroche,— le second dans ses portraits d'après Lawrence du *jeune Lambton,* du *pape Pie VII,* de *lady Gover* et de *son fils,* ont su tirer de la manière noire quelque chose de plus que ce qu'elle avait donné sous la main des graveurs du xviiiᵉ siècle.

Bien que fort dissemblables par la nature de leurs talents, Raimbach et M. Cousins peuvent être rapprochés l'un de l'autre, parce qu'ils paraissent avoir été les derniers graveurs de leur pays qui se soient appliqués à donner à leurs travaux un caractère conforme aux strictes conditions de l'art. Depuis eux, les graveurs n'ont guère fait à Londres qu'exercer plus ou moins adroitement une profession presque mécanique, en produisant soit ces milliers de vignettes qui renaissent chaque année du même fonds, soit des estampes sur des sujets d'une portée moindre encore : animaux, attributs de chasse, etc., et cela dans des proportions excessives. N'en est-on pas venu, en effet, à représenter de grandeur naturelle des chiens, des chats, des pièces de gibier ? Il est telle planche d'après M. Landseer, offrant pour tout objet d'intérêt un perroquet perché sur son bâton, dont les dimensions dépassent de beaucoup celles des planches gravées jadis d'après les plus vastes compositions, des maîtres. Ce sont là pour le moins des erreurs de goût que ne sauraient racheter ni d'incontestables perfectionnements dans la fabrication des outils ni même la combinaison souvent très ingénieuse des divers procédés de gravure. Non, si habiles à un certain point de vue que se montrent encore les graveurs anglais contemporains, ils ne font plus, à proprement parler, acte d'artistes, parce qu'ils élargissent outre mesure dans leurs ouvrages la part du métier, et qu'ils réduisent d'autant, qu'ils suppriment presque celle de l'art véritable et du sentiment.

On pourrait, à plus forte raison, s'expliquer ainsi la médiocrité des estampes publiées de nos jours en Amérique. Peu nombreuses encore, il est vrai, elles n'intéressent point le regard comme les essais d'un art naissant, ingénu, mais vivace dans sa naïveté même : elles le découragent, au contraire, et l'attristent comme les produits d'un art tombé dans l'engourdissement de

la vieillesse. Il semble qu'aux États-Unis la gravure
débute par la décadence, ou, si l'on veut, par une sorte
d'état négatif que ne vient animer aucune velléité de
mouvement, aucun élan vers le progrès. Exécutées pour
la plupart en manière noire ou à l'aquatinte, les estampes
mises en vente à New-York ou à la Nouvelle-Orléans
ne laissent soupçonner chez ceux qui les ont faites rien
de plus que la volonté de s'approprier tant bien que mal
les coutumes actuelles et les procédés de la gravure
anglaise; quant à la gravure au burin, c'est presque
uniquement à l'ornementation des billets de banque ou
des cartes d'adresses de négociants que se consacrent les
artistes qui la pratiquent. Quelques-uns de ceux-ci ne
manquent ni d'expérience technique ni jusqu'à un
certain point d'habileté; s'il fallait absolument trouver
un spécimen caractéristique de l'art américain, peut-être
devrait-on le chercher parmi les œuvres de cette espèce
plutôt que dans les travaux d'un autre ordre. En tout
cas, le mieux est de réserver pour l'avenir toute appré-
ciation définitive et de constater simplement ce qu'a
été jusqu'ici la gravure en Amérique, en attendant qu'un
maître surgisse dont l'influence la renouvelle et les
exemples la vivifient.

Si, après avoir jeté un coup d'œil sur l'état de la
gravure au commencement de notre siècle, on cherche
à se rendre compte des phases qu'elle a traversées
depuis lors, nul doute qu'on ne soit amené à reconnaître
la prééminence des talents qui se sont succédé dans
notre pays sur ceux que les pays étrangers ont vus se
produire. On pourrait même dire que les graveurs
français presque seuls ont maintenu et maintiennent

encore l'art dans des termes dont il ne saurait s'écarter sans courir le risque de devenir, comme en Allemagne, une langue de pure convention, ou de n'être plus, comme en Angleterre, que l'expression banale du savoir-faire.

Sans doute, les témoignages d'une habileté plus large et plus sérieuse n'ont pas manqué là même où, quelques années auparavant, la gravure semblait tombée en décadence. Après Volpato et Morghen, et bien contrairement à leurs exemples, quelques graveurs italiens ont travaillé de manière à relever l'honneur de l'école nationale. Les planches de M. Toschi et de ses élèves, d'après les fresques et les tableaux de Corrège à Parme, le *Vœu de Louis XIII* d'après Ingres par M. Calamatta, *les Moissonneurs* d'après Léopold Robert par M. Mercuri, plusieurs autres estampes encore dues soit aux mêmes artistes, soit à un ou deux de leurs compatriotes, méritent certes de figurer à côté des œuvres les plus importantes de la gravure française appartenant à la première moitié du XIXe siècle; mais le temps déjà long qui s'est écoulé depuis la publication de ces belles planches a été à peu près stérile pour la gravure en Italie, tandis que, durant la même période la série des talents s'est continuée en France sans interruption. Après les graveurs dont les débuts remontent aux dernières années de la restauration, d'autres graveurs, formés à leur école, sont à leur tour devenus des maîtres, et, malgré bien des circonstances contraires, malgré l'indifférence d'une partie du public et les usurpations de plus en plus encouragées de la photographie, le zèle dont ils font preuve, comme la valeur des travaux qu'ils produisent, ne paraît pas près de s'amoindrir.

A un certain moment, il est vrai, à l'époque des plus
brillants succès de la gravure anglaise, les choses ne
s'étaient point passées dans notre école sans quelque
hésitation chez les uns, sans quelque commencement de
défection même de la part des autres. Tant qu'avait duré
le premier empire, on ne s'était pas douté en France du
mouvement d'art opéré à Londres pendant les dernières
années du règne de Georges III et les premières années
de la Régence. La suspension des relations commerciales entre les deux pays nous avait laissés à cet égard
dans une ignorance si profonde que jusqu'en 1816 on
ne connaissait ici d'autres estampes anglaises que celles
de Strange, de Ryland, de Woollett; en un mot, rien que
celles qui avaient paru avant la fin du xviii⁰ siècle; et lorsque, après le retour des Bourbons, les produits de l'art
anglais moderne frappèrent pour la première fois les
regards de nos graveurs, ils les éblouirent au moins
autant par le prestige de la nouveauté que par l'éclat du
mérite.

Les hommes qui, comme Tardieu et Desnoyers, se
préoccupaient surtout de l'élévation du style et de la
fermeté virile de l'exécution, s'émurent peu de pareilles
innovations, si l'on en juge par le caractère des œuvres
qu'ils publièrent depuis lors. La planche de *Ruth et
Booz*, gravée par le premier d'après M. Hersent, les diverses *Vierges* et *la Transfiguration* gravées par le second d'après Raphaël, ne témoignent pas que leur foi
dans l'excellence de l'ancienne méthode française ait été
le moins du monde ébranlée; mais d'autres, plus jeunes
ou moins profondément convaincus, ne tardèrent pas
à se laisser séduire. A l'exemple des Anglais, ils ten-

tèrent de mélanger dans leurs travaux tous les procédés
de gravure ; ils recherchèrent, à l'exclusion du reste , ce
qui pouvait faciliter l'accomplissement de leur tâche,
en rendre le résultat piquant, enjoliver l'aspect même
d'une planche d'histoire, et, les imitations de la manière
anglaise se multipliant en raison du succès qui les avait
d'abord accueillies, la gravure en France menaçait de
se réduire à un état de dépendance qu'elle n'avait jamais
subi depuis le XVII siècle.

Ce zèle de contrefaçon se refroidit enfin. Une réaction heureuse, commencée peu après 1830, s'est pour-
suivie dans le cours des années suivantes, et l'engoue-
ment ayant chez tout le monde fait place à la réflexion,
on a reconnu ce que les exemples importés d'Angleterre
avaient en réalité de décevant. Aujourd'hui, notre école
de gravure ne prend plus conseil que d'elle-même, de
ses antécédents, de ses traditions. C'est à cette juste confiance dans ses propres ressources qu'elle doit le rang
qu'elle occupe au-dessus et en dehors des autres écoles,
et à une plus grande distance encore des faux succès de
l'industrie mécanique, de ses essais d'invasion sur ce
qui n'est pas de son domaine, de ses prétentieuses tentatives pour se substituer à l'art lui-même et s'approprier
des privilèges dont elle ne pourra, quoi qu'elle fasse,
arriver à le déposséder.

De tous les graveurs qui auront honoré notre époque,
non seulement en France, mais encore dans les pays
étrangers, le premier par le talent comme par l'influence
générale qu'il exerce depuis près d'un demi-siècle est
sans contredit M. Henriquel, — ou, suivant le nom
qu'il porta jusque vers la seconde moitié de sa carrière,

M. Henriquel-Dupont. Il a eu cependant, lui aussi, à
ce qu'il semble, ses heures d'incertitude. Peut-être surprendrait-on dans quelques ouvrages de sa jeunesse les
traces d'une certaine préoccupation de la manière an-

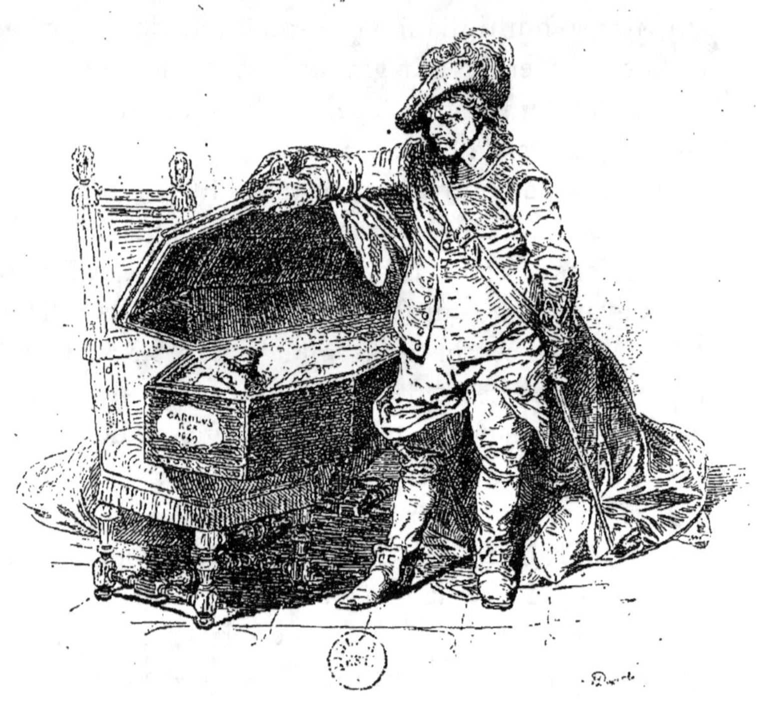

FIG. 96. — HENRIQUEL.

Cromwell (eau-forte d'après Paul Delaroche).

glaise, certaines velléités d'une orthodoxie douteuse qui,
en tout cas, ne se sont jamais résolues en erreurs manifestes et qui auraient tout au plus abouti à des fautes
vénielles, depuis lors surabondamment rachetées.

M. Henriquel est un maître dans l'acception la plus

large du mot, et un maître de la même race que ceux dont notre pays a le droit d'être le plus fier dans le passé. Les graveurs français du xviie siècle eux-mêmes nous ont-ils laissé des planches plus largement et plus finement traitées tout ensemble que l'*Hémicycle du palais des Beaux-Arts*, le *Strafford*, et le *Moïse exposé sur le Nil* d'après Paul Delaroche, que l'admirable préparation à l'eau-forte des *Pèlerins d'Emmaüs* d'après Paul Véronèse, et que le portrait de *M. Bertin* d'après Ingres! Combien d'autres belles œuvres sorties de la même main mériteraient d'ailleurs d'être citées à côté de celles-là? Le portrait d'*Une Dame et sa Fille* d'après Van Dyck, gravé quelques années avant l'*Abdication de Gustave Wasa* d'après M. Hersent et le portrait du *Marquis de Pastoret* d'après Paul Delaroche, le *Christ consolateur* gravé un peu plus tard d'après Scheffer, et, parmi les œuvres d'une moindre importance, mais non certes d'un moindre mérite, ces portraits gravés, tantôt d'un burin si savamment souple, tantôt d'une pointe si spirituelle et si délicate : Mme *Pasta*, le botaniste *Desfontaines*, le dessinateur *Desenne, Brongniart, Tardieu, Carle Vernet, Sauvageot, Scheffer, Mansart et Perrault, Mirabeau à la tribune*, *M. Rathier*, et le plus récent de tous, le charmant petit portrait du *Père Petétot*.

Dans ces planches et dans bien d'autres, — car l'œuvre du maître ne comprend pas moins de quatre-vingt-dix pièces, sans compter plusieurs lithographies et un grand nombre de portraits au pastel ou au crayon, — M. Henriquel se montre non-seulement savant dessinateur et praticien consommé, mais encore plus peintre, pour ainsi dire, qu'aucun de ses prédécesseurs immé-

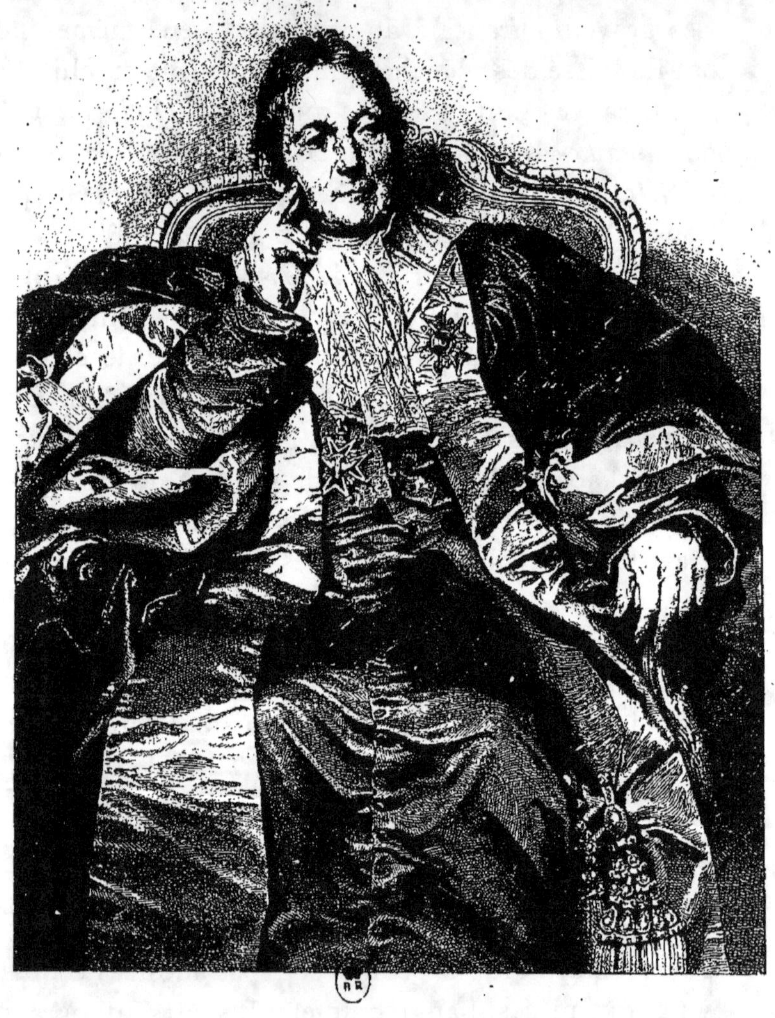

FIG. 97. — HENRIQUEL.

Le marquis de Pastoret, d'après Paul Delaroche.

diats. Bervic, de qui il avait été l'élève après quelques
années passées dans l'atelier de Pierre Guérin, Bervic
a pu lui enseigner l'art de vaincre les difficultés matérielles, celles qui sont inhérentes au métier proprement
dit; mais l'influence exercée par le graveur de *Laocoon*
et de *Déjanire* ne s'est certainement pas étendue au delà
de cette initiation toute technique. Les exemples de
Desnoyers lui-même, quelque instructifs qu'ils fussent
à certains égards, n'ont pas été si docilement acceptés
par M. Henriquel que celui-ci ait cru devoir, pour les
suivre, faire le sacrifice de son goût et de son sentiment
instinctifs. Par la netteté de ses doctrines comme par les
caractères élevés de son talent, le graveur de l'*Hémicycle*
se rattache au passé de notre école et aux maîtres qui
en sont le principal honneur; mais par les formes d'expression particulières qu'il emploie, par ce qu'il y a de
très imprévu dans sa manière et de très personnel même
dans son culte de la tradition, il s'isole jusqu'à un certain point de ses devanciers et fait acte de novateur,
sans en afficher, tant s'en faut, la prétention. Nous le
disions tout à l'heure, M. Henriquel a le secret d'assou-
plir si bien les moyens dont il dispose qu'il peint avec
le burin ou avec la pointe là où d'autres et des plus habiles, comme M. Laugier et M. Richomme, n'avaient
su, un peu avant lui, que graver. Aussi l'action exercée
par le maître, soit sous forme d'enseignements directs,
soit au moyen des œuvres signées de son nom, a-t-elle
eu pour effet de rajeunir à plus d'un égard les conditions
de la gravure dans notre pays, et de susciter des talents
dont quelques-uns, tout en accusant clairement leur
origine, n'en devaient pas moins avoir leur importance

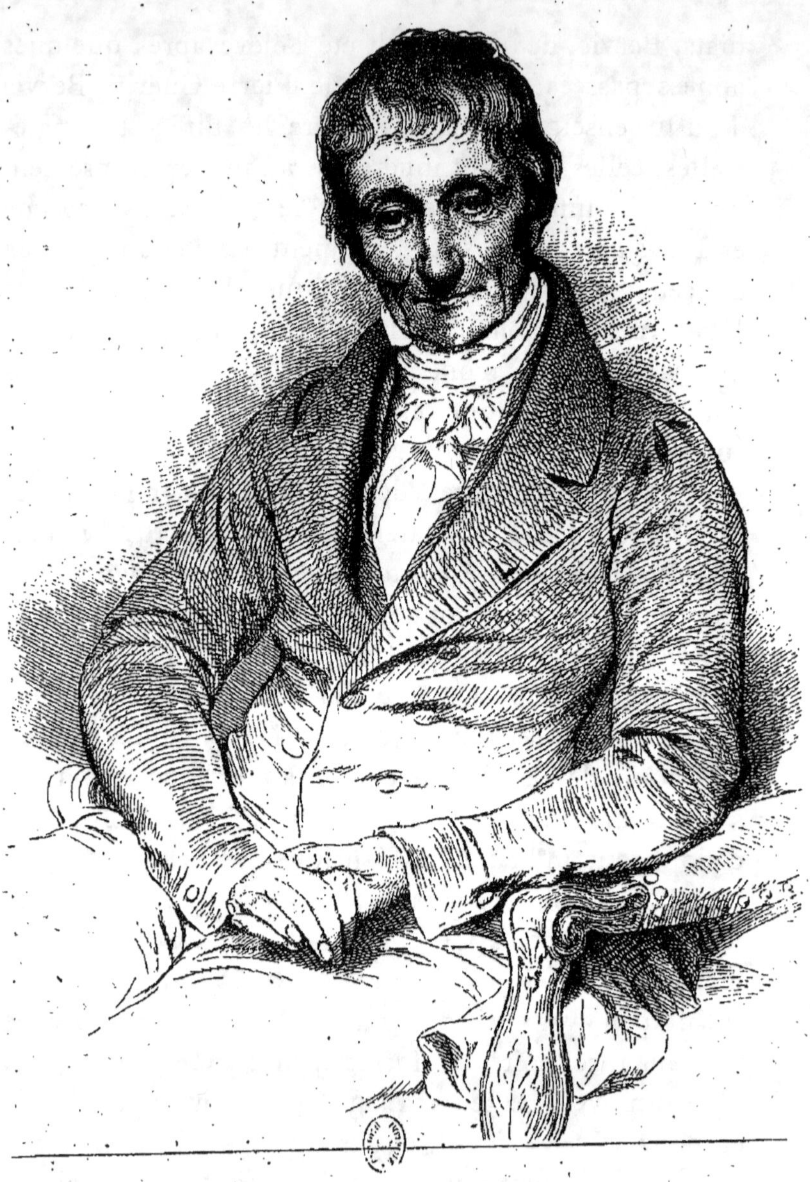

FIG. 98. — HENRIQUEL.

Portrait d'Alexandre Brongniart, d'après un dessin du graveur.

propre et mériter une place très honorable dans l'histoire de l'art contemporain.

Parmi les élèves les plus distingués de M. Henriquel, plusieurs ont déjà cessé de vivre : M. Aristide Louis, dont les deux figures de *Mignon* d'après Scheffer avaient obtenu, au moment de leur apparition, un succès populaire; M. Jules François, à qui l'on doit, entre autres belles planches, un véritable chef-d'œuvre, le *Militaire offrant des pièces d'or à une femme*, d'après le tableau de Terburg conservé au musée du Louvre; M. Rousseaux, le mieux doué peut-être des graveurs de sa génération, et dont les œuvres, si peu nombreuses qu'elles soient, suffiront pour faire vivre le nom. Qui sait même si, quelque jour, le *Portrait d'homme* d'après le tableau du Louvre attribué à Francia et le portrait de Mme *de Sévigné*, d'après le pastel de Nanteuil, ne seront pas recherchés avec autant d'empressement qu'on en met aujourd'hui à se procurer les pièces gravées par les anciens maîtres?

Si la mort prématurée de ces habiles graveurs a privé notre école d'une partie des talents sur lesquels elle semblait le mieux en droit de compter, combien d'autres heureusement nous restent dont les œuvres sont de nature à soutenir la vieille renommée de l'art français et à défier les comparaisons avec les produits de l'art étranger! Où trouver, par exemple, en dehors de la France, des équivalents au *Couronnement de la Vierge* d'après Jean de Fiesole ou au *Mariage de sainte Catherine* d'après Memling par M. Alphonse François, — à *l'Antiope* d'après Corrège par M. Blanchard, ou à la *Vierge de la consolation* d'après M. Hébert par M. Huot, — à

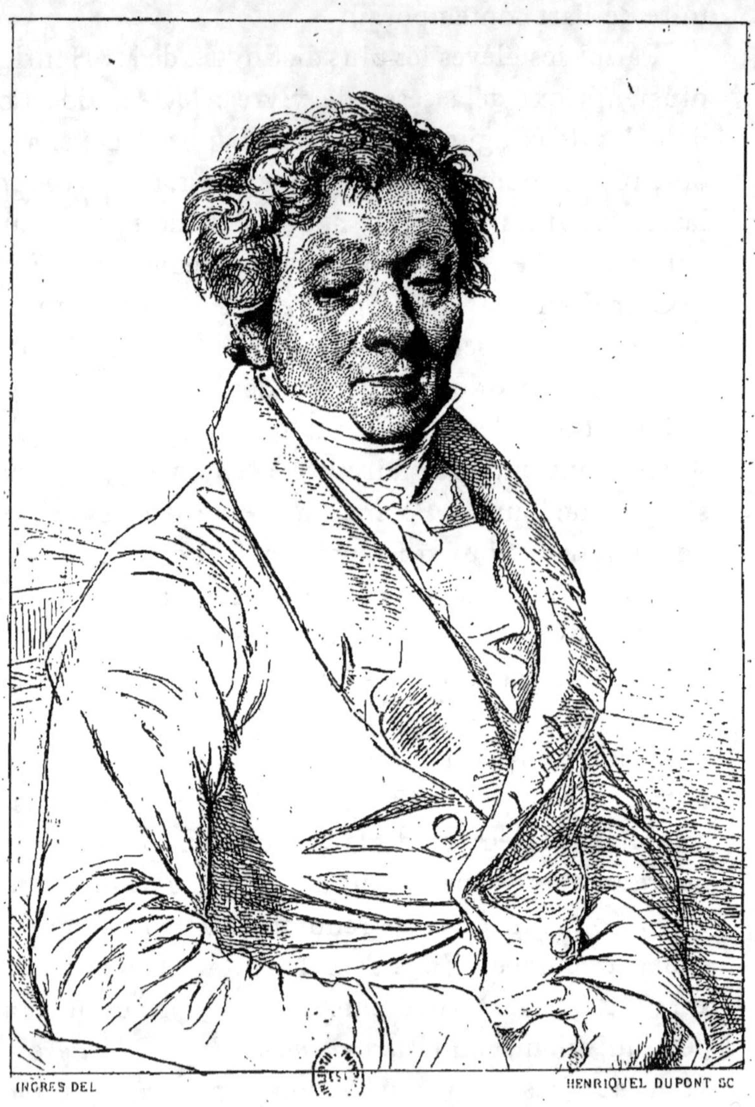

FIG. 99. — HENRIQUEL.

Alexandre Tardieu, d'après un dessin d'Ingres.

19

la *Maîtresse de Titien* par M. Danguin, ou au *Porte-ment de croix,* gravé d'après Lesueur par M. Bertinot, — à plusieurs planches encore, diversement remarquables, signées des mêmes noms ou des noms de quelques autres artistes? Enfin quelle rivalité M. Gaillard pourrait-il craindre dans le genre de gravure dont il est à vrai dire l'inventeur et qu'il pratique avec une habileté si extraordinaire? Soit qu'il grave d'après Van Eyck, Ingres ou Rembrandt, des planches comme l'*Homme à l'œillet*, l'*Œdipe* et les *Pèlerins d'Emmaüs*, soit qu'il nous donne d'après ses propres dessins ou ses peintures des *Portraits* comme ceux du pape *Pie IX* et de *Dom Guéranger,* il intéresse aussi vivement l'intelligence qu'il étonne le regard par l'incroyable subtilité de ses travaux. Même quand il reproduit les œuvres d'autrui, M. Gaillard se montre ouvertement original. Ses procédés sont absolument à lui et rendent toute contrefaçon impossible, parce qu'ils tiennent à la délicatesse exceptionnelle de ses organes; mais il ne serait pas moins difficile de s'approprier la finesse de son sentiment et, quelque bonne volonté qu'on y mît, de se donner une pénétration d'esprit égale à la sienne.

La gravure au burin a donc parmi nous des représentants assez nombreux, et surtout assez méritants, pour démentir les appréhensions de ceux-là mêmes qui la croient ou qui affectent de la croire irrévocablement atteinte par le succès des procédés héliographiques. Que si l'on jette les yeux sur les travaux accomplis de nos jours dans un autre ordre de gravure, si l'on examine les œuvres produites en France par les graveurs à l'eau-forte contemporains, de ce côté encore, on aura lieu

d'être suffisamment rassuré. Né saurait-on même sans
exagération appliquer le mot de renaissance à la série
des progrès que nous avons vus s'opérer dans le genre
de gravure illustré jadis par Callot et Claude le Lorrain? A quel moment, depuis le xviiᵉ siècle, la pointe
a-t-elle été maniée dans notre pays par autant d'artistes
habiles et avec un sentiment aussi vif de la couleur et
de l'effet? Qu'on ne se méprenne pas d'ailleurs sur la
portée de nos éloges. Nous ne parlons ici, bien entendu,
ni de ces mille croquis griffonnés sur le vernis avec un
laisser-aller auquel en réalité l'ignorance naïve a beaucoup plus de part que la verve, ni de ces autres semblants d'œuvres d'art dont l'adresse de l'imprimeur et
les ruses du tirage ont principalement fait les frais; c'est
aux dupes de ces jactances ou de ces artifices qu'il faut
laisser le soin de s'en occuper; mais il n'y aura que
stricte justice à reconnaître dans beaucoup de pièces à
l'eau-forte gravées de notre temps une singulière intelligence des ressources exactes du procédé et, le plus souvent, une science pittoresque assez ferme, assez maîtresse d'elle-même, pour se maintenir à égale distance
de la facilité excessive et du pédantisme.

Bien des noms propres mériteraient d'être cités, s'il
ne fallait s'en tenir ici aux indications générales sur les
progrès qu'ils représentent et sur le mouvement qu'ils
résument. Comment toutefois ne pas rappeler celui d'un
jeune maître mort tout récemment, M. Jacquemart, qui
dans un genre qu'aucun graveur n'avait abordé avant
lui, a fait preuve d'un goût si ingénieux et d'une habileté si originale? Les planches dont se compose le
recueil intitulé les *Gemmes et Joyaux de la couronne*,

d’autres planches à l’eau-forte gravées d’après des modèles

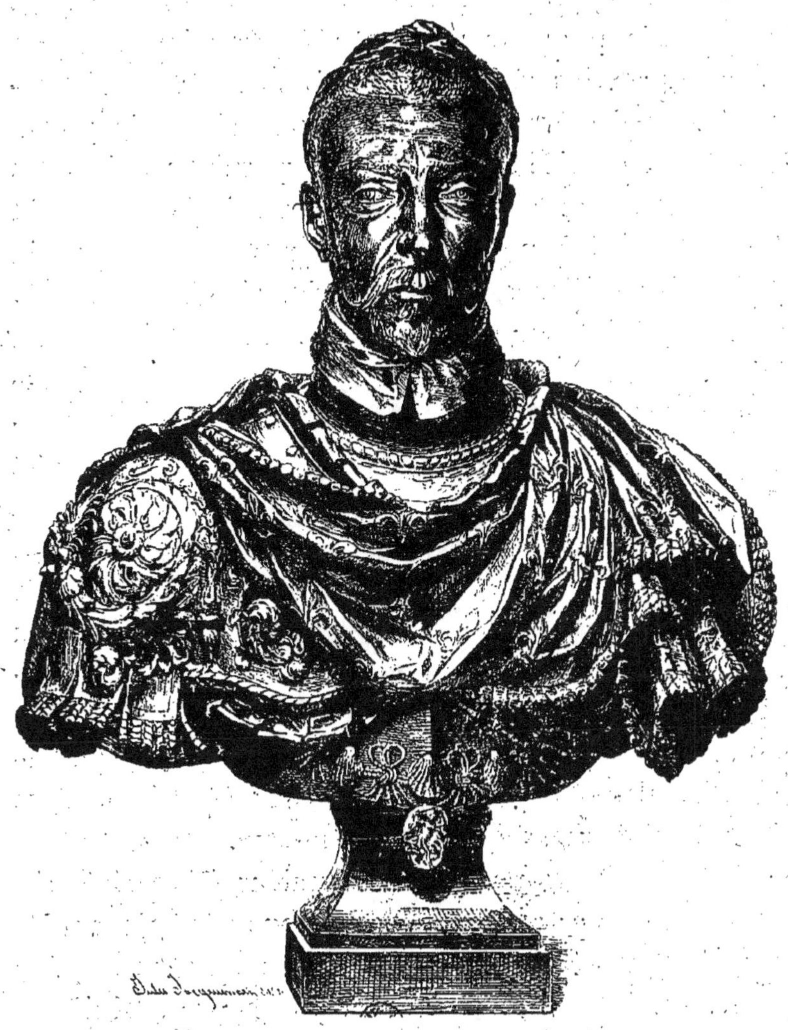

FIG. 100. — JULES JACQUEMART.

Henri III, d’après un bronze du xvie siècle.

analogues, pièces de sculpture ou d’orfèvrerie, vases ou
reliures, émaux ou camées, toutes sont dignes de figu-

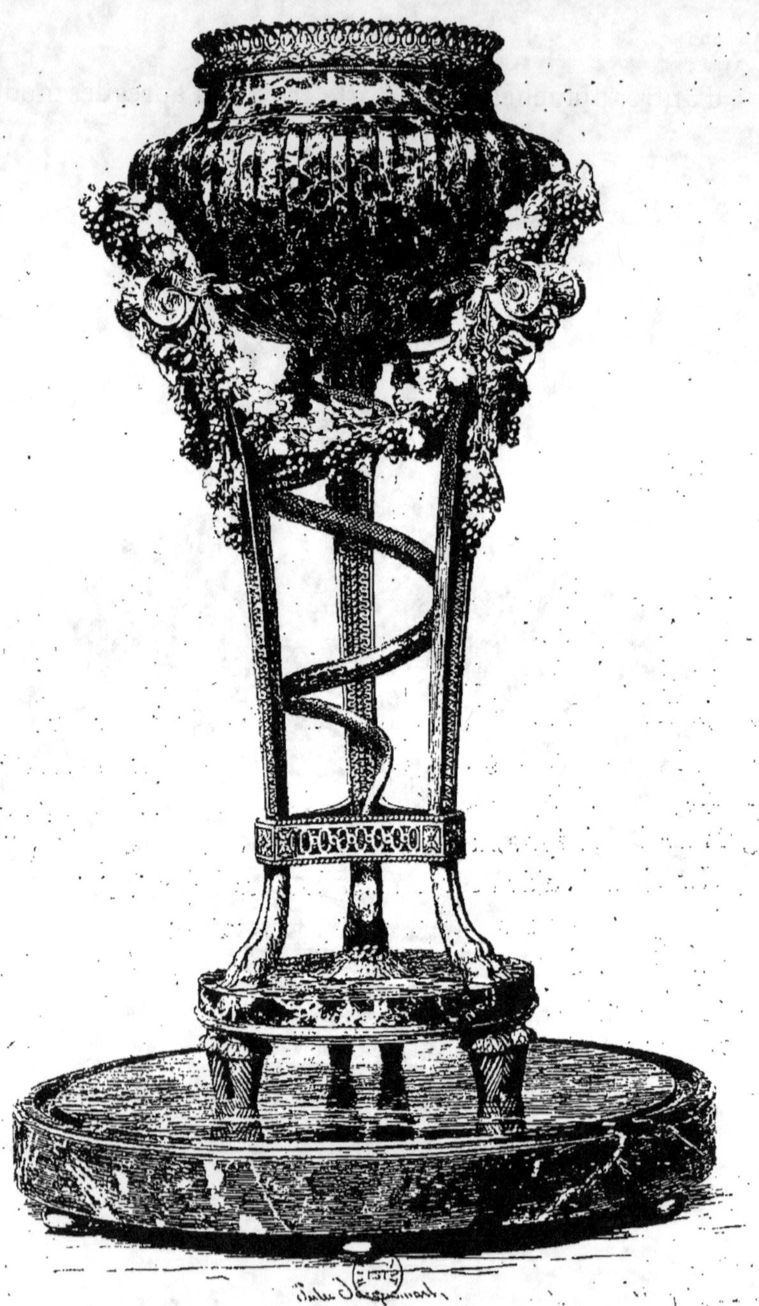

FIG. 101. — JULES JACQUEMART.

Trépied ciselé par Gouthière.

rer à côté des planches d'histoire les plus savamment traitées, comme les « natures mortes » peintes par Chardin au dernier siècle excitent le même intérêt et ont droit à la même estime que les meilleures toiles des peintres d'allégories ou des *portraitistes* de l'époque.

La supériorité de notre école de gravure, quels que soient les genres qu'elle traite, n'a-t-elle pas été d'ailleurs publiquement reconnue et proclamée dans une occasion assez récente? N'est-ce pas tout d'une voix que les membres du jury international chargé de décerner les récompenses à la suite de l'Exposition universelle de 1878 ont fait dans la distribution de ces récompenses une part prépondérante aux graveurs de notre pays? Peut-être même la part eût-elle pu, sans dommage pour la justice, être plus large encore, si le jury, composé en majorité de Français, n'avait cru devoir tenir grand compte des conditions spéciales du concours ouvert à Paris et de l'empressement avec lequel les artistes étrangers avaient répondu à notre appel.

La situation de l'art dans les divers pays de l'Europe et l'importance respective des talents n'ont pas changé depuis lors. Si, pour apprécier l'état de la gravure contemporaine, on juge bon de s'en tenir strictement au moment où nous sommes, nul doute que le plus rapide examen des œuvres représentant les différents procédés de gravure ne justifie les observations qui précèdent et que nous croyons devoir résumer en quelques mots.

La gravure à l'eau-forte, nous l'avons dit, a, depuis quelques années, si bien repris faveur qu'à aucune époque peut-être ses produits n'ont été plus nombreux ni plus généralement recherchés. Il n'y a que justice à cela, et ce n'est pas en France seulement que cette prédilection du public pour les gravures, grandes ou petites, exécutées avec la pointe, est légitimée par le mérite des artistes qui les publient; pour ne citer que quelques noms parmi ceux que recommandent, à des degrés divers, des preuves fréquemment renouvelées déjà d'habileté ou de sentiment, M. Unger en Autriche, M. Redlich et M. Massaloff en Russie, M. Gilli en Italie, M. Seymour Haden en Angleterre, concourent par leurs talents au succès d'une réforme dont les graveurs français avaient pris l'initiative et qu'ils poursuivent aujourd'hui avec une autorité croissante et une intelligence exceptionnelle du moyen.

La gravure en manière noire et la gravure à l'aquatinte n'ont pas eu à beaucoup près une aussi heureuse fortune. De ces deux modes de gravure le premier semble partout tombé, ou peu s'en faut, en désuétude. Même en Angleterre, où le procédé inventé par Ludwig von Siegen une fois importé, toute une école s'était formée pour en exploiter les ressources, en Angleterre où, depuis Earlom jusqu'à Samuel-William Reynolds et M. Cousins, les graveurs en manière noire avaient pendant si longtemps excellé, c'est tout au plus si quelques artistes se rencontrent encore pour essayer de soutenir la tradition.

Dans les autres pays, en France comme en Belgique, en Allemagne comme en Italie, la gravure en manière noire n'est plus, à vrai dire, pratiquée. Elle a été remplacée par la gravure à l'aquatinte qui, elle-même, nous l'avons dit dans le chapitre précédent, n'est guère en usage que là où il s'agit de pourvoir à des besoins tout commerciaux, sauf les cas où quelques graveurs d'un talent recommandable l'emploient en la combinant dans leurs ouvrages avec les travaux de la pointe ou du burin.

Quant à la gravure en bois, dont les progrès à certains égards ont été remarquables dans le cours des dernières années, elle produit presque chaque jour, en France et en Angleterre, des œuvres qui, en confirmant ses progrès, permettent d'en pressentir de nouveaux; plusieurs même, parmi les estampes récemment publiées, — celles de M. Robert par exemple, — impliquent déjà quelque chose de plus que des promesses et réalisent ce que d'autres nous autorisent seulement à espérer. Toujours est-il que, en général, et quelle que soit d'ailleurs leur habileté, les graveurs en bois semblent se méprendre un peu sur les conditions toutes spéciales de l'art qu'ils pratiquent et oublient trop souvent qu'il ne s'agit pas pour eux de contrefaire dans leurs ouvrages l'apparence des gravures en taille-douce. Loin de chercher à simuler les travaux compliqués du burin, ne devraient-il pas, suivant la nature même du procédé dont ils disposent, s'en tenir à des indications sommaires d'effet et de modelé, à l'imitation résumée du coloris et de la forme? Les vignettes gravées d'après Holbein par Leuczelburger et d'autres Allemands du xvie siècle, les portraits et les différents sujets gravés en bois vers la même époque par des artistes italiens ou par des artistes français tels que Geofroy Tory et Salomon Bernard, sont des modèles auxquels les graveurs de nos jours feraient bien de se conformer, au lieu de s'aventurer, sous prétexte de perfectionnements, dans des essais d'innovation aussi contraires à l'esprit intime du procédé qu'à son objet et à ses ressources exactes.

Enfin, si la gravure en taille-douce est pratiquée dans notre pays plus savamment que partout ailleurs, elle trouve néanmoins au delà de nos frontières des représentants distingués. Outre les graveurs français, allemands ou italiens, que nous avons cités, — M. Weber en Suisse, M. De Kaiser en Hollande, M. Biot et M. Franck en Belgique, M. Jacobi, M. Sonnenleiter et M. Klaus en Autriche, travaillent courageusement à soutenir la cause que M. Henriquel et ceux qui marchent à sa suite défendent si bien ici ; mais, dans leurs pays comme dans le nôtre, ce n'est malheureusement pas assez de l'opiniâtreté du talent et du zèle pour avoir raison des modernes préjugés de la foule et de sa confiance exagérée dans les bienfaits des innovations mécaniques.

Depuis les progrès accomplis par la science dans le domaine de la reproduction héliographique, depuis les avantages, au point de vue de l'exactitude matérielle, que la photographie et les procédés qui en dérivent ont offerts ou paru offrir, la gravure au burin est en effet de tous les genres de gravure celui qui, auprès du public, a le plus souffert de cette prétendue concurrence. Par une méprise d'autant plus regrettable qu'elle semble aujourd'hui presque générale, on a cru que c'en était fait de l'art lui-même, à cause de cela seul que, en tant que copies, ses œuvres ne pouvaient avoir l'infaillible fidélité des images photographiques, et que, si sincère qu'elle fût, la main d'un graveur n'arriverait jamais à produire ce fac-similé inévitable, cette imitation sans merci des modèles donnés.

Rien de mieux, si le travail du burin ne devait avoir
pour objet que de nous fournir une transcription littérale, une effigie brute de ces modèles, mais, est-il besoin
de le rappeler? ce travail est aussi, et fort heureusement, un travail d'interprétation. En raison même du
champ sur lequel il opère et du coloris réduit à deux
seuls tons dont il dispose, le graveur est obligé de choisir et de combiner les moyens les plus propres à rendre
par analogie les couleurs variées de l'original, à en
résumer l'effet, à en faire ressortir le caractère et le style,
soit par l'expression simplifiée de certains détails, soit
par la prédilection avec laquelle il aura insisté sur
certains autres. Il y a là non plus l'impartialité niaise
ou, si l'on veut, la véracité inconsciente d'un appareil
mécanique, mais l'emploi raisonné du sentiment, de
l'intelligence, du goût, de toutes les facultés, en un mot,
qui constituent le talent d'un artiste et qui en déterminent la fonction.

Or, tant qu'il se trouvera dans le monde des hommes
capables de préférer l'idée à la matière et l'art qui intéresse l'esprit au fait qui ne parle qu'aux yeux, la gravure
au burin gardera sa part d'influence, si modeste qu'on
la suppose, si restreinte en réalité qu'elle soit. En tout
cas, ceux qui, de nos jours, s'opiniâtrent, malgré tous les
obstacles, à continuer à leur manière la tâche des Edelinck et des Nanteuil, ceux-là auront bien mérité de leurs
contemporains et reculé autant qu'il dépendait d'eux la
déchéance absolue, si par malheur elle doit arriver, de
l'art proprement dit, au profit de la fabrication fortuite
et du métier.

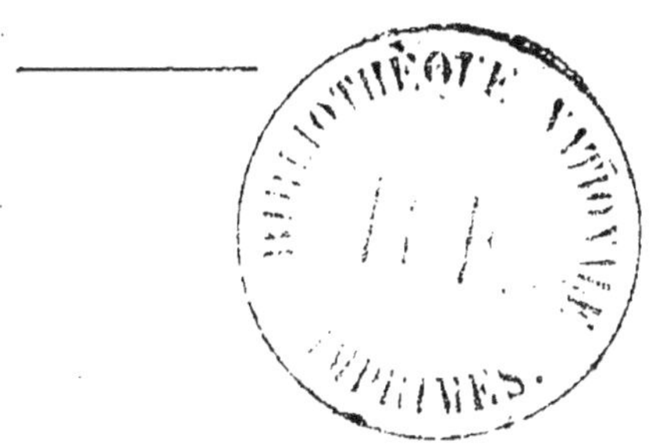

TABLE DES GRAVURES

TABLE

DES NOMS DE GRAVEURS CITÉS

TABLE DES MATIÈRES

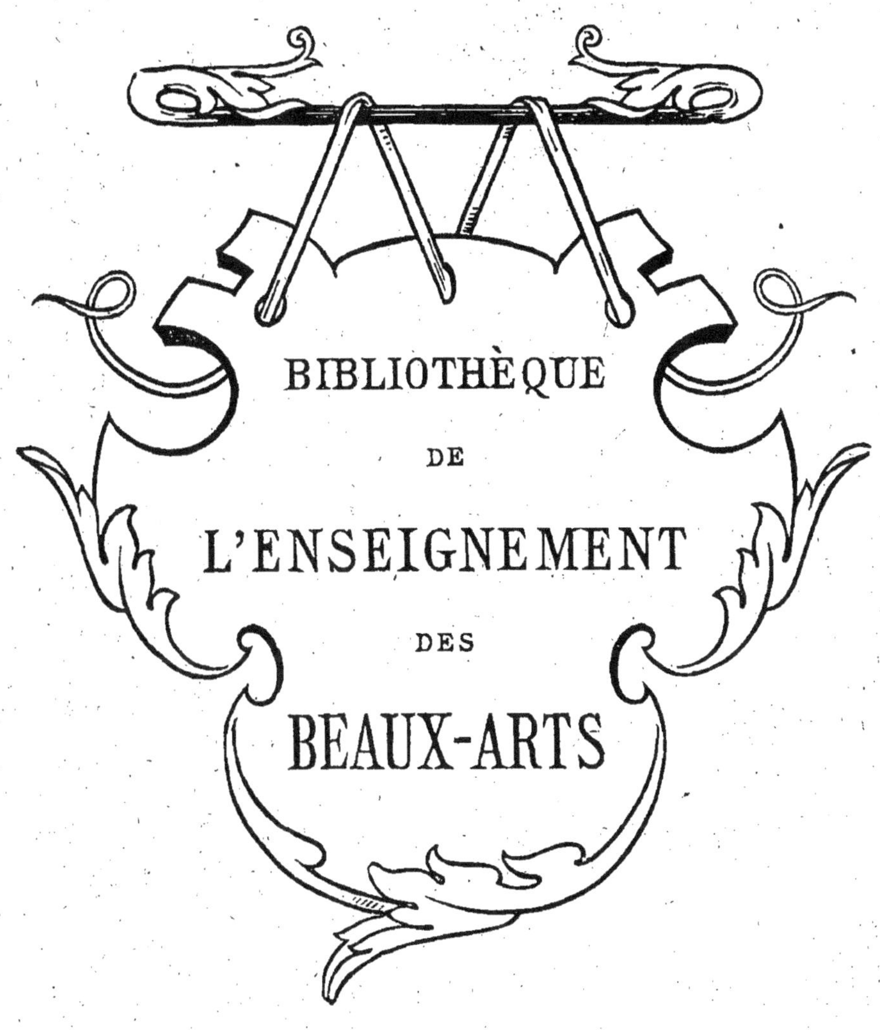

BIBLIOTHÈQUE
DE
L'ENSEIGNEMENT
DES
BEAUX-ARTS